Goetz Buchholz

Hannover

Geschichten
und Geschichte

HAN

Goetz Buchholz

kam 1967 nach Hannover, um Architektur zu studieren. Für zwei Jahre, dachte er damals, vielleicht drei. Er blieb bis zum Ende des Studiums, er blieb als Architekt, und heute, als Journalist und Autor, ist er immer noch da.
Dies ist sein viertes Buch über Hannover.

HANNOVER

Der Rest der Republik brauchte lange, um sich von diesem Schock zu erholen: Die Weltausstellung zur Jahrtausendwende – ausgerechnet in Hannover?

Bis irgendwann selbst in Berlin die Häme verhaltenem Stolz wich. Tatsächlich wäre ein solches Ereignis in anderen Städten kaum vorstellbar gewesen. Da berichtet dieses Buch Staunenswertes:
Von einer internationalen Stadt, von einem Jahrhundert technischer Innovationen und von Menschen, die mit ihrem Verständnis von Stadtkultur und kommunaler Demokratie ganz Deutschland geprägt haben. Geschichten aus einer Stadt, die selbst Eingeweihte oft noch überrascht.

Buchholz, Goetz

Hannover – Geschichten und Geschichte / Goetz Buchholz. –
Hannover: Landbuch Verlag Hannover 2000.
ISBN 3 7842 0591 7

© Landbuch Verlagsgesellschaft mbH Hannover
   Postfach 160, 30001 Hannover
   Kabelkamp 6, 30179 Hannover
   Tel.: 05 11/6 78 06-0
   Fax: 05 11/6 78 06-2 20
   E-Mail: buch@landbuch.de
   http://www.landbuch.de

Alle Rechte vorbehalten. Reproduktionen, Speicherung in Daten-
verarbeitungsanlagen, Wiedergabe auf elektronischen, foto-
mechanischen oder ähnlichen Wegen, Funk und Vortrag – auch
auszugsweise – nur mit Genehmigung des Verlages.

Titelbilder:
Historisches Museum, Hannover: Café Kröpcke (oben);
Karl Johaentges: DG-Bank (Mitte links);
Der SPIEGEL: Rudolf Augstein (Mitte 2. von links);
Karin Rocholl: Doris Dörrie (Mitte, 2. von rechts);
LBV-Archiv: Wilhlem Busch (Mitte, rechts);
Frank-Michael Pruss: Hannover Luftbild (Hintergrund)
Bahlsen KG, Hannover: Leibniz Kekse

Abbildungen im Buch:
Rudolf Albers (Seiten 36, 66, 147),
Cinemaxx Hannover (Seite 70),
Continental AG Hannover (Seiten 52, 53),
Der SPIEGEL (Seite 63),
Historisches Museum, Hannover (Seiten 10, 12, 17, 19, 24, 27, 33, 38,
45, 46, 59, 77, 81, 84, 89, 101, 108, 113, 114, 119, 131, 140, 141, 149),
IG Metall (Seite 87),
Karl Johaentges, Hannover (Seiten 14, 34, 43, 50, 54, 62, 64, 74, 83,
93, 96, 98, 103, 116, 126, 128/129, 134, 138, 142),
LBV-Archiv (Seiten 23, 32),
Medizinische Hochschule Hannover (Seite 7),
Karin Rocholl (Seite 35),
Gudrun Stockinger (Seite 122),
Heinz Stöllger (Seite 42),
Volkswagen AG, Wolfsburg (Seite 22).

Zitatnachweis:
Kurt Schwitters: Anna Blume und andere. Literatur und Grafik, hrsg.
von Joachim Schreck. Köln: DuMont Buchverlag 1986 („Anna")

Hannoversche Allgemeine vom 16.5.1953 („Himmelfahrt")

Karl Schlodder, zit. nach Henning Rischbieter: Hannoversches
Lesebuch. Band 2, Velber: Friedrich Verlag 1978 („Merz")

Arno Schmidt: Trommler beim Zaren.
Karlsruhe: Stahlberg 1966 („New York")

Echo-Continental. Hannover, Mai 1925 („Reklame")

Frankfurter Allgemeine Zeitung („Utopie")

Karl Krolow: Deutschland, deine Niedersachsen.
Hamburg: Hoffmann und Campe 1972 („Wetter")

Der Spiegel vom 3.6.1959 („Wunder")

Objektleitung: Eva Maria Maas, Landbuch Verlag Hannover

Umschlaggestaltung und Layout:
Leidecker & Schormann; Hannover / Bad Oeynhausen

Druck: Buchdruckwerkstätten Hannover GmbH

Gesamtherstellung: Landbuch Verlag GmbH, Hannover

ISBN 3 7842 0591 7

Goetz Buchholz

Hannover

Geschichten
und Geschichte

Achterbahn

Hugo Haase erfand das Dampfkarussell, den Autoskooter und die Achterbahn. Und wurde reich „dabei".

Er kam aus Winsen an der Luhe und war ein typischer Hannoveraner: ein begnadeter Konstrukteur mit neuen Ideen, Sinn für das Schöne – und für neue Verdienstquellen. Letzteres ist heute noch nachzuprüfen an seiner Villa in Kleefeld, Spinozastraße 9.

Hugo Haase (1857–1933) führte die High Tech der Jahrhundertwende ins Entertainment ein. Denn die Jahrmarktsattraktionen, die es bis dahin gab, die Schiffschaukeln, die der Schlosser Haase für seinen Arbeitgeber baute, waren doch recht ärmliche Konstruktionen. Und erst die Karussells: Sie wurden von Pferden gedreht, manchmal sogar von Menschen, die in einer Grube unter der Vergnügungsebene im Kreis laufen mussten.

Haase baute 1887 das erste Karussell der Welt mit Dampfmaschinenantrieb und machte sich mit seiner Erfindung selbstständig. Fünf Jahre später folgte das erste elektrisch betriebene Karussell der Welt – mit 225 PS, 3 000 Glühbirnen und drei Ebenen, die sich unterschiedlich schnell drehten. Opulent mit Schnitzereien, Orgel und Spiegeln ausgestattet, setzte das „Grand Carrousel Noblesse" neue Maßstäbe auf den Jahrmärkten: *„Hier können sich Besucher für 20 Pfennig in einem Rahmen amüsieren, der die alltäglichen Möglichkeiten an Prächtigkeit weit übertrifft"*, notierte bewundernd eine Zeitung.

Reich wurde Haase, weil er immer neue Ideen hatte: den Autoskooter, die Wasserrutsche und vor allem die Achterbahn (die er selbst „Achtbahn" getauft hatte). Und weil er Fabrik und Fahrgeschäft geschickt zu kombinieren verstand. „Haases Weltwunder" baute er in Serie, exportierte einen Teil davon bis nach Tokio und betrieb den anderen Teil zwischen Sachsen und Niedersachsen selbst. 60 Fahrgeschäfte hatte er zuletzt auf eigene Rechnung laufen, „Karussellkönig" nicht nur als Konstrukteur, sondern auch als Betreiber.

Als er starb, standen auf der Leipziger Herbstmesse für eine Gedenk-Viertelstunde sämtliche Fahrgeschäfte still.

Allee

Die Herrenhäuser Allee verdankt ihre Schönheit der Tatsache, dass sie kaum 30 Jahre alt ist.

1726 wurde sie gepflanzt, in ganz Norddeutschland hatte man die Baumschulen absuchen müssen, um 1 312 gleich große Linden für die zwei Kilometer lange Viererreihe zu finden. Aber die Mühe hatte sich gelohnt. Sogar geschmackvoller als der Park von Versailles seien die Herrenhäuser Anlagen, wurde ihnen bald (in Hannover) nachgesagt.

Das wäre ihnen fast zum Verhängnis geworden. Denn als Napoleons Truppen die Stadt im Jahre 1803 besetzten, sollte die vorlaute Konkurrenz verschwinden. Den Großen Garten wollten die Franzosen zur Pferdekoppel machen, den „Lindengang" abholzen und verkaufen. Bäckermeister Johann Gerhard Helmcke kaufte gleich die ganze Allee, wie sie war: Er zahlte einen Taler pro Baum und ging als Retter der Herrenhäuser Allee in die Stadtgeschichte ein.

Zuletzt wurde sie dann doch abgeholzt. Weil die Bäume im Zweiten Weltkrieg demoliert worden waren, weil Kronen faulten und der Boden vom Öl und Benzin englischer Militärfahrzeuge verseucht war, die hier jahrelang geparkt hatten, traten im Oktober 1972 die Kettensägen in Aktion. Ohne große Proteste wurde die gesamte Allee gefällt. Nur so wurde es möglich, dass sich die Baumreihen, damals aus gerade sechs Meter hohen Bäumen in frischem Mutterboden neu gepflanzt, heute ebenmäßiger präsentieren als jemals in ihrer fast dreihundertjährigen Geschichte.

Für die Neupflanzung waren übrigens nur noch gut 1 200 Bäume nötig – so weit war die Baumreihe, die ursprünglich fast bis zur heutigen Otto-Brenner-Straße gereicht hatte, im Laufe ihrer Geschichte schon verkürzt worden.

Und auch sonst fand die Tat des Johann Gerhard Helmcke keine allzu entschlossene Nachahmung. Als die Stadt 1972 darum bat, die zwei Millionen Mark teure Fäll- und Pflanzaktion mit Spenden zu unterstützen, gingen auf dem städtischen Alleekonto 1 305 Mark ein. Eine Mark pro Baum.

Alpenluft
Rudolf Pichlmayr schuf ein einzigartiges Haus, das operierten Kindern ins Leben zurück hilft.

Medizinisch gesund machen kann man Kinder durch neue Organe, das wusste Rudolf Pichlmayr (1932–1997), der an der Medizinischen Hochschule Hannover als erster in Europa Transplantationen an Kindern durchführte (→High-Med). Aber sie ganz gesund zu machen, ihnen ihre verlorenen Kindertage zurückzugeben, das überfordert ein Krankenhaus. Und oft auch die Eltern.

Seit 1992 aber gibt es den Ederhof in Österreich, der 1 100 Meter hoch in den Bergen liegt, dort wo Tirol am schönsten ist. Bis zu 25 Kinder und Jugendliche zwischen 2 und 18 Jahren, die eine Leber-, Nieren-, Lungen- oder Knochenmarkstransplantation vor oder hinter sich haben, kann der alte Bauernhof aufnehmen. Die einen werden auf ihre Operation vorbereitet, die anderen erholen sich, können toben, spielen, sich selbst entdecken. Können oft zum ersten Mal in ihrem Leben tun, was vorher ihre Krankheit oder besorgte Bezugspersonen verhinderten.

In Rehabilitationszentren für Erwachsene sind Kinder verloren. Zentren für Kinder aber gab es nicht, bis Rudolf Pichlmayr, der in Hannover zum Nestor der Transplantationschirurgie in Europa geworden war, die heutige „Rudolf-Pichlmayr-Stiftung" ins Leben rief. Die fand den Ederhof, baute ihn für kindliche Bedürfnisse aus – und finanziert ihn bis heute. Denn die Krankenkassen zahlen zwar die medizinische Betreuung, die vor allem die MHH organisiert hat. Aber für den nichtmedizinischen Teil des Angebotes, den personalintensivsten, reicht der Pflegesatz nicht aus.

Er machte die Medizinische Hochschule zum Mekka der Transplantationschirurgie: Rudolf Pichlmayr.

Das aber ist der wichtigste Teil, wenn Kinder sich neu erfahren sollen. Nach Jahren oft quälender medizinischer Behandlung bietet der Ederhof ihnen Skifahren und Yoga, Schulunterricht und Basteln, Reden und Spielen und Tiere Liebhaben auf dem Bauernhof nebenan. Zusätzlich unterstützt durch die gesunde Höhenlage machen sie schnellere Fortschritte, als Mediziner es früher für möglich hielten.

In den ersten Wochen setzen oft richtige Entwicklungsschübe ein. Wenn die Barrieren weg sind, drängen Kinder mit so viel Macht nach Freiheit und Eigenverantwortung, dass es manchen Eltern, die jahrelang ihr Leben auf das Sorgenkind eingestellt hatten, plötzlich viel zu schnell geht.

Auch ihnen bietet der Ederhof Hilfe an.

Alternativenergie
**Die erste öffentliche Erdgastankstelle
in Deutschland wurde 1995
an der Vahrenwalder Straße eröffnet.**

So langsam kommen die Alternativen zur Produktion von Treibhausgasen aus dem Experimentierstadium heraus: Der ADAC stattete sein neues Verwaltungsgebäude in Laatzen 1999 mit einer Solarfassade aus, die er die *„größte fassadenintegrierte Solaranlage Deutschlands"* nennt. Der Pavillon am Raschplatz baute sich eine riesige Sonnenschüssel aufs Dach, und Vartas Elektrobusse „Messeblitz" wickelten den Personenverkehr im Messegewusel 50 Jahre lang abgas- und lärmfrei ab. Nur ihre schnittige Solartankstelle, die 1988 die erste in Deutschland war, wurde recht schnell wieder außer Betrieb genommen.

Beim Erdgasantrieb für Busse und Pkws hat Hannover eine Pionierrolle übernommen, seit hier 1994 der erste deutsche „Flottenversuch" startete: Die Üstra schaffte 15 Erdgasbusse an, die Stadtwerke eröffneten eine Erdgastankstelle an der Vahrenwalder Straße. Resultat nach drei Testjahren: Gegenüber modernen Dieselbussen sank die Kohlenmonoxid-Emission um 75, die Kohlenwasserstoffbelastung um 46 Prozent, der Rußausstoß lag nahe Null. Als Niederflur- und „Flüsterbusse" sammelten die Fahrzeuge zusätzliche Beliebtheitspunkte.

Die Üstra bestellte daraufhin 56 weitere Erdgasbusse, und seit dank eines Förderprogramms des Bundesumweltministers auch gasbetriebene Pkws in Hannover (und drei weiteren Regionen) billiger fahren als herkömmliche, nimmt die Zahl der Gasfahrzeuge stetig zu. Anfang 2000 war schon die zweite Gastankstelle im Großraum im Bau und die dritte in Planung.

Ganz neu ist das übrigens nicht: Schon 1935 tankten Fahrzeuge der Straßenreinigung an der ersten deutschen Gastankstelle an der Glocksee, und auch Busse fuhren in Hannover ab 1943 mit Gas. Aber das war ein Notbehelf, vor allem weil es die heutigen Drucktanks noch nicht gab: Als „Tank" hatten die Busse eine große Gummiblase auf dem Dach, die sich vollgetankt auf 17 Kubikmeter aufblähte.

Amtszeit
**Um Hannovers dienstältester
Bürgermeister zu werden, müsste Herbert
Schmalstieg bis 2032 im Amt bleiben.**

Der 14. September des Jahres 2000 ist ein denkwürdiger Tag im Leben des Herbert Schmalstieg. Von diesem Tag an ist er der einzige Mensch in Deutschland, der von sich sagen kann: Ich war mein halbes Leben lang Oberbürgermeister.

Er war der jüngste Oberbürgermeister der Bundesrepublik, als er am 26. Januar 1972 mit gut 28 1/2 Jahren zum Stadtoberhaupt Hannovers gewählt wurde – und in der Lokalpolitik schon ein alter Hase: In den Rat war er erstmals mit 25 Jahren gewählt worden. Damals war Kurt Georg Kiesinger Bundeskanzler und Heinrich Lübke Bundespräsident. Kennt die noch jemand?

Jetzt ist er der dienstälteste Oberbürgermeister in Deutschland. Nur einen Rekord wird er wohl nicht mehr erreichen: Um die Amtszeit seines Vorgängers Anton Julius Busmann zu überbieten, der von 1699–1717 und von 1719–1761 insgesamt 60 Jahre lang Bürgermeister von Hannover war, müsste Herbert Schmalstieg bis zum Jahre 2032 im Amt bleiben. Dann wäre er 88.

Aber warum eigentlich nicht?

Anna

Warum er Hannover nicht verließ
(bis die Nazis ihn vertrieben), begründete
Kurt Schwitters doppelt verdreht:

„Der Unterschied zwischen Hannover
und Anna Blume ist der, dass man Anna
von hinten und von vorn lesen kann, Han-
nover dagegen am besten nur von vorne.
Liest man aber Hannover von hinten, so er-
gibt sich die Zusammenstellung dreier
Worte: ‚re von nah'. Das Wort ‚re' kann man
verschieden übersetzen: ‚rückwärts' oder
‚zurück'. Ich schlage die Übersetzung ‚rück-
wärts' vor. Dann ergibt also die Übersetzung
des Wortes Hannover von hinten: ‚Rück-
wärts von nah'. Und das stimmt insofern,
als dann die Übersetzung des Wortes Han-
nover von vorn lauten würde: ‚Vorwärts
nach weit'. Das heißt also: Hannover strebt
vorwärts, und zwar ins Unermessliche.
Anna Blume hingegen ist von hinten wie
von vorne: A-N-N-A."

Architektur

Hannovers schönste Gründerzeitstraßen
sind das Werk eines
beispiellosen Geschäftemachers.

In unseren Tagen hätte er vermutlich
einen Untersuchungsausschuss wegen Äm-
terverquickung am Hals. Damals galt er als
verdienter Bürger. Denn Ferdinand Wallbrecht (1840–1905) machte möglich, was
seine Heimatstadt allein nicht schaffte. Den
Bau der Karmarschstraße zum Beispiel.

Die musste, das war damals allen Ver-
antwortlichen klar, quer durch die Altstadt
geschlagen werden, wenn das viel zu dicht
bebaute Viertel nicht verslummen sollte.
Aber wer sollte das bezahlen, wer die Grund-
stücksbesitzer entschädigen?

Die Stadt sah sich damit überfordert.
Ferdinand Wallbrecht nicht. Er übernahm
1878 den Bau der Straße und aller Gebäude
auf eigene Rechnung. Und verdiente blen-
dend damit. Denn Wallbrechts System hatte
eine wichtige Besonderheit: Er konnte fast
alle Geschäfte mit sich selbst machen.

Am Ende war Wallbrecht Reichstags-
abgeordneter, Bürgervorsteherworthalter
(also Sprecher des Stadtrates), Architekt,
Bauunternehmer, Eisen- und Zementfabri-
kant in einer Person. Er besaß einen großen
Grundstücksfundus für Tauschgeschäfte,
und zur Sicherheit war er auch noch Senator, also Mitglied der Stadtregierung geworden. Dafür ließ er sich nicht mal bezahlen.

So war bei Wallbrecht alles in einer
Hand – vom politischen Grundsatzbeschluss
bis zum schlüsselfertigen Verkauf. Auf diese
Weise baute er das Militär-Reit-Institut, das
Ständehaus, das Stadttheater an der Reu-
terstraße und das Konzerthaus am Hohen
Ufer. Er baute und bebaute Straßen auf der
grünen Wiese, die Goethestraße, Hohenzol-
lern- und Bödekerstraße, den Moltkeplatz
und natürlich die Ferdinand-Wallbrecht-
Straße. Mit allen Gebäuden, versteht sich.
Das Ganze in einem so atemberaubenden
Tempo, dass zuletzt der Architekten- und
Ingenieurverein *„ein Jahrzehnt der Ruhe*
in der Bauthätigkeit" forderte, weil *„die*
Überproduktion an neuen, namentlich für
die wohlhabenderen Klassen bestimmten
Wohnhäusern den Besitzern die Rente ge-
schmälert hat".

Es sind genau die Straßen, die heute
immer herhalten müssen, wenn jemand zeigen möchte, dass man sich „früher" doch
viel mehr Mühe mit dem Bauen gegeben
hat.

Astronomie
Caroline Herschel aus Hannover wurde in England zur ersten Astronomin der Welt.

Sie haben die Astronomie zur eigenständigen Wissenschaft gemacht, die Geschwister Herschel aus Hannover. Die Anerkennung aber fiel höchst unterschiedlich aus.

Friedrich Wilhelm Herschel (1738–1822) war eher zufällig Wissenschaftler geworden. Er beschäftigte sich als Musiker mit Musiktheorie, als Musiktheoretiker mit Mathematik, als Mathematiker mit Sternenforschung. Er hatte sich vor dem Militärdienst nach England abgesetzt und wurde dort der erste hauptberufliche Astronom überhaupt.

Weil er kein Geld hatte, baute er selber ein Teleskop und später das mit 6000facher Vergrößerung stärkste Spiegelteleskop seiner Zeit; er entdeckte den Planeten Uranus und mehrere Saturn- und Uranusmonde, wurde Privatastronom des Königs, zerlegte das Licht in die Spektralfarben, entdeckte die Infrarotstrahlung und wies als erster nach, dass sich das Sonnensystem im Weltall bewegt. Als er starb, war er Hofastronom, zweifacher Ehrendoktor, Mitglied der Royal Astronomic Society und durfte sich „Sir William" nennen.

Das klingt schlüssig und beeindruckend. Wenn da nicht noch die Schwester gewesen wäre: Caroline Lucretia Herschel (1750–1848), ebenfalls in Hannover geboren. Auch sie ging 1772 nach England, führte – so heißt es im Lexikon – ihrem Bruder den Haushalt, sang bei seinen Konzerten, assistierte bei seiner Forschung.

Auffällig dabei ist, dass Friedrich Wilhelms Karriere jetzt erst richtig losging. Ein Jahr nach Carolines Ankunft war das erste Teleskop fertig, noch ein Jahr später begannen sie, den Sternenhimmel systematisch zu erfassen.

Heute weiß man, dass Caroline viel mehr war als Assistentin. Sie war selbst eine bedeutende Astronomin, die erste Frau in

Wem der Lister Turm zu weit war, der fand Zerstreuung im Tivoli an der Königstraße: Im Bahndamm waren sogar künstliche Grotten eingebaut.

diesem Gebiet überhaupt. Acht Kometen hat sie entdeckt, mehrere Nebenflecken. Damals nützte es ihr wenig. Als ihr Bruder starb, hatte sie in England nichts mehr zu tun. Sie ging nach Hannover zurück, wo sie wenigstens heute als eine der drei großen Frauen der Stadtgeschichte anerkannt ist.

Ausflugsziele
Dass Hannover die meisten und schönsten Biergärten nördlich der Isar hat, ist der Sparsamkeit der Stadt zu verdanken.

Irgendein „Turm" musste es schon sein, wenn Sonntagsausflugsgesellschaften um die Jahrhundertwende zu Kaffee oder Bier einkehrten: der Lister Turm, der Pferdeturm, der Kirchröder Turm, der Lindener Turm. Das waren beliebte Waldwirtschaften, Ausflugslokale und alles Relikte aus dem 14. Jahrhundert. Damals hatte sich Hannover mit einer Landwehr umgeben, einer Wallanlage, und an deren Straßendurchlässen zwölf Wachttürme gebaut.

Die dienten vor allem der Überwachung von Schmugglern und Holzdieben – weshalb der Steuerndieb eigentlich „Stör-den-Dieb" heißt. Und weil die Stadt die Turmwächter nicht anständig bezahlen wollte, gab sie ihnen als Nebenverdienst die Erlaubnis, Broyhan auszuschenken. Aber nicht zu trinken, wie der Magistrat aus leidvoller Erfahrung später ergänzen musste: *„Diejenigen, welche Broyhan schenken, sollen sich nicht zum Gesöff setzen und dadurch den Holzdieben keine Gelegenheit zum Stehlen geben."*

Die erste war 1681 die Waldgaststätte Bischofshol, die am Platz des längst verschwundenen Bischofsholer Turms heute noch besteht. So hatte Hannover, als die feineren Leute im 19. Jahrhundert das Ausflugsvergnügen zu entdecken begannen, die schönsten Waldwirtschaften weit und breit. Am liebsten kehrte man in einem Turm ein, und weil es einen solchen in Buchholz nie

gegeben hatte, baute Gastwirt Noltemeyer in seinem Garten an der Podbi einfach einen zehn Meter hohen Holzturm und nannte sein Lokal „Buchholzer Turm".

Andere warben mit zusätzlichen Attraktionen. Der Lindener Turm war zur Windmühle umfunktioniert, der Kirchröder Turm hatte einen eigenen Schießstand, die Mühlenschenke nebenan sogar eine eigene Radrennbahn, womit sie eine gewisse Monopolstellung erreichte. Denn schon der begeisterte Sonntagsradler Hermann Löns wusste: *„Man stärkt sich und die Kniegelenke am besten in der Mühlenschenke."*

Autogerechte Stadt I
Am Raschplatz wurde 1923 die erste öffentliche Tankstelle Deutschlands gebaut – nicht ohne Widerstand.

Sie sah prima aus. Der Rundbau mit Säulen, Kuppeldach und Erkern wirkte *„wie ein Tanktempel"*, schrieb ein späterer Beobachter, doch *„herrschte unter den Anwohnern zunächst Rätselraten über den Zweck des Häuschens. Der bekittelte ältere Herr mit Dienstmütze, der dort arbeitete, war weder Zeitungsverkäufer noch Toilettenmann."*

Er war Tankwart in Deutschlands erster Tankstelle auf öffentlichem Grund. Immerhin hatte Hannover schon 5000 Autos und eine deutlich höhere Autodichte als Berlin und Hamburg. Das Benzin aber wurde oft noch von Gastwirten oder Apothekern in Kanistern verkauft, in Kellern gelagert und dort zur Brandgefahr.

Also machte ein „Tankhaus" Sinn – nur vor der Tür haben wollte es niemand. Den Opernplatz lehnte der Polizeipräsident als zu unsicher ab, den Raschplatz fand die Kommission für Garten- und Friedhofswesen gänzlich ungeeignet, und als die städtische Baukommission den Georgsplatz auswählte, stach sie in ein Wespennest.

Die Straße zum Anzeigerhochhaus gibt es nicht mehr: Bis 1950 zweigte am Bratwurstglöckle die Nordmannstraße von der Georgstraße (links) ab.

„*Unfassbar!*" stöhnte der Hannoversche Kurier, „*inmitten unserer ‚besten Stube'…! Mag die Not der Stadt auch groß und jede Einnahmequelle an Pacht verlockend sein, so gibt es doch gewisse Dinge, an die auch die bitterste Not nicht herankommen darf. Schon verschandelt die städtische Reklame mit ihren Übertreibungen die Straßen…*" Rats- und Realgymnasium wiesen auf die Gefährdung ihrer Schüler durch die „*Möglichkeit der Explosion des Tanks*" hin und den „*sicherlich gesteigerten Automobilverkehr*". Dem schlossen sich die Banken am Georgsplatz an, „*ganz abgesehen von dem Gestank, der aus der Gegend überhaupt nicht mehr verschwinden wird*".

So wurde wieder der Raschplatz aktuell, wo prompt Oberpostdirektion, Landgerichtspräsident und Oberstaatsanwalt protestierten: Ihr Publikum sei den Großstadtverkehr häufig nicht gewohnt und daher besonders gefährdet. Und dann die Lärmbelästigung durch das Ankurbeln der Autos!

Aber die Stadt hatte bessere Argumente. Sie bekam Grundstücksmiete, Umsatzbeteiligung und die Pacht aus zwei Drittel der Reklameflächen. Im Januar 1923 wurde das Tankhaus am Raschplatz eröffnet.

Autogerechte Stadt II
Als „autogerechte Stadt" wurde Hannover berühmt. Kinder, Fußgänger und Radfahrer profitieren bis heute davon.

Damals war das Schlagwort eine Provokation. Als Stadtbaurat Rudolf Hillebrecht im Jahre 1949 auf über 400 öffentlichen Versammlungen seine Idee der autogerechten Stadt propagierte, haben viele gelacht: Für welche Autos denn? Nur zehn Jahre später galt der Wiederaufbau des zerstörten Hannover europaweit als →Wunder.

Dabei hatte Hillebrecht aus heutiger Sicht gar nichts Besonderes getan. Er hatte nur begriffen, dass das Auto sehr viel mehr Platz beanspruchen würde, als es in der Vorkriegsstadt hatte. Und daran richtete er seine Planung aus:

Zum ersten legte er ein völlig neues Verkehrsnetz über die Trümmergrundstücke, das der Innenstadt den Fernverkehr vom Leib hielt. Der war zuvor ohne Ausnahme – eine Nord-Süd-Autobahn gab es noch nicht – über den Kröpcke geflossen.

Zum zweiten verhinderte er „Verkehrserzeuger" in der Innenstadt. Hochhäuser ließ er nur draußen am Cityring zu. Und zum dritten gab er dem Auto Platz:

Während anderswo die Innenstädte wieder exakt an den alten, viel zu engen Straßen aufgebaut wurden, wurde in Hannover die Karmarschstraße von 17 auf 35 Meter verbreitert; Hamburger und Berliner Allee wurden als völlig neuer Straßenzug quer durch (zerstörte) Häuserblöcke gelegt. Das Leibnizufer räumte Hillebrecht ganz frei. Dort war zuvor überhaupt keine Straße gewesen. Die Häuser der Calenberger Neustadt hatten so dicht am Leineufer gestanden, dass man das Viertel „Klein-Venedig" nannte. Auch am Steintor hatte es eine Platzfläche vorher nie gegeben.

Der Innenstadt verschaffte das Luft für mehrere Jahrzehnte. Anderen ging die Luft bald aus. Aber da war es zu spät, Hannover nachzuahmen, da waren die nötigen Grundstücke längst wieder bebaut. So mussten andere Städte, als das Auto auch dort mehr Platz verlangte, mehrgeschossige Kreuzungen zwischen Häuser quetschen, Grün und Vorgärten der Straße opfern und Bürgersteige zu Laufstegen beschneiden. Die Staus wurden dennoch unerträglich.

So bewies Hillebrechts Modell seine eigentlichen Stärken erst viel später, als alle Welt von menschlichen Innenstädten sprach und „autogerecht" zum Schimpfwort wurde: Da konnte Hannover seine einmaligen Grünzüge erhalten, können Fußgänger die Stadt bis heute ebenerdig durchqueren, ohne irgendwo in Unterführungen gezwungen zu werden, haben Radfahrer ihre Wege, und die Staus bleiben dennoch im Rahmen. Wenn nicht gerade Messe ist. Oder Expo.

Es war die „autogerechte" Planung, die Hannover heute so menschengerecht macht.

Backstein
Die Hannoversche Architekturschule prägte das Bauen im 19. Jahrhundert bis weit ins europäische Ausland.

Dass der gläsern überdachte Innenhof des Alten Rathauses mit seinem Umbau 1999 zu einem der schönsten Räume der Innenstadt werden konnte, das ist auch Conrad Wilhelm Hase (1818–1902) zu verdanken. Denn vor 150 Jahren hatte die Stadt beschlossen, das zu klein und unansehnlich gewordene Rathaus abzureißen und durch einen Neubau an gleicher Stelle zu ersetzen. Dessen erster Bauabschnitt an der Köbelinger Straße (heute Standesamt) wurde 1850 auch wie geplant eingeweiht, dann wurde eine frühe Bürgerinitiative aktiv: Hase schaffte es, den weiteren Abriss zu verhindern und bekam später sogar den Auftrag, das Kleinod zu restaurieren, das heute zusammen mit der Marktkirche das „südlichste Ensemble der norddeutschen Backsteingotik" bildet.

Auch für den Entwurf der neuen Rathausfassade im Süden, die nötig wurde, weil man dort die Karmarschstraße frisch durch die Altstadt gebrochen hatte, hätte man keinen besseren finden können als Hase. Denn der hatte sich dem Backstein und der (Neo-)Gotik verschrieben. Sein vollkommenster Bau nach dem Künstlerhaus (1856), der Christuskirche (1864) und der Marienburg (1866) war die Apostelkirche an der Celler Straße (1884): ein dynamischer Baukörper mit plastischer Fassade, ganz in Backstein ausgeführt und an gotischen Formen orientiert, die er als einzige für eine „deutsche Kunst" akzeptierte.

Als Hase starb, war dieser Stil als „hannoversche Architekturschule" sogar in Nachbarländern verbreitet. In Deutschland hatte er über 100 Kirchen selbst entworfen, sein „Regulativ für den evangelischen Kirchenbau" war für alle lutherischen Landeskirchen verbindlich geworden. Zudem hatte er in 45 Jahren als Professor an der Technischen Hochschule Dutzende von Schülern ausgebildet, die Hannover weiterhin mit neogotischen Backsteinkirchen versorgten. Unter denen ist besonders die Dreifaltigkeitskirche von Christoph Hehl in der Bödekerstraße (1883) zu nennen.

Badeanstalt
Fast so fein wie im mondänen Bad Pyrmont ging es vor 200 Jahren im „Bad Limmer Brunnen" zu.

„Badeanstalt" bedeutete damals mehr als heute. Es war ein vornehmes Heilbad, das 1794 in Limmer eröffnet wurde und im Jahre 1800 schon 408 Gästen heilendes Schwefelwasser und geselliges Leben bot.

Sein Innenhof, jahrhundertelang unzugänglich, ist heute einer der schönsten Plätze der Stadt: Altes Rathaus, im Hintergrund die Marktkirche.

Monsieur Mangourit, Mitglied der französischen Armee, die Hannover zu dieser Zeit besetzt hielt, schrieb 1803 bewundernd nach Hause:

„Der Aufwärter im Bade führte mich in einen großen Saal, der mit Lüstern, Spiegeln und schönen Papiertapeten ausgeschmückt war … In diesem niedlichen Saale wartet man, bis das Wasser zum Bade warm gemacht ist. Auch frühstückt man darin, wenn man sich gebadet hat …

Die hannoversche Architekturschule prägt das Stadtbild bis heute. Wer immer aber sie als Argument gegen die „funktionalistische" Architektur von heute heranziehen will, sei gewarnt: Mit seiner Überzeugung, dass die Form eines Bauwerkes sich aus seiner Funktion, der Konstruktion und dem Material ergeben müsse, gehörte Hase zu den Wegbereitern eben dieses Funktionalismus.

Die Badewannen sind … dauerhafter und vollkommener, als bei uns. Sie bestehen aus grauem Sandstein, und sind in den Boden gefügt, und an denselben festgekü-

tet. *Man steigt auf vier Stufen, die mit einer Seitenlehne versehen sind, in dieselbe hinaus; eine fünfte Stufe von fünfzehn Zoll Höhe dient zum Sitze. An der Rückenlehne hat man Tannenbretter in zirkelförmiger Gestalt befestigt, damit man nicht auf den Punkten, bis zu welchen es dem warmen Wasser zu dringen unmöglich ist, von dem kalten Steine berührt wird ...*

Es kam weißes, feines und warmes Leinenzeug. Ich stieg die vier Treppen wieder hinauf, und der Aufwärter wusste mich so geschickt einzuhüllen, dass ich den Frost, welcher zu erfolgen pflegt, wenn man aus dem Bade kommt, nicht empfand ...

Nahe am Hauptgebäude hat man einen Pavillon aufgeführt, in welchen sich ein Theil der Gesellschaft, wenn sie sich im großen Saale zu sehr anhäuft, begibt. Im Sommer wird darin jeden Sonntag nach Mittage bei dem Klange der Geigen, der Klarinetten und der Tambourine getanzt ...

Dem Pavillon gegenüber findet man bedeckte Ställe, eine Wagenremise, das Häuschen, in welchem das Limmerwasser, auf Flaschen gefüllt, für Kranke ausgegeben wird, und das von Epheu umwundene Schirmdach, unter dem der Aeskulap dieses Brunnens den Gästen Thee, Kaffe und Chokolade zu trinken erlaubt."

Erst 1961 wurde der Badebetrieb in Limmer eingestellt, das letzte Gebäude des Limmer Brunnen brannte 1976 ab.

Bahnhof
Von einem Bahnhof zweiter Klasse ist der Hauptbahnhof zum meistfrequentierten Fernbahnhof Deutschlands geworden.

Als 1843 die erste Eisenbahn im Königreich von Hannover nach Lehrte eingeweiht wurde, war es noch nicht aufgefallen. Auch 1844 nicht, als die Fahrt bis Braunschweig ging. Aber als 1847 mit der durchgehenden Verbindung von Aachen über Hannover und

Berlin bis Ratibor auch der Bahnhof fertig war, war der Frust groß: Das war ja gar kein richtiger Bahnhof!

Nicht einen Kopfbahnhof hatte Hannover bekommen wie alle deutschen Großstädte bis dahin, kein Streckenende, das signalisierte: Wir sind am Ziel. Hannover bekam den ersten Durchfahrtsbahnhof des Kontinents, der dann auch prompt als Übernachtungsstation zwischen Köln und Berlin angepriesen wurde und ein Vorurteil begründete: Durch Hannover fährt man durch.

Dass Städte wie Stuttgart heute Milliarden auszugeben bereit sind, um ihren Kopfbahnhof loszuwerden, das konnte man damals nicht wissen. Aber schon 30 Jahre später wurde Hannovers Vorreiterrolle deutlicher. Da war der Bahnhof bereits zu klein geworden, und für den neuen, den heutigen, legte man die Gleise gleich höher, sodass sich Straßen- und Bahnverkehr gar nicht mehr kreuzten. Das war neu und als „System Hannover" von da an richtungweisend für Bahnhofsneubauten in aller Welt.

Dass die Deutsche Bahn den Hauptbahnhof zuletzt zu einem ihrer Renommierprojekte herausgeputzt hat, hat sich Hannover nicht nur mit der Expo verdient. Hannover ist einfach der wichtigste deutsche Bahnhof. Oder um es statistisch präzise zu sagen:

Hannover ist der wichtigste Eisenbahnknoten Nordeuropas. Auf keinem deutschen Bahnhof verkehren mehr Fernzüge, auf keinem halten mehr ICE-Züge. Und westlich davon liegt, was bei Eisenbahnern als „Schaumburgstraße" berüchtigt ist: ein Schienenwirrwarr, in den sich alle Züge der zentralen Nord-Süd- und Ost-West-Verbindungen Europas einfädeln müssen. 600 Züge täglich. *„Wenn es hier hakt"*, weiß man bei der Bahn, *„merkt man es noch in Paris."* Man stelle sich vor, es wäre ein Kopfbahnhof!

Batterien

Zum größten Batteriehersteller Europas gehören bleiverseuchte Böden und die ersten giftfreien Batterien der Welt.

Nein, „Varta" ist keines der heute so modern gewordenen Kunstwörter. Varta ist eine präzise Abkürzung und heißt „Vertrieb, Aufladung, Reparatur Transportabler Akkumulatoren". So entstanden Firmennamen im Jahre 1904, als Akkus aus Blei und Batterien aus Zink und Kohle waren und noch nichts zu tun hatten mit jenen halbmillimeterdünnen Energiespeichern, die Varta heute für Chipkarten herstellt. Das Ziel sind Akkus von Tesafilmstärke.

Die Autobatterien aus Hannover sind noch etwas dicker. Hier sitzt seit 1970 die Konzernverwaltung, und das Werk in Stöcken darf sich „Elektrotechnikfabrik des Jahres 1998" nennen, seit es in jenem Jahr den „International Best Factory Award" in der Sparte Elektrotechnik/Elektronik bekam. Und das war nicht die erste derartige Auszeichnung.

1994 hatte Varta den Innovationspreis der deutschen Wirtschaft für seine wiederaufladbaren Knopfzellen bekommen, die als erste ohne Cadmium auskamen und – da Varta bei diesen Zellen einen Weltmarktanteil von 60 Prozent hat – der Umwelt 200 Tonnen hochgiftiges Cadmium pro Jahr ersparten. Bei den Haushaltsbatterien hatte Varta schon 1989 als erster Hersteller der Welt auf Cadmium verzichtet.

Das Werk in Stöcken, das 1938 als Autobatterien-Werk gebaut wurde und dann zunächst Akkus für U-Boote produzieren musste, hat da einiges gutzumachen. Auf dem Teil des Werksgeländes, der 1989 der Stadt Hannover für ihren Wissenschaftspark verkauft worden war, fand man später Blei in Konzentrationen, wie sie noch nirgends auf der Welt festgestellt worden waren: bis zu 192 Gramm pro Kilogramm Boden.

Berggarten

Neben einer der bedeutendsten Orchideensammlungen der Welt wächst brasilianischer Bergregenwald.

Im 19. Jahrhundert waren die Herrenhäuser Gärten eine Familienangelegenheit: Johann Christoph Wendland, sein Sohn Heinrich Ludolph und dessen Sohn Hermann Wendland betreuten die Gärten von 1780–1903.

Besonders am Herz lag ihnen der Berggarten, denn die Wendlands waren Botaniker, die fast 1 000 Pflanzenarten erstmals wissenschaftlich beschrieben und ihnen Namen gaben. Mit der größten Wirkung beim Usambara-Veilchen, das Hermann Wendland 1891 aus Afrika mitbrachte und das heute Blumenfenster in der ganzen Welt ziert.

Zu dieser Zeit hatte der Berggarten, der 1666 als Küchengarten für das Schloss auf einer 20 Meter hohen Düne angelegt worden war, schon etliche Experimente hinter sich. Bis Anfang des 19. Jahrhunderts züchtete man dort auf Maulbeerbäumen Seidenraupen, die auch tatsächlich Seidenkokons für die Hamelner Seidenfabrik lieferten. Reis hatte man gepflanzt, erfolglos, und 1757 ein Ananashaus gebaut.

International bekannt wurde der Berggarten für seine Orchideen, die heute noch eine der zehn bedeutendsten Sammlungen der Welt bilden. Und für die Palmensammlung, die als die artenreichste in Europa galt, als Hofbaumeister Laves ihr 1846 das erste Palmenhaus baute. Das reichte freilich nicht lange. Als die Palmen ans Dach stießen, bekam Hannover 1880 das höchste Gewächshaus Europas, 30 Meter hoch aus Eisen und Glas, mit Galerien und Fontänen, das im Zweiten Weltkrieg mitsamt der Palmensammlung zerbombt wurde.

Jetzt endlich gibt es Ersatz. Mit einem ähnlich ganzheitlichen Konzept, wie es der →Zoo verfolgt, wurde im Frühjahr 2000 das

Regenwaldhaus im Berggarten eröffnet. Kein Pflanzenschauhaus mit Blumentöpfen und lateinischen Namensschildchen, sondern ein richtiges Stück Bergregenwald aus Brasilien, mit Palmen und Orchideen, Fröschen, Fledermäusen und Schmetterlingen, mit Lianen und Baumtomaten, einem Wasserfall und künstlichem Nebel und einer riesigen Glaskuppel, die wirkt wie der freie Himmel.

Und weil es keinen König mehr gibt, der so etwas bezahlt, sammelte Schirmfrau Hiltrud Schröder bei VW, Cinemaxx, GEO und Expo die nötigen 35 Millionen Mark ein, sodass es auch ein architektonisches Schmuckstück werden konnte.

Bestseller
Seit über 250 Jahren druckt die Schlütersche das Evangelische Kirchengesangbuch.

Früher hielten Abmachungen einfach länger als heute. Als im Jahre 1747 Kurfürst Georg II. dem Moringenschen Waisenhaus das Privileg erteilte, das „Hannoverische Kirchen-Gesang-Buch" und den „Genesius'schen Katechismus" zu drucken, da wurde eigens zu diesem Zweck eine Druckerei gegründet. Die hieß damals „Landschaftliche Buchdruckerei", wurde im Laufe der Zeit zur „Schlüterschen Verlagsanstalt und Druckerei" und druckt das Gesangbuch 250 Jahre später immer noch.

Und wie: Als das Liederbuch zum 1. Advent 1994 neu aufgelegt wurde, war die erste Auflage von 400 000 Exemplaren binnen sechs Wochen verkauft.

Höhere Auflagen sind nur noch mit Telefonbüchern zu schaffen. Also setzte der Verlag – an langfristiges Denken gewöhnt – auch auf dieses Pferd. Und das schon zu einem Zeitpunkt, als noch niemand den Erfolg ahnen konnte: Als im Jahre 1882 das Fernsprechamt Hannover eröffnet wurde, zählte es ganze 75 Telefonanschlüsse. Heute verlegt die Schlütersche, die in Hannover 1930 auch das erste Branchenbuch herausbrachte, jährlich über 50 Telefon- und Branchenbücher mit einer Gesamtauflage von fast zehn Millionen.

Da kommt kein anderes Objekt mit. Obwohl der Verlag achtzig Jahre lang das „Hannoversche Tageblatt" herausgegeben, Kraftpostfahrpläne und Postformulare gedruckt

Heute steht hier das Regenwaldhaus: Das alte Palmenhaus im Berggarten überragte bis 1943 alle Bäume der Umgebung.

hat, obwohl er Bücher und Fachzeitschriften verlegt und neue elektronische Medien entwickelt, machen die Telefonbücher heute drei Viertel seines Jahresumsatzes aus. Und der gibt immerhin weit über 500 Menschen Arbeit.

Bier
Das hannoversche Broyhan
war eines der besten Biere des Mittelalters.
Solange es nicht verwässert wurde.

Im Jahr 1450 schworen die hannoverschen Vollbürger den „Eid der Brauer". Was so feierlich klingt, würde heute sofort vom Kartellamt kassiert: In Hannover sollten danach nur noch sie selbst, also die Besitzer der (Altstadt-)Grundstücke, Bier brauen dürfen. Und das auch nur alle zehn Tage und in einer limitierten Menge.

Diese frühe Kartellabsprache schaltete die Konkurrenz unter den Brauern aus, und damit kam das Qualitätsproblem auf die Tagesordnung, das die Geschichte des hannoverschen Bieres für die nächsten 400 Jahre begleitete. Denn auch ohne Brauereid hatte das hannoversche Bier keinen allzu guten Ruf und war im Export dem Hamburger Bier hoffnungslos unterlegen.

Das änderte erst der Coup des Cord Broyhan, der Brauknecht in Hamburg gewesen war und 1526 versuchte, das Hamburger Bier in Hannover zu kopieren. Das gelang ihm zwar nicht, aber das helle Bier, das dabei herauskam, war noch besser und verdrängte die ganzen alten Dunkelbiere bald vom Markt. Broyhan wurde reich, und weil Bier damals das wichtigste Nahrungsmittel war, erlebte Hannover einen unverhofften Aufschwung.

Aber bald schon musste der Rat feststellen, dass das Bier wieder „gar zu sehr in die Länge gezogen und keine Stärcke hat".

Im Jahre 1544 setzte er Probeherren ein, die das Recht hatten, zu dünnes Bier zu beschlagnahmen und wegzuschütten.

Auf Dauer half das aber ebensowenig wie das Reinheitsgebot, das der Rat schon 82 Jahre vor dem bayerischen erlassen hatte. Statt Konkurrenz und Qualität zu fördern, legte die Broyhans-Brau-Tabelle von 1719 neben erlaubter Menge und Preis sogar den „Profit von jedem Brau" fest.

Die ständigen Klagen über die schlechte Bierqualität hatten erst ein Ende, als 1868 dank der neuen Gewerbefreiheit die Herrenhäuser Brauerei als erste private Konkurrenz auf den Markt trat. Erst in dieser Zeit ging auch die Brauer-Gilde vom Hausbrau zur fabrikmäßigen Bierproduktion über. Heute, in eine Aktiengesellschaft umgewandelt, hat sie ihre Lektion gelernt: Ihre besten Umsätze macht die Gilde Brauerei AG dort, wo sie selbst in fremden Revieren wildert – mit dem DDR-Traditionsbier Hasseröder und dem „Bölkstoff" des Kieler Comic-Chaoten Werner.

Bomben
Während im Zweiten Weltkrieg die Bomben
noch fielen, planten Architekten
ein neues Hannover. Unter der Erde.

Als der Angriff nach 40 Minuten vorbei war, existierte die Innenstadt nicht mehr. In den Trümmern tobte ein Inferno. 80 Luftminen, 3 000 Sprengbomben, 28 000 Phosphorbomben und 230 000 Stabbrandbomben hatten zehn Quadratkilometer der Innenstadt und der Südstadt in eine Flammenhölle verwandelt. Die Feuerwalze raubte den Menschen in den Kellern die Luft, trieb sie auf die Straße, wo der Asphalt brannte. Manche blieben stecken in der schwarzen Masse, wurden erschlagen von Fassaden, die funkensprühend zusammenbrachen. Es war zwei Uhr morgens, als am 9. Oktober 1943 der schlimmste aller Bombenangriffe auf Hannover vorbei war.

Als die Sonne aufging, wurde es auch am Maschsee kaum heller, wohin sich viele geflüchtet hatten. Der Rauch- und Staubschleier über der Stadt war so dicht, dass das Licht ihn nicht durchdringen konnte. Zwei Tage noch brannte die Stadt.

Manche versuchten daraus zu lernen. Hannovers Architekten trafen sich Anfang 1944 an der TH zu einem Kolloquium über den Wiederaufbau; der Architekt Gerhard Graubner trug dem Rat am 3. März 1944 in SS-Uniform vor, welche Lehren der Städte-

Da die Oberleitungen zerstört waren, zogen Trecker die Straßenbahn-Güterwagen: Trümmerräumung nach Bombenangriffen 1944 in der Celler Straße.

In dieser Nacht starben 1 245 Menschen, 250 000 wurden obdachlos, 70 Prozent der Häuser in Hannover waren unbewohnbar. Geradezu systematisch war die Innenstadt zerstört. Hier konnte später nur jedes zwanzigste Haus wieder aufgebaut werden.

Auch nach dem „Tag ohne Sonne" gingen die Angriffe weiter. 88-mal war Hannover Ziel von Bombenangriffen, der letzte zerstörte am 25. März 1945 die Nordstadt.

bau aus dem Luftkrieg zu ziehen habe. Graubner wollte die Stadt aufgeben und ein neues, „wehrhaftes" Hannover am Benther und Gehrdener Berg bauen – unter der Erde! Mit unterirdischen Straßen, Bahnen, Wohnungen, Fabriken. Über der Erde sollte es nur noch Hochbunker, Rad- und Fußwege geben.

Ein Spinner? Als Hannover 1966 eine Ausstellung über seinen vorbildlichen Wiederaufbau auf Auslandstournee schickte, war Graubner immer noch Architekturprofessor an der Technischen Hochschule.

Boxsport
Rukelie Trollmann durfte nicht Deutscher Meister werden, obwohl er der Beste war. Aber er war Sinto.

Schon während des Kampfes hatten sie ihn durch Verwarnungen zu irritieren versucht. Aber Rukelie Trollmann, der eigentlich Johann hieß, boxte einfach besser. Auch die drei Kampfrichter waren sich am Ende einig: Trollmann (Hannover) Sieger gegen Adolf Witt (Kiel).

Das Problem war nur, dass dieser Kampf um die Deutsche Meisterschaft im Halbschwergewicht im Juni 1933 stattfand. Und Trollmann war Sinto – „Zigeuner" sagte man damals. Ein Zigeuner aber konnte nicht Deutscher Meister sein, so wenig wie ein Jude. Also änderte der Vertreter des Boxverbandes das bereits verkündete Urteil der Kampfrichter: unentschieden.

Da das aber zu dreist war und die Zuschauer tobten, wurde das Urteil noch am selben Abend ein zweites Mal korrigiert – zu Trollmanns Gunsten. Doch acht Tage später nahm man ihm den Titel wieder weg, wegen „schlechten Boxens", und verhängte gleich noch eine Geldstrafe dazu.

Bei seinen nächsten Kämpfen teilten sie die Kampfrichter offenbar besser ein. Trollmann, der Norddeutscher Meister war, der pro Kampf Prämien von 2 500 Reichsmark bekommen hatte, verlor plötzlich ein ums andere Mal. Er boxte auf dem Jahrmarkt: Wer ihn besiegte, bekam 100 Mark. Er ließ sich scheiden, um seine Frau, die keine Sinteza war, und die Tochter zu retten. Er versteckte sich – ohne Erfolg.

1942 brachte ihn die Gestapo ins KZ Neuengamme. Dort musste er wieder boxen, zur Belustigung, gegen SS-Offiziere. Am 9. Februar 1943 wurde er erschossen.

„Wahrscheinlich hat sich da einer gerächt, dem er eine verpasst hatte", vermutet Hans Firzlaff, der hannoversche Karikaturist. Er war zwölf Jahre alt, als er von dem Betrug an Trollmann las, und weil er selber boxte, ging ihm die Geschichte nicht aus dem Kopf. Irgendwann begann er, nach Spuren des Boxers zu suchen; mit 76 Jahren war er mit den Recherchen fertig und machte ein Buch daraus. Jetzt findet man Johann Trollmann auch im Holocaust Memorial Museum in Washington.

Brücken
Die größte Drehbrücke der Welt spannt sich ab 2001 über den Suezkanal. Gebaut wurde sie in Hannover.

Die schönsten Fußgängerbrücken stehen in den Herrenhäuser Gärten. Eine winzige im Welfengarten, eine zweite rechts vom Wilhelm-Busch-Museum. Es sind Kostbarkeiten, getragen von einem linsenförmigen Fachwerkträger, den Hofbaumeister Laves (→ Geometrie) entwickelte und der ungemein grazile Brückenkonstruktionen ermöglicht. Auch die Brücke, die vom Georgengarten über die Graft in den Großen Garten führt, wurde von Laves 1840 nach dem Prinzip des „Laves-Balkens" gebaut.

Nicht die grazilste, sondern die größte Drehbrücke der Welt war um die Jahrtausendwende in Brink-Hafen im Bau. Dort schweißte Krupp Stahlbau seit 1998 „El Ferdan" zusammen, ein 10 000 Tonnen schweres Monstrum, auf dem ab 2001 die ägyptische Eisenbahn zwischen Kairo und Sinai-Halbinsel den Suezkanal überquert. Und wenn auf dem Kanal zu große Schiffe fahren, dann lassen sich die beiden Hälften der Brücke öffnen. Jede von ihnen hängt an einem 65 Meter hohen Drehkranz und kragt 170 Meter weit über den Kanal.

Da draußen in Brink-Hafen ist die alte Ingenieurgeschichte Hannovers, das im 19. Jahrhundert lieber eine Technische Hochschule als eine Universität haben wollte, noch lebendig. Der eiförmige Expo-Pavillon von Bertelsmann wurde dort konstruiert, das größte freitragende Dach der Welt für die Messehalle 13, die Dachkonstruktion des neuen Fußballstadions von Schalke 04, die Antennenplattformen des Telemax. Der ICE nach Berlin fährt gleich über sechs Brücken, die hier gefertigt worden sind.

Aber Hannover hat auch seine eigene Rekordbrücke. Die „Exponale", die den Messeschnellweg vom Messegelände zur Expo-Plaza überspannt, ist mit 30 Metern Breite die größte Fußgängerbrücke Europas. Aber sie ist platt. Ohne Laves-Balken.

Büro der Zukunft
Als eines der größten Rechenzentren Europas testet die dvg am Kronsberg das „nonterritoriale Büro".

Erstmal ist da dieses Gebäude, das einen nicht wegschauen lässt. Der faszinierendste wohl der vielen Bürobauten, die in den neunziger Jahren in Hannover entstanden sind: wellenförmig, gläsern, ökologisch. Das kristallklare Dach, das sich über die eigentlichen Gebäude schwingt, ersetzt die Klimaanlage und lässt sogar einen Wald im Innenraum wachsen. Was die Architekten Hascher und Jehle da auf den Kronsberg gebaut haben, hätte ein Stück weiter südlich auch als Expo-Pavillon Aufsehen erregt.

Dann sind da die Büroräume. Die sind viel zu wenig. Für die 1850 Beschäftigten hat die dvg nur 1400 Arbeitsplätze eingerichtet. Weil vor allem die Leute in Vertrieb und Beratung im Schnitt nur eine Stunde pro Tag am Schreibtisch sitzen, gibt es feste Arbeitsplätze nur noch für Sekretärinnen. Alle anderen suchen sich morgens einen freien Tisch; Unterlagen und Arbeitsmaterialien schließen sie über Nacht in einem Container weg. Das minimiert Kosten und private Ablenkungen und erzieht nebenbei zum Frühaufstehen: Wer zuerst kommt, hat den schönsten Platz. Wer mag, kann sogar zu Hause arbeiten.

Das Ganze nennt sich dvg, „Datenverarbeitungsgesellschaft der Sparkassen". Mit ihr dürften die meisten schon zu tun gehabt haben, ohne es zu merken. Denn hier am Kronsberg laufen die Daten der 62000 Geldautomaten zusammen, die die Sparkassen von zwölf europäischen Ländern betreiben. Das Rechenzentrum ist denn auch eines der größten Europas, seine Daten würden ausgedruckt eine Aktenordnerreihe vom Kronsberg bis nach Rom füllen.

Ob das mit den virtuellen Arbeitsplätzen funktioniert, wird man sehen. Die dvg geht das Experiment jedenfalls sehr konsequent an: Auch die Chefs müssen sich jeden Morgen ihren Schreibtisch suchen.

Viel mehr Probleme macht einigen eine ganz andere Entscheidung: Im gesamten Glaspalast herrscht Rauchverbot. Der einzige Raucherraum liegt im Altbau, nur per Fußmarsch durchs Freie zu erreichen.

Bulli
Die größte Nutzfahrzeugfabrik Europas baut in Hannover den erfolgreichsten Transporter der Welt.

Im Grunde hat er inzwischen selbst seinen älteren Bruder, den VW-Käfer, in den Schatten gestellt. Ein halbes Jahrhundert lang wird der Transporter von Volkswagen, den alle nur Bulli nennen, schon gebaut, und immer noch hält er in Deutschland einen Marktanteil von unglaublichen 49 Prozent. Seit 1956 ist seine Heimat Hannover.

Dabei wäre aus ihm beinahe gar nichts geworden. Als der holländische Geschäftsmann Ben Pon im Jahre 1947 der britischen Militärregierung vorschlug, in Wolfsburg neben dem Volkswagen auch einen Kleinlastwagen zu bauen, winkten die Briten ab: Dem Auto, das er da skizzierte, einer Art Schuhkarton auf Rädern mit Heckmotor unter der Ladefläche, gaben sie ebenso wenig Chancen wie diesem käferförmigen Pkw, der dort schon gebaut wurde.

Beim Werksleiter Heinrich Nordhoff hatte er mehr Glück. Der ließ aus der Skizze ein richtiges Auto entwickeln, und als die Produktion 1956 nach Hannover verlegt wurde, da war der Bulli mit seinem 25-PS-Motor schon 175 403-mal verkauft worden, und Ben Pon war VW-Generalimporteur.

Mehr noch als der Käfer prägte der Bulli eine ganze Autokultur. Während bis dahin auch in Hannover mehrere Karosseriebaufirmen davon gelebt hatten, dass sie Serienfahrzeuge für gewerbliche Zwecke umbauten, baute VW alle denkbaren Variationen gleich selbst in Serie: Klein-Lkw und Kastenwagen, Bus und Wohnmobil, mit Allradantrieb, als Diesel und heute in 21 Farbtönen

Die Kiste auf Rädern wurde zum Industrieklassiker Nr. 1 aus Hannover: Volkswagen-„Bulli"

und 233 Farbkombinationen. Was danach von anderen Autofirmen an Kleintransportern auf den Markt kam, waren alles mehr oder weniger plumpe Bulli-Kopien.

Acht Millionen Transporter wurden bisher gebaut, im 1,4 Kilometer langen Werksgebäude in Stöcken werden außerdem die Zylinderköpfe für alle VWs gefertigt – zweieinhalb Millionen im Jahr. 1971 arbeiteten hier 28 509 Menschen; heute sind es rund 15 000, womit VW nach wie vor mit Abstand der größte Arbeitgeber Hannovers ist.

Dass sich das Konzept irgendwann totläuft, damit scheint VW nicht zu rechnen. Zur Jahrtausendwende liefen die Vorbereitungen für den T5 auf Hochtouren. T5 bedeutet: Transporter, 5. Generation. Draußen wird er weiter Bulli heißen.

Clowns
In der Osterstraße bildet Deutschlands einzige Clown-Schule auch Krankenhaus-Clowns aus.

Colli Bumm hat eine dicke rote Nase, riesige Schuhe und einen Zaubersack. Wie ein richtiger Clown im Zirkus, nur nicht so weit weg: Colli Bumm kann man anfassen, wenn er über den Flur läuft oder sich ans Krankenbett setzt. Colli Bumm ist der Freund aller Kinder in der Medizinischen Hochschule, wo er ganz offiziell angestellt ist, als „Clinic-Clown".

Besser gesagt: die Freundin aller Kinder, denn Colli Bumm heißt im Erwachsenenleben Helga Timm. 1995 hat sie diesen Job übernommen, mit 50 Jahren. Seither hilft sie lachen gegen die Traurigkeit, macht die Kinder stark, weil Colli Bumm so unbeholfen ist, lenkt ab, hört zu. Der Clown ist der Verbündete der Kinder. Er kommt nicht mit Tabletten, Spritzen oder Ermahnungen. Er lindert Schmerzen und Angst mit Lachen. Manchmal greift es sogar auf die Ärzte und Schwestern über.

Es ist eine schöne, aber auch eine harte und oft sehr traurige Arbeit, die gelernt sein will. Aber wo lernt man, Clown zu sein? In Hannover gibt es seit 1985 eine richtige Schule für Clowns, die einzige in Deutschland sogar, als Teil der privaten „Schule für neuen Tanz und Theater" (TuT). Die bietet keine Hobbykurse an, sondern eine richtige professionelle Ausbildung. Wer sie erfolgreich absolviert hat, ist staatlich anerkannter Clown.

Dieser Titel taugt nicht nur für den Zirkus. In Berlin mischen neuerdings Theologinnen im Clown-Kostüm Kindergottesdienste auf, und auch Helga Timm hat hier drei Jahre lang studiert. TuT bietet spezielle Fortbildungen zum Clinic-Clown an.

An der Medizinischen Hochschule sind sie jetzt schon drei. Colli Bumm hat Gesellschaft von Bruno und Charlotte bekommen. Alle haben einen festen Tag, an dem sie durch die Kinderabteilungen tapsen, von vielen sehnlich erwartet. Manchmal, haben die Ärzte festgestellt, schwindeln die Kinder sogar ein bisschen mit ihren Krankheitssymptomen. Damit sie Colli Bumm nochmal sehen, bevor sie entlassen werden.

Comics
Den Comic-Strip erfand Wilhelm Busch in Hannover – in seiner Studentenbude in der Schmiedestraße.

Gerade 16 Jahre war er alt, nach eigenen Angaben ausgerüstet *„mit einer ungefähren Kenntnis der vier Grundrechnungsarten",* als er 1848 von Lüthorst bei Einbeck in die Stadt kam, um an der Polytechnischen Schule Maschinenbau zu studieren.

Aber wie es Studenten oft so geht: Erstmal tat er etwas ganz anderes. Denn in Hannover war gerade die →Revolution vorbei, und die Studenten des Polytechnikums mischten in der Bürgerwehr ganz vorn mit. Die stand längst nicht mehr für demokratische Rechte, sondern für Ruhe und Ordnung.

Selbst eine Demonstration von Handwerkern gegen die gefürchtete Gewerbefreiheit ging da schon zu weit, und so war der Teenager Busch einer von denen, die am 29. Mai 1848 mit gefälltem Bajonett die Ballhofstraße von Demonstranten säuberten.

„Nun waren wir, als Schergen der Ordnung, beim ‚Volke' recht unbeliebt. Aus den Haustüren im Rösehof gossen unsichtbare Hände uns Schmutzwasser an die Beine", erinnerte er sich später und ärgerte sich im Nachhinein nur, *„dass man uns keine scharfen Patronen anvertraute".*

Aber auch so hatte Busch seine patriotische Gesinnung bewiesen und durfte weiter studieren – auch als im nächsten Jahr das Polytechnikum alle Studenten ausschloss, die sich zu der von der Frankfurter Paulskirche beschlossenen Reichsverfassung bekannt hatten.

Sein Maschinenbaustudium in Hannover brach er nach drei Jahren ab, um Malerei zu studieren: Wilhelm Busch.

Aber mit dem Studium hatte Busch bald sowieso nichts mehr am Hut. In seinem Zimmer in der Schmiedestraße zeichnete er die ersten Bildergeschichten von „Max und Moritz", die als erster Comic-Strip in die Kunstgeschichte eingingen, und legte damit den Grundstein für die Sammlung des Wilhelm-Busch-Museums, das heute als „Deutsches Museum für Karikatur und kritische Grafik" bundesweit einmalig ist.

Und noch eine Kostbarkeit hinterließ er der Stadtgeschichte, als er 1851 zum Kunststudium nach Düsseldorf ging: Am ersten Weihnachtstag 1848 hatte er sich im Atelier von Friedrich Karl Wunder „daguerreotypieren" lassen. Das Bild blieb erhalten – es ist die älteste bekannte Aufnahme des hannoverschen Fotopioniers.

Computer
Mit einem Schaffner-Computer für die Bahn wurde ein Nachwuchsunternehmen Marktführer bei mobiler Datenerfassung.

Im Zeitalter des Internet ist es fast schon wieder ein Betrieb von gestern: Höft & Wessel baut Maschinen, keine virtuellen, sondern ganz massive mit Stahlgehäuse, „Hardware" im wahrsten Sinne des Wortes.

16 000 Höft & Wessel-Geräte sind mit der Deutschen Bahn unterwegs: die mobilen Terminals, mit denen neuerdings alle Zugbegleiterinnen und Schaffner ausgestattet sind. Leistungsfähige Computer, nur ein Kilo schwer, die im Zug Fahrpreise berechnen und Fahrkarten ausdrucken können.

Die Vergabe dieses Auftrags an Höft & Wessel war 1994 eine ziemliche Sensation. Denn das Unternehmen, das 1977 in Hannover von zwei Studienabbrechern gegründet worden war und immer noch als Turnschuhfirma galt, obwohl es bereits 100 Leute beschäftigte, hatte mit den Riesen der Branche konkurrieren müssen – und hatte Siemens, IBM und Panasonic am Ende ausgestochen.

Für Michael Höft und Rolf Wessel war die Frage jetzt weniger: Wie kriegen wir Aufträge? Sondern: Wie überleben wir diesen Auftrag? 60 Millionen Mark Auftragsvolumen waren eine ganze Menge für zwei Leute, die Unternehmer geworden waren, „weil wir dachten, lange ausschlafen zu können".

Sie haben den Auftrag überlebt. Weitere sind nachgekommen: die Tix-Fahrscheinautomaten der Üstra. Kassen für Mövenpick. Check-in-Automaten für die Lufthansa. Außendienstterminals für Edeka. Jetzt ist Höft & Wessel bei mobiler Datenerfassung und „Ticketing" Marktführer und liefert auch die neuen bildschirmgesteuerten Fahrschein- und Reservierungsautomaten der Bahn: 3 500 Stück sind davon erstmal bestellt.

Und für alle Freaks gab es zur CeBIT 2000 ein mobiles Internet-Terminal, das eigentlich nur aus einem Bildschirm besteht. Aber der ist vernünftig groß.

Bei all diesen Projekten konzentriert sich Höft & Wessel auf die Entwicklung. Das „Zusammenschrauben", die Serienfertigung der Hardware, überlassen sie dann anderen. Insofern ist es doch wieder eine ganz normale virtuelle Firma.

Dankgebet
Über das Verhalten ihres Bischofs in der Nazi-Zeit streitet die evangelische Landeskirche bis heute.

Als alles vorbei war, sagte August Marahrens (1875–1950), er sei nicht mehr überzeugt, *„dass seitens der Kirche zu diesen Vorgängen das Wort genommen werden musste. Das Telegramm erreichte, wie wir heute wissen, einen Unwürdigen".*

Saß im Gefängnis, während sein Amtsvorgänger für Hitler beten ließ: Hanns Lilje, Landesbischof 1947–1971 (links).

Der Unwürdige war Adolf Hitler, das Telegramm das beschämendste Dokument der hannoverschen Landeskirche aus der Nazi-Zeit. Noch am 20. Juli 1944 hatte Landesbischof Marahrens Hitler telegrafisch für das fehlgeschlagene Attentat beglückwünscht und anschließend im Kirchlichen Amtsblatt angeordnet:

„Tief erschüttert von den heutigen Nachrichten über das auf den Führer verübte Attentat ordnen wir hierdurch an, dass, soweit

es nicht bereits am Sonntag, dem 23. Juli geschehen ist, am Sonntag, dem 30. Juli, im Kirchengebet der Gemeinde etwa in folgender Form gedacht wird:

,Heiliger barmherziger Gott! Von Grund unseres Herzens danken wir Dir, dass Du unseren Führer bei dem verbrecherischen Anschlag Leben und Gesundheit bewahrt und ihn unserem Volke in einer Stunde höchster Gefahr erhalten hast. In Deine Hände befehlen wir ihn. Nimm ihn in Deinen gnädigen Schutz ...'."

Marahrens war kein Nazi. Er war Landesbischof von 1925 bis 1947 – der einzige in Deutschland, der sowohl 1933 als auch 1945 im Amt blieb.

Er hat sich so durchlaviert. Versuchte, sich einerseits bei den Nazis anzubiedern, um sie andererseits kritisieren zu können. Wollte sie mit ihren eigenen Waffen schlagen. Schon 1933 ließ er sich nach dem „Führerprinzip" der Nazis mit absoluten Vollmachten ausstatten – und verhinderte so, dass die „Deutschen Christen" von der NSDAP seine Landeskirche übernahmen. Dafür nahm er auch die Spaltung der Bekennenden Kirche in Kauf, die von 1934–1936 unter seiner Leitung gestanden hatte.

Während die Kirchen damals auf Marahrens' Weisung Dankgottesdienste *„für die gnädige Errettung des Führers"* abhielten, saß sein späterer Nachfolger Hanns Lilje im Gefängnis. Er war verhaftet worden am und wegen eben dieses 20. Juli 1944.

Denkmalschutz
Das Nachkriegs-Hannover riss ab, was es nicht brauchte: eine Kirche, ein Schlösschen, eine Wasserkunst.

Was macht man mit einer Kirche, die keine Gemeinde mehr hat? Dieses Problem stellte in den fünfziger Jahren die Garnisonkirche am Goetheplatz. 1896 war sie für das Militär gebaut worden, und als es nach dem

Zweiten Weltkrieg kein Militär mehr in Hannover gab, stand sie leer. Gut erhalten übrigens, denn ausgerechnet sie hatte als eine der wenigen Kirchen Hannovers den Krieg fast unbeschädigt überstanden.

Angeblich mochte „Hannover" diese Kirche nicht, deren Bau Preußen 1892 aus dem beschlagnahmten Welfenschatz finanziert hatte. Als während des Baus einer ihrer beiden Türme einstürzte, sollen Welfenfans vor Freude ganz außer sich gewesen sein. Zudem war sie nicht besonders schön.

Aber das dürfte für die endgültige Entscheidung ebenso wenig eine Rolle gespielt haben wie die antimilitaristische Stimmung dieser Zeit. Hannover berauschte sich damals an seinem Wiederaufbau, seiner Modernität, und da war ein modernes Schwesternwohnheim, wie es das Friederikenstift dort bauen wollte, allemal wertvoller als eine olle Kirche. 1959 wurde sie sang- und klanglos abgerissen.

Sie war kein Einzelfall. Vier Jahre später rückten die Bagger am Landtag an, wo über der Leine die 100 Jahre alte „Wasserkunst" überlebt hatte, ein pompös verschnörkeltes Pumpwerk für das letzte Flusswassernetz der Bundesrepublik. Sie wurde abgerissen für eine leere Fläche, die – trotz Architektenwettbewerben – bis heute nicht wieder vernünftig gefüllt ist.

Gegenüber, wo heute der Waterloo-Biergarten liegt, stand damals das Friederikenschlösschen, ein Werk von Hofbaumeister Laves, denkmalgeschützt und ebenfalls unversehrt. Es stand nicht mal irgendwelchen Neubauten im Weg. Es hatte Schwamm, war aber sanierungsfähig – und wurde 1966 ohne weitere Begründung abgerissen.

Gegen diesen Abriss allerdings gab es erstmals massive Proteste. Es sollte denn auch der letzte in dieser Rücksichtslosigkeit bleiben. Fünf Jahre später erlebte Hannover seine erste Hausbesetzung.

Deutschlandlied
Der Dichter der deutschen Nationalhymne stand in Hannover unter Hausarrest – angeordnet vom König persönlich.

Auf Helgoland hatte sich der Dichter zum Gedankenaustausch mit anderen Liberalen getroffen. Das muss ihn inspiriert haben. Wenige Tage später, am 26. August 1841, griff er zur Feder und schrieb: *„Deutschland, Deutschland über alles".*

Mit dabei war damals ein Herr Kiesewetter, der als Spitzel für den Welfenhof arbeitete und einen Bericht über die Zusammenkunft nach Hannover lieferte. Denn König Ernst August fürchtete die Liberalen, die seine Macht zugunsten einer deutschen Bundesregierung beschneiden wollten.

Da war er nicht der Einzige. August Heinrich Hoffmann (1798–1874), der sich nach seinem Geburtsort „Hoffmann von Fallersleben" nannte, wurde wenig später wegen „Aufhetzung der Jugend" als Professor in Breslau fristlos entlassen – ohne Pension – und durfte nirgends mehr bleiben. Insgesamt 39-mal wurde er als „Aufrührer" aus den verschiedensten deutschen Staaten und Städten ausgewiesen. Er war ein Outlaw. Auch Hannover, wo er 1849 in Bothfeld seine Nichte Ida zum Berge geheiratet hatte, entzog ihm das „Domizilrecht".

Als er 1853, nach eigenen Angaben längst unpolitisch geworden, trotzdem hierher zurück kam, um in der hannoverschen Bibliothek Material für ein Buch über die Geschichte des Kirchenliedes zu suchen, wurde er prompt ausgewiesen; das Haus seiner Schwiegereltern wurde durchsucht.

Und als es seiner Frau fünf Jahre später gelang, wenigstens eine beschränkte Aufenthaltserlaubnis für ihn zu bekommen, befahl König Georg V. persönlich, *„während der Anwesenheit des Dr. Hoffmann aus Breslau in dem Dorf Bothfeld bei Hannover einen Gendarmen dahin zu kommandieren,* der das Treiben dieses Mannes insgeheim beobachtet, namentlich, ob er mit Demokraten Umgang pflegt, und mir darüber hierher nach Norderney wöchentlich zu berichten."

Das war damals gleichbedeutend mit Hausarrest. Es dauerte noch 64 Jahre, bis Hoffmanns „Deutschland, Deutschland über alles" zur deutschen Nationalhymne wurde.

Ehrenbürger
Zwei Dutzend Ehrenbürger (und keine Ehrenbürgerin) hat Hannover ernannt. Nicht alle hatten es verdient.

Einen kleinen Einblick in das, was Hannover im Laufe der Zeit so alles wichtig fand, ermöglicht die Liste der Ehrenbürger der Stadt. Seit 1846, als der Rat erstmals über die Verleihung der Ehrenbürgerwürde mitbestimmen durfte, wurden ernannt:

1846: Friedrich Heeren, Chemie-Professor am Polytechnikum; Karl Karmarsch, erster Direktor des Polytechnikums, das er zur Technischen Hochschule entwickelte; Moritz Rühlmann, Professor für Maschinenlehre am Polytechnikum;

1848: Hermann Wilhelm Bödeker, Pastor der Marktkirche (→Wohltäter); Georg Friedrich Grotefendt, Direktor des heutigen Ratsgymnasiums, entzifferte die altpersische Keilschrift;

1857: Heinrich Marschner, Komponist und Hofkapellmeister;

1863: Ludwig von Slicher, Generalmajor, „Flügeladjutant" von König Ernst August;

1869: Karl August Devrient, 30 Jahre lang einer der beliebtesten Schauspieler am Hoftheater;

1889: Hermann Kestner, Bankier, Stifter des Kestner-Museums (→Leiden);

1894: Rudolf von Bennigsen, Vorkämpfer der deutschen Einigung, Ratgeber Bismarcks, Oberpräsident in Hannover;

1900: Alfred Graf von Waldersee, Oberbefehlshaber bei der blutigen Niederschlagung des Boxeraufstands in China;

1915: Otto von Emmich, General, Kriegsheld; Paul von Hindenburg, damals General, Kriegsheld, „Befreier Ostpreußens";

1916: Heinrich Tramm, seit 1891 Stadtdirektor, in seiner Zeit wurde das Neue →Rathaus gebaut;

1923: Siegmund Seligmann machte ab 1876 die Conti zum führenden Reifenkonzern;

1924: Gustav Fink, seit 1890 Senator, Bürgermeister, organisierte Bundesschießen (1903) und Sängerbundfest (1923);

1933: Adolf Hitler und Bernhard Rust, Reichskultusminister, vorher NSDAP-Gauleiter (beide Ehrenbürgerschaften wurden 1978 getilgt);

1940: Fritz Beindorff, Pelikan-Inhaber, Kunst-Mäzen, Hitler-Förderer (→NSDAP);

1956: Wilhelm Weber, Bürgervorsteher 1919-1933, in der Nazi-Zeit im KZ, Oberbürgermeister 1946-1956;

1969: Bernhard Sprengel, Schokoladenfabrikant und Mäzen (→Nolde);

1972: August Holweg, Widerstandskämpfer, Oberbürgermeister 1956-1972;

1980: Rudolf Hillebrecht, Stadtbaurat 1948-1975 (→autogerechte Stadt II);

1987: August Closs, Bristol, Initiator der →Partnerschaft Hannover-Bristol;

1995: Hinrich Seidel, seit 1975 Rektor der TU, bis 1997 Präsident der Universität.

Ehrenmal
Im Rosengarten am Maschsee-Nordufer sind 386 Opfer von Nazi-Willkür begraben – sowjetische Kriegsgefangene zumeist.

Er liegt ein wenig abseits des Fußgängerstroms, der sich an Sonnentagen um den Maschsee drängt. Wenn die Rosen nicht blühen, sieht er fast vergessen aus. Von den Joggern und Skatern wissen nur noch wenige um das Geheimnis dieses Rosengartens.

Am 6. April 1945, vier Tage vor dem Einmarsch der amerikanischen Truppen in Hannover, wurden auf dem Stadtfriedhof Seelhorst 154 sowjetische Kriegsgefangene, Häftlinge und Zivilisten erschossen, 153 Männer und eine Frau.

Einen Anlass gab es nicht, nicht mal einen Vorwand. Außer dass die Amerikaner vor der Stadt standen und die Nazis verbrannte Erde hinterlassen wollten. Nur der Hauptmann Peter Palnikow konnte während des Massakers fliehen. Er führte die Amerikaner später zu dem Massengrab.

Am selben Tag wurden die Häftlinge, die in Hannovers KZ-Außenlagern noch nicht umgekommen waren, auf den „Todesmarsch nach Bergen-Belsen" geschickt. Etliche wurden unterwegs erschossen, weitere starben im KZ Bergen-Belsen an Hunger und Seuchen. Etwa 500 kranke Häftlinge wurden am 13. April, als Hannover schon befreit war, bei Gardelegen mit anderen in eine Scheune gesperrt. Die wurde mit Benzin übergossen und angesteckt. Am nächsten Tag fanden die Amerikaner hier 1 016 Leichen.

Am 28. April wurde das Massengrab in Seelhorst gefunden – und weitere Massengräber nebenan. Die Zahl der Übergriffe ehemaliger Zwangsarbeiter auf Deutsche stieg an. Am 2. Mai mussten Nazi-Funktionäre, derer man noch habhaft werden konnte,

Später wurden Stimmen laut, man solle das Ehrengrab an den Stadtrand verlegen: Mahnmal gegen Nazi-Brutalität am Maschsee-Nordufer.

die Leichen ausgraben, in einem feierlichen Zug zum Maschsee-Nordufer bringen und dort in einem Rosengarten in Einzelgräbern beisetzen. Es war nicht die Zeit, Deutsche zur Teilnahme am Leichenzug *aufzurufen* – der Stadtkommandant *befahl* es. Wer auf der Straße erwischt wurde, wurde mit vorgehaltener Waffe zum Mitgehen gezwungen. Später stellte die Stadt dort ein Mahnmal auf. 386 Nazi-Opfer sind hier begraben.

Den roten Sowjetstern, der das Mahnmal krönte, ließ die Stadt irgendwann in der Zeit des Kalten Krieges entfernen. Er ist bis heute nicht wieder angebracht.

Eisenbahn
Das Ernst-August-Denkmal vor dem Bahnhof ist für einen Feind der Eisenbahn bestimmt.

Der Kaiser kam häufig per Bahn nach Hannover, das weiß man, schließlich hatte man ihm im linken Eckgebäude des Hauptbahnhofs einen eigenen „Kaisersalon" eingerichtet, in dem er sich frisch machen konnte.

König Ernst August aber hatte etwas gegen die Bahn, weil er nicht wollte, *„dass jeder Schuster und Schneider so schnell reisen kann wie ich".* Natürlich kam die Bahn trotzdem, schon weil sie ein Wirtschaftsfaktor war, gegen den auch ein König nicht ankam. Sie machte die Hanomag zu einer der führenden Maschinenfabriken in Europa (→Spekulation) und gab bei der Hannoverschen Waggonfabrik auf dem Tönniesberg bis zu 3 000 Leuten Arbeit.

Aber die Eröffnungsfahrt der Bahn nach Braunschweig, die überließ Ernst August doch seinen Offizieren. Die fuhren um acht Uhr morgens in Hannover ab, frühstückten in Braunschweig und waren um drei Uhr in Hannover zurück. Dass der König sie dort

zu einem Festessen empfing, hinderte „dem Landesvater sein treues Volk" jedoch nicht an der Bosheit, sein Denkmal später ausgerechnet vor den Bahnhof zu stellen.

Helmut Kohl fuhr selbst mit, als er 1998 die neue ICE-Hochgeschwindigkeitsstrasse Hannover – Berlin eröffnete. Auf dieser Strecke verkehrte schon im Jahre 1911 der schnellste Zug Deutschlands – mit immerhin 80,7 Stundenkilometern im Schnitt. 1931 absolvierte hier ein propellergetriebener Zeppelin auf Rädern seine Testfahrten: Der „Schienen-Zepp" erreichte gleich beim ersten Start zwischen Hannover und Lehrte 205 und später sogar das Weltrekordtempo von 230 Stundenkilometern.

Aber der Reichsbahn war die rasende Zigarre zu gefährlich, und so dauerte es noch ein halbes Jahrhundert, bis ähnlich schnelle Züge regulär verkehrten. Der erste fahrplanmäßige ICE, der am 27. September 1998 von Berlin nach Hannover fuhr, brachte jedoch wenig Zeitgewinn: Er blieb unterwegs liegen und musste zum Hauptbahnhof abgeschleppt werden, wo er dreieinhalb Stunden nach der Abfahrt in Berlin eintraf. Die gleiche Fahrzeit wie 1911.

Elektrizität
Heinrich Daniel Rühmkorff aus der Roten Reihe war einer der bekanntesten Erfinder des 19. Jahrhunderts.

Nein, mit dem Dichter hat die Rühmkorffstraße nichts zu tun, der schreibt sich mit einem F und ist in Stade zur Schule gegangen. Der hannoversche Rühmkorff hieß Heinrich Daniel, wurde schon im Jahre 1803 in der Calenberger Neustadt geboren und hat es nicht verdient, vergessen oder verwechselt zu werden: Um 1850 gehörte er zur Crème der europäischen Erfinder.

Heinrich Daniel Rühmkorff habe den Funkeninduktor erfunden, steht in den Lexika. Dieses altertümliche Gerät, das im

Physikunterricht Funken speit, stieß damals die Tür zu ganz neuen Forschungs- und Anwendungsbereichen der Elektrizität auf: Es konnte Batteriestrom in Hochspannung von mehreren Millionen Volt verwandeln.

Der „Rühmkorff", wie er bald nur noch genannt wurde, gehörte jahrzehntelang zur Standardausstattung elektrischer Labors. Mit seiner Hilfe entdeckte Wilhelm Conrad Röntgen die nach ihm benannten Strahlen, Heinrich Rudolf Hertz die Dipolstrahlung und J. J. Thomson das Elektron. Auch die Zündspulen in Benzinmotoren sind nichts als kleine „Rühmkorffs".

Er war ein Tüftler. In Hannover hatte er eine Mechanikerlehre gemacht, seine Werkstatt betrieb er später in Paris. Er sammelte alles, was berühmtere Leute an Ideen und Verbesserungsvorschlägen hatten, und setzte es in geniale Apparate um. 1864 verlieh man ihm den Preis für die wichtigste Entdeckung auf dem Gebiet der angewandten Elektrizität, der damals mit 50 000 Francs einer der höchstdotierten Wissenschaftspreise war.

Sein Vater war Stallknecht bei der Post gewesen; sein Geburtshaus in der Roten Reihe, ein nicht mal fünf Meter breites Fachwerkhäuschen, wurde – obwohl im Krieg unversehrt geblieben – zusammen mit einem ebenso winzigen Nachbarhaus abgerissen. Die Balken wurden für einen späteren Wiederaufbau eingelagert. Das war 1958. Das Grundstück, an dem seit 1978 wenigstens eine Bronzetafel an Heinrich Daniel Rühmkorff erinnert, ist immer noch unbebaut.

Energie
Das Schulenergiezentrum der IGS Linden ist bundesweit einmalig: Es entwickelt Unterrichtsmaterial für andere Schulen.

Auf dem Schuldach dreht sich ein Windrad, Solarzellen versorgen die Schulküche mit Warmwasser, im Kursus „Photovoltaik"

bauen Schülerinnen eine Solartankstelle. Für das Elektromofa, das zum Schulenergiezentrum an der IGS Linden gehört.

Soweit gibt es das an anderen Schulen auch. Aber Linden ist mehr. Das Energielabor der IGS ist Anlaufstelle für alle hannoverschen Schulen, die Unterstützung beim Thema Energie brauchen. Es entwickelt Unterrichtsmaterialien für andere und hat Dutzende von Versuchsanleitungen erarbeitet: Wie man Sonnenkollektoren baut. Wie man mit Solarkochern Spiegeleier brät. Wie man computergesteuert den Energieverbrauch in der Schule misst.

Gerade darin sind die Lindener Experten. Nach dem Messen – die Schule verbraucht Strom und Wärme für 750 000 Mark pro Jahr – konnten sie die Energiekosten schon um zehn Prozent herunterfahren. Natürlich mit Projekten, die im Unterricht entwickelt wurden.

Zehn Jahre lang haben sie ihre Schule zur Energiezentrale ausgebaut, mit Unterstützung der Stadt und verschiedenster Experten. Anfang 1999 wurde das Energiezentrum offiziell eröffnet und ist eigentlich nur für die Region Hannover zuständig. Aber schon 1995, als gerade die ersten Ideen veröffentlicht waren, wurde die Schule mit Anfragen aus dem ganzen Bundesgebiet überhäuft. Da ist Idealismus nötig, denn die Bezirksregierung hat pro Woche nur sechs Lehrerstunden für das Projekt bewilligt; die Sachkosten müssen aus dem Schuletat bezahlt werden.

Aber da lässt sich was machen: Die IGS nimmt am Energiesparprogramm der hannoverschen Schulen teil. 30 Prozent der eingesparten Kosten bekommt die Schule ausbezahlt. Und wenn man die Anfragen über Internet abwickelt, wird's sowieso einfacher. Besonders in Linden: Die Homepage der IGS wurde Anfang 2000 als beste Schul-Homepage in Hannover ausgezeichnet.

Essen
Zwischen Braunkohl und Michelin-Stern: Ein Koch aus dem Hotel Regina wurde Chefkoch im Weißen Haus.

Braunkohl heißt Braunkohl, weil er braun sein muss. Und nicht nur, weil er mit Brägenwurst einen so schönen Stabreim bildet. Wer lieber Grünkohl isst, der noch grün ist, weil er vor der Ernte keinen Frost abbekommen hat, der hat vermutlich noch keinen Braunkohl mit Brägenwurst gegessen – *„Winter-Müsli"*, wie es der grüne Umweltminister Jürgen Trittin pries.

Wer als Alternative dazu die Schlachteplatte kennt, durfte schon verwundert sein, als Ende der achtziger Jahre der Guide Michelin in Hannover genauso viele Restaurants mit seinen Sternen auszeichnete wie in München. 1993 wählte der „Gault Millau" Heinrich Stern, den Vater des hannoverschen Küchenwunders, zum „Aufsteigerkoch des Jahres"; später stieg das „Gallo Nero" in Buchholz für den „Aral Schlemmer Atlas" zu einem der drei besten Italiener in Deutschland auf.

Nein, so schlecht kann die Küche hier nicht sein. Hans-Ferdinand Raffert, der im Pschorr-Bräu in der Joachimstraße lernte und später im Regina-Hotel kochte, wurde immerhin Privatkoch von US-Präsident Richard Nixon. Nancy Reagan beförderte ihn 1987 sogar zum Chefkoch im Weißen Haus.

Dabei überzeugen weniger die „typischen" Spezialitäten wie die Welfenspeise, deren Erfinder vor allem darauf geachtet hat, dass der Nachtisch farblich mit der gelb-weißen Welfenfahne übereinstimmt. Oder die süße „Sauce Cumberland", die vor 150 Jahren am hannoverschen Hof aus Rotwein, Johannisbeergelee, Orangenschale, Zitrone und Senfpulver komponiert wurde und als Beilage zu Wildgerichten und Pasteten heute nicht mehr ganz auf dem Stand der Haute Cuisine ist.

Die Zutaten sind es. Der Spargel, der aus Burgdorf kommt, seit es in Döhren und Kirchrode keinen Platz mehr für Spargelfelder gibt; die Schnucken aus der Heide, das Wild aus dem Harz, die Aale aus Steinhude. Zu Weihnachten der Karpfen aus dem Maschsee, und neuerdings werden Bio-Lebensmittel sogar im Stadtgebiet angebaut. Im Öko-Bauernhof auf dem Kronsberg sind sie zu kaufen.

Auch Spitzenköche kommen da zu Bodenständigem zurück. In der „Insel" bei Norbert Schu, der jahrelang auf Michelin-Sterne abonniert war, sind jetzt wieder Gänsebraten und Bratäpfel zu haben. Die Gäste mögen es, der Guide Michelin weniger. Im Jahr 2000 gab er keinen einzigen Stern mehr nach Hannover.

Experimentalfilm
Für die Jury des World Film Festival in Montréal dreht Kirsten Winter die besten Kurzfilme der Welt.

Sie dreht nicht mit Video, sondern mit richtigem Zelluloidfilm, 35 Millimeter. Ihre Filme kommen ohne Worte aus und im Grunde auch ohne Tonspur. Bei großen Aufführungen wird die Musik wie in den Kinderjahren des Kinos live dazu gespielt. Wenn aber Kirsten Winter ihre Kurzfilme zeigt, dann sprechen Rezensenten von *„wahnwitzigen", „atemberaubenden Filmgedichten"*, von *„echter Leinwandkunst"* – oder sie stöhnen einfach *„Uff!"*, und der Filmbewertungsausschuss verleiht regelmäßig das Prädikat „Besonders wertvoll".

Schwer zu beschreiben, was sich da auf der Leinwand tut. Es sind Fotos, abfotografiert vom Fernseher, die Filme zerkratzt, die Abzüge mit Ölfarbe bearbeitet und so wieder zusammengefügt zu rasanten Visionen. Oder Videonotizen einer vierwöchigen Zugreise durch die USA, komprimiert zu einem Traumgewebe, dessen Rhythmus die Musik von Simon Stockhausen, dem Sohn des berühmten Vaters, noch intensiviert: „Just in time" lief 1999 in Montréal und wurde dort, auf einem der fünf großen Filmfestivals der Welt, mit dem Preis für den besten Kurzfilm ausgezeichnet. Für Clocks hatte Winter vier Jahre zuvor schon einen zweiten Preis bekommen.

Die Filme wurden in der Bödekerstraße produziert, sie laufen in Neuseeland und Brasilien, erhalten Preise in Portugal, der Ukraine und den USA, und manchmal werden sie auch im Expo-Café und in den Raschplatzkinos gezeigt. Dort erregen sie noch am wenigsten Aufsehen, denn da gibt es neben Kirsten Winter noch viel mehr: Im Experimentalfilm spielt Niedersachsen international in der ersten Liga.

EXPO 2000
Die erste Weltausstellung auf deutschem Boden wäre ohne die DDR nicht zustande gekommen.

Drei Eltern müssen genannt werden, wenn es um die Vorgeschichte der ersten Weltausstellung auf deutschem Boden geht.

Die Mutter ist Birgit Breuel, die 1988 als niedersächsische Finanzministerin eine gute Idee hatte. Damals waren nämlich Olympia-Bewerbungen in Mode, und als es nach Berlin, Frankfurt, dem Ruhrgebiet und Hamburg mit Kiel kaum noch eine Region gab, die nicht entsprechende Pläne wälzte, schlug sie was ganz anderes vor: eine Weltausstellung in Hannover. Um Niedersachsen eine Sonderkonjunktur zu bringen – natürlich, weshalb sonst werden solche Veranstaltungen heute organisiert?

Dass Hannover eine der ganz wenigen Städte der Welt ist, in denen eine solche Weltausstellung überhaupt realistisch vorstellbar war, ist der Messe zu verdanken. Nur die Nutzung ihres vorhandenen Geländes machte es möglich, die Weltausstellung mit dem geringsten Flächenverbrauch und

den geringsten Sorgen um eine Nachnutzung der Ausstellungsneubauten auf die Beine zu stellen. Dafür braucht die Messe AG für ihr ohnehin weltweit führendes Gelände für die nächsten Jahre nun keine Konkurrenz mehr zu fürchten.

Der dritte Elternteil fällt aus der Reihe. Als am 13. Juni 1990 in Paris das Bureau International des Expositions über die Vergabe der Expo 2000 abstimmte, die ursprünglich als Expo '98 geplant war, da gewann Hannover mit dem denkbar knappsten Ergebnis von 21 zu 20 Stimmen gegen das siegessichere kanadische Toronto. Die alles entscheidende Stimme kam von der DDR, die damals zwar faktisch kaum, juristisch aber sehr wohl noch als eigenständiger Staat existierte und deshalb in Paris eine zweite deutsche Stimme abgeben durfte.

Ohne DDR hätte es eine Expo 2000 in Hannover nicht gegeben.

Fahrrad
Mit einem Fahrradanteil am Gesamtverkehr von 20 Prozent liegt Hannover weit vor allen vergleichbaren Städten.

Als niemand so recht an den Sinn dieser merkwürdigen Gefährte glauben mochte, ließ man 1893 auf der Strecke Wien – Berlin ein paar Radfahrer gegen ein Pferd antreten. Das ging eindeutig aus: Der Hannoveraner Georg Sorge schaffte die 580 Kilometer als Zweiter in 31 Stunden, das Pferd brauchte 72 – und verendete nach dem Rennen.

In Hannover schrieb zu dieser Zeit eine Polizeiverordnung für Velozipedfahrer eine Nummernplakette am Rad vor; gefahren werden durfte nicht schneller *„als im kurzen Trab eines Kutschpferdes"*, beim Einholen von Fußgängern, Reitern, Fuhrwerken oder Treibern von Großvieh musste *„durch lautes Glockensignal auf die Annäherung aufmerksam gemacht werden"*.

Was Probleme mit sich brachte, wie sich Börries von Münchhausen, einer der ersten „Flotzipee"-Fahrer in Hannover, erinnerte: *„Klingelte man auf der noch so leeren Georgstraße, so fiel wohl ein Mütterchen hundert Meter vor einem, von Todesängsten geschüttelt, zitternd in die Knie. Als meine Schwestern zuerst radelten, stürzten die Leute rechts und links an die Bordschwelle, um das so entsetzlich unweibliche Beginnen anzustarren und gleichzeitig doch das offenkundige Aufsspielsetzen eines jugendlichen Lebens zu bestaunen."*

Aber das gab sich, in Hannover schneller als anderswo. Im Jahre 1899 wurde in der Eilenriede der erste Radweg Deutschlands angelegt, weitere wurden von der Stadt als Notstandsmaßnahme gegen die Arbeitslosigkeit finanziert. Ihre Benutzung kostete eine Mark im Jahr; die Quittung war sichtbar am Rad zu befestigen.

Erst nach vielen Experimenten bekam das Fahrrad seine endgültige Form: Auch mit diesem Tandem von Karl Jatho konnte man fahren.

Heute hat Hannover 550 Kilometer Radwege und die ersten richtigen Fahrradstraßen. Und um die 5 000 Fahrradbügel an Stelle hässlicher Betonpoller. Nur so schöne Fahrräder wie damals gibt es nicht mehr. Zwar hatten sich die „Niedrigfahrräder" um die Jahrhundertwende durchgesetzt, aber manche experimentierten weiter. Das Prunkstück von Karl Jatho (→Luftfahrt) war ein Hochradtandem, bei dem Fahrer und Fahrerin nebeneinander saßen, das Rad zwischen ihnen. Die Excelsior-Gummiwerke bauten ihm dafür sogar den „größten Pneu der Welt".

Fahrstuhl
Der Aufzug zur Aussichtsplattform im Neuen Rathaus ist der einzige der Welt, der um die Kurve fahren kann.

Dass der klapprige Aufzug in der Rathauskuppel etwas Besonderes ist, das ist den meisten Journalisten in Hannover klar. Aber wenn sie es dann beschreiben sollen, kommen sie ins Schleudern. Deshalb hier noch einmal:

Es ist der einzige Fahrstuhl der Welt, der um die Kurve fahren kann. Schrägaufzüge – die gibt es auch woanders. Im Pariser Eiffelturm aber muss man, wo der Neigungswinkel der Aufzugsschienen wechselt, in einen anderen Aufzug umsteigen. Im Rathaus kippt die Kabine einfach ein bisschen. Wer's nicht glaubt: Durch das Glasfenster im Kabinendach kann man die Biegung der Schienen genau sehen.

Eine knappe Minute dauert die Fahrt in der engen Sieben-Personen-Kabine, die nach einem Gang übers Rathausdach 238 Treppenstufen erspart. Während viel jüngere Aufzüge in Hannover längst stillgelegt sind, rumpelt dieser seit 1912 zum schönsten Ausblick der Stadt empor. Nervenkitzel für Kinder wird kostenlos mitgeliefert.

Ohne dieses technische Kabinettstückchen hätte man den Fahrstuhl zur Plattform mitten in die Rathaushalle bauen müssen.

Wieder in den USA, erfand er Grammophon und →Schallplatte und gründete auch dafür mit Joseph in Hannover eine Fabrik, die Deutsche Grammophon. Und als 1898

Emil Berliners Mikrophon machte das Telefon zum Welterfolg: Telefonfabrik in der Nordstadt.

Familienunternehmen
Dem Telefon verhalf erst die Familie Berliner zum Durchbruch.
Die Nazis löschten sie in Hannover aus.

Seit vier Generationen lebte die Familie Berliner in Hannover. Da krempelten um die Jahrhundertwende vor allem die Brüder Emil, Jacob und Joseph mit ihren Erfindungen und Firmen nicht nur die Stadt um.

Der Erfinder war Emil. Geboren in Hannover, ging er mit 19 in die USA, jobbte, studierte Physik und stellte irgendwann fest, dass das Telefon, das Graham Bell erfunden hatte, gar nicht richtig funktionierte. Sein Mikrofon taugte nichts.

Emil erfand ein besseres, und erst als die Bell-Company sein Kohlemikrofon in ihre Geräte einbaute, war der Weg frei für den Durchbruch des Telefons.

50 000 Dollar hatte Bell für das Patent bezahlt, sodass Emil zusammen mit Bruder Joseph 1881 in der Kniestraße eine eigene Telefonfabrik gründen konnte, die erste Europas, aus der später die „Telefonbau und Normalzeit" (heute Bosch) wurde.

der hannoversche Telegraphendirektor Louis Hackethal den isolierten Draht erfand, gründeten Jacob und Joseph mit ihm die „Hackethal-Draht-Gesellschaft" in der Vahrenwalder Straße, von der heute noch die Kabelmetal Electro übrig ist.

Später, mit seinem Sohn Henry Adler Berliner, baute Emil auch noch den ersten funktionsfähigen – das heißt steuerbaren – Hubschrauber der Welt; er kümmerte sich um die Schulmilchversorgung in den USA und gründete eine Stiftung, die Forschungsstipendien an Frauen vergab.

Der Rest der Familie wich nach 1933 dem Nazi-Terror – bis auf zwei Frauen: Josephs Tochter Klara Berliner rettete zahlreiche Juden vor dem Zugriff der Nazis und half ihnen auszuwandern. Sie starb 1943 in Theresienstadt. Ihre Cousine Cora, Professorin für Wirtschaftswissenschaft, arbeitete in der Reichsvereinigung der deutschen Juden, bis sie 1942 ermordet wurde.

Als der Krieg zu Ende war, beschäftigten die Firmen, die die Berliners gegründet hatten, immer noch eine fünfstellige Zahl von Menschen in Hannover. Aber die Familie gab es in der Stadt nicht mehr.

Farbfernsehen
Europas Farbfernsehsystem PAL wurde im Grundlagenlabor von Telefunken in Hannover entwickelt.

Es war Freitag, der 25. August 1967, 10.57 Uhr. Das Fernsehen zeigte ein Standbild der Berliner Funkausstellung, in dessen Mitte der Finger von Vizekanzler Willy Brandt auf einen Knopf drückte. Da erstrahlte das schwarz-weiße Bild in Farbe: In der Bundesrepublik hatte das Farbfernsehen begonnen.

Die Farbe kam aus Hannover. Dort hatte der Fernsehpionier Walter Bruch als Leiter des Fernseh-Grundlagenlabors von Telefunken ein neues Farbfernsehsystem entwickelt. Das amerikanische NTSC-System, das Spötter mit „Never the same color" übersetzten, weil an den Fernsehern alle paar Minuten die Farbe nachgeregelt werden musste, hatte Bruch nicht gereicht. Sein PAL-System besaß eine automatische Farbkorrektur, die es auch dem französischen SECAM-System deutlich überlegen machte.

Dass die Sowjetunion und Frankreich dennoch SECAM einführten, irritierte Bruch nicht: Er präsentierte zum Start in Berlin eine „Transcodierbox", die die Umsetzung von SECAM-Sendungen auf PAL ermöglichte. So wurde PAL, dessen Entwicklung nur zehn Millionen Mark gekostet hatte, das am weitesten verbreitete Fernsehsystem der Welt und machte Telefunken zum Weltkonzern – der dennoch vom französischen Thomson-Konzern aufgekauft und ausgehungert wurde.

Teurer war die Übertragungstechnik. Eine viertel Million Mark kostete eine Farbkamera, 2,5 Millionen ein Übertragungswagen, weshalb es davon zunächst nur ganze drei in Deutschland gab, beim NDR, beim WDR und beim ZDF. Mehr als acht Stunden Farb-Sendezeit pro Woche waren da erstmal nicht drin.

Aber sehen konnte das sowieso kaum jemand. Die klobigen Farbfernsehgeräte, einen Zentner schwer und 60 cm tief, die im Wohnzimmer von zwei Technikern aufgestellt („nach Möglichkeit west-östlich") und mit einem Dutzend Messgeräten eingestellt werden mussten, waren mit 2 500 DM so teuer wie ein halber Volkswagen. Zum offiziellen Start waren an die 12 000 Einzelhändler in der Bundesrepublik gerade 6 000 solcher Geräte ausgeliefert worden.

PAL war ein Erfolg des Einzelnen gegen den Apparat. Denn eigentlich hatte Bruch die Firma verlassen wollen, als sie ihm 1962 sein Entwicklungsteam auf die Hälfte zusammenstrich. Telefunken wollte seine Forschungsaktivitäten ganz auf die Entwicklung von Großcomputern konzentrieren. Die versprachen mehr Erfolg.

Neue Wege auch beim Fernsehturm: Der Telemax demonstriert kantig gegen die lange vorherrschende Stromlinienästhetik solcher Türme.

Feuerwerk
Der Herrenhäuser Garten inspirierte Händel zu zwei der meistgespielten Stücke der klassischen Musik überhaupt.

Ernst Rohr hat schon für Queen Elizabeth Feuerwerk gemacht, damals, 1965, als sie in Herrenhausen zu Besuch war. Da war er schon 20 Jahre im Geschäft. Als Spreng- und Abbruchunternehmer zuerst, Trümmerräumung. Heute führt Sohn Uwe die Feuerwerkerei Rohr. Die arbeitet längst in der ganzen Welt und hat Hannover zum Treffpunkt der besten Feuerwerker gemacht. Den Internationalen Feuerwerkswettbewerb, den die Rohrs 1990 hier etabliert haben, haben sie schon mehrfach selbst gewonnen.

Aber das sind Kurzauftritte gegen die Show für die Queen damals: 20 Minuten Farbenpracht über dem Großen Garten, jeder Effekt genau auf die Feuerwerksmusik von Händel abgestimmt. Die könnte hier ihren Ursprung haben.

Im Jahre 1710 war es, als Kurfürstin Sophie ihrer Tochter, der preußischen Königin Sophie Charlotte, aus Herrenhausen über einen „Sachsen" schrieb, der gerade am Hof weile und dessen Musik *„alles übertrifft, was ich je auf dem Clavier und in der Composition gehört habe. Man hat ihn in Italien sehr gefeiert. Er eignet sich zum Capellmeister, wenn der König (von Preußen) ihn hätte, würde seine Musik besser in Ordnung sein als heute."*

Er bekam ihn aber nicht, denn sechs Tage später teilte Sophie mit, *„daß der Kurfürst einen Capellmeister namens Händel in Dienst genommen hat… Er ist ein recht schöner Mann und der Klatsch sagt, daß er der Geliebte der Victoria gewesen sei."*

Sommernächte in Herrenhausen: Der Große Garten war fertig, die Wasserspiele (außer der Großen Fontäne) plätscherten schon, die Feuerwerke waren auch schon ganz gut. Und der schöne Georg Friedrich Händel (1685–1759) machte Musik. Zwei Jahre lang komponierte er am Hofe, Kammermusik vor allem, weil das hannoversche Orchester so gut war (und ging schon 1712, weil die Oper so schlecht war).

Seine „Wassermusik", wenig später zur Thronbesteigung von Sophies Sohn Georg I. in London aufgeführt, geht auf diese Zeit zurück. Sie gehört zusammen mit seiner „Feuerwerksmusik" zu den meistgespielten Instrumentalstücken überhaupt.

Nicht nur bei Feuerwerkswettbewerben.

Filmförderung
Doris Dörrie, international erfolgreiche Spielfilmregisseurin aus der Südstadt, ist gegen Kommerz„gemansche".

Als 1985 „Männer" auf den Markt kam, war sie ein Star. Weil es ein Film war, der endlich eine Zukunft nach dem alt gewordenen „jungen deutschen Film" sichtbar machte. Und Erfolg hatte: Allein in Deutschland sahen ihn fünf Millionen Menschen.

Doris Dörrie lebte zu der Zeit schon halb in München und halb in Hannover, wo sie zur Sophienschule gegangen und im Freizeitheim Vahrenwald von einem kalifor-

Die Regisseurin von „Männer" ging in die Sophienschule: Doris Dörrie.

Verbreitete Zukunftsatmosphäre schon lange vor der Expo: das 1989 eingeweihte Tagungscentrum auf dem Messegelände.

nischen Improvisationstheater überzeugt worden war, dass sie Schauspielerin werden musste. Und wo sie sich immer noch zu Hause fühlte: Ihr nächster Film „Paradies" hatte 1986 im Capitol am Schwarzen Bär Premiere.

Diese Premiere hatten eigentlich die grauen Herren von Bertelsmann, Springer und Kirch als Werbeshow für ihren „Teleclub" nutzen wollen, der – als Vorgänger von „Premiere"– just in jener Woche in Hannover als erstes deutsches Abonnementfernsehen an den Start ging. Als Dörrie das nicht wollte, stifteten sie einen Filmpreis, dessen Preissumme von 10 000 Mark, von Ministerpräsident Ernst Albrecht zur Premierenfeier überreicht, die Filmemacherin umstimmen sollte. Aber Dörrie hatte keine Lust auf ein solches *„Gemansche aus Filmförderung, Politik und Kommerz-TV"* und lehnte auch den Preis ab, sodass am Ende die elfjährige „Momo" Radost Bokel als Ersatz einspringen und den Preis in der kalten Kantine der Fernsehproduktionsfirma TVN vor einer einzigen (TVN-)Kamera entgegennehmen musste.

Der Preis wurde nie wieder verliehen, Teleclub stellte den Betrieb bald wieder ein, und Dörrie musste nur noch ein paar Jahre warten, bis sie 1999 in Hannover einen seriösen Preis bekam, den Kunstpreis des Niedersachsenpreises. Da hatte sie inzwischen neben vielen Filmen auch mehrere Bücher geschrieben, und schon seit „Liebe, Schmerz und das ganze verdammte Zeug" fragte sich die Kritik, ob die herausragende Regisseurin nicht eigentlich eine noch viel bessere Schriftstellerin sei.

Fischbrötchen
Die erste Hannover-Messe fand 1947 in einer Mondlandschaft statt. Noch waren nicht mal alle Trümmer geräumt.

Zuerst hatten die Briten für die Exportmesse in ihrer Besatzungszone Düsseldorf ausgesucht. Aber Düsseldorf sah sich nicht in der Lage, schon 1947 und dann in so kurzer Zeit eine Messe auf die Beine zu stellen. Hannover war in der Lage.

Auch wenn in der Innenstadt statt Häusern noch Schuttwälle die Straßen säumten – die Stadt machte sich richtig schön zu diesem Anlass. Die Straßenlaternen bekamen wieder Birnen, die Straßenbahnen Scheiben statt Pappe, die Stromsperren wurden aufgehoben. Die Schwarzmarktbuden hatte man vom Ernst-August-Platz hinter den Bahnhof verlegt; vom Vorplatz wurde ein Direktverkehr mit britischen Militärlastwagen zur Messe eingerichtet.

Sogar Taxen gab es. Die Stadt hatte zu diesem Zweck 50 Volkswagen kaufen dürfen. Zwischen Trümmerbergen stand ein Zelt mit dem Schild „Café Kröpcke"; am Aegi wurde in nur zehn Tagen für die →Leichte Muse ein Theater aus Aluminium aufgebaut.

Obwohl es bis dahin gerade 240 Fremdenzimmer in der Stadt gegeben hatte, kamen alle auswärtigen Gäste unter. 3 300 schliefen jede Nacht auf Matratzenlagern in Schulen, deren Sommerferien man dazu extra verlängert hatte. Es gab Sammellager bei Ahrberg, Bahlsen, Pelikan und Sprengel; die Hanomag hatte ein Wohnschiff ausgebaut. Auch die ehemalige Gauleiter-Baracke auf dem Schützenplatz diente als Unterkunft, und aus dem Bunker auf dem Welfenplatz war ein 110-Betten-Hotel mit Dachgarten-Restaurant geworden.

Nur mit den Messemuttis haperte es noch in diesem Jahr. Erst als die Behörden verbindlich erklärten, Messezimmer würden nach Messeende nicht als überschüssiger Wohnraum beschlagnahmt, kamen noch 1 500 Privatzimmer dazu.

Drei Wochen dauerte die erste Messe, die die britischen Besatzungstruppen der Stadt mehr oder weniger aufgezwungen hatten. 736 000 Eintrittskarten wurden in Laatzen verkauft, wo die Messe in den leergeräumten Fabrikhallen der Vereinigten Leichtmetallwerke aufgebaut war, und eine Million Fischbrötchen. Die gab es nämlich, genauso wie den synthetischen „Messe-Wein", ohne Lebensmittelkarten. Wie in einer richtigen Weltstadt.

Flugtage
30 Jahre lang fand die bedeutendste deutsche Luftfahrtausstellung auf dem Flughafen Langenhagen statt.

Wenn ein Zeppelin kam, war Volksfest. Am 7. Juli 1912 war es zum ersten Mal so weit. Weil es einen Flugplatz in Hannover noch nicht gab, landete das 148 Meter lange Luftschiff „Victoria Luise" auf der neuen Pferderennbahn auf der Bult. Das Publikum kam mit Sonderzügen aus dem ganzen Umland, ein Tribünenplatz kostete fünf Mark – den Tageslohn eines Arbeiters.

Zwar war die Begeisterung nicht mehr ganz so riesig wie 1791, als der Franzose Jean Pierre Blanchard mit einem Ballon vom Hohen Ufer nach Herrenhausen geflogen und dafür gleich zum Ehrenbürger ernannt worden war. Aber der Magistrat verdiente an diesen Festen, auch wenn er für den nächsten Zeppelintag sechs Wochen später, die „Hansa" aus Hamburg für 6 000 Mark chartern musste. Denn von selbst kam kein Zeppelin – an den allmählich einsetzenden Passagierverkehr war Hannover noch nicht angeschlossen.

Umso beliebter waren solche Zeppelin- und Flugtage. Der französische Kunstflieger Adolphe Pégoud lockte 1913 mehrere zehntausend Menschen auf die Bult. Auf Luftschiffe aber musste Hannover 19 Jahre lang verzichten, obwohl die Stadt an der Vahrenwalder Straße extra eine Landefläche – einen Kreis von einem Kilometer Durchmesser – anlegen ließ. Und als dann 1931 zum 100-jährigen Jubiläum der Technischen Hochschule endlich die „Graf Zeppelin" einschwebte, da wollten die 100 000 Zuschauerinnen und Zuschauer nur die Fallschirmspringerin Charlotte Gießner und die →Weltfliegerin Elly Beinhorn sehen.

Aus den Volksfesten wurden später geschäftliche Veranstaltungen. 1958 wurde in Hannover erstmals die Deutsche Luftfahrtschau eröffnet, die als ILA zu einer der vier bedeutendsten Luftfahrtausstellungen Europas wurde. Hier wurde 1960 der neue Starfighter vorgeführt, 1964 ein deutscher Senkrechtstarter. Zuschauermagnet aber blieben die Flugvorführungen militärischer Flugstaffeln. Als die nach der Flugschau-Katastrophe von Ramstein abgesagt wurden, die im August 1988 70 Menschen getötet hatte, war es mit der ILA vorbei. Die nächste im Jahr 1990 war zugleich die letzte, die in Hannover stattfand.

Forschung
Mit dem Forschungspersonal seiner Hochschulen belegt Hannover in Deutschland den ersten Rang.

Fünf staatliche Hochschulen hat Hannover, dazu einige private Institutionen wie die evangelische Fachhochschule für Sozialarbeit und die neue GISMA (German International School of Management and Administration). Ihren Studentenanteil an der Gesamtbevölkerung übertreffen nur kleinere Universitätsstädte wie Marburg oder Tübingen; wissenschaftliches Hochschulpersonal gibt es hier – gemessen an der Gesamtbevölkerung – mehr als in jeder anderen Region Deutschlands.

Nur die Unternehmen in Hannover lagen mit ihrer Forschung und Entwicklung lange deutlich hinter dem Bundestrend. Aber auch hier hat es in den neunziger Jahren bedeutende Gewichtsverlagerungen nach Hannover gegeben.

Den Anfang machte die Conti mit ihrer Entscheidung, die gesamte Forschung und Entwicklung des Konzerns in Hannover zu konzentrieren. Die ehemalige Kali-Chemie, die kaum jemand unter ihrem neuen Namen

Fuhr ohne Pferde zur Brandstelle: Den ersten „automobilen Feuerlöschzug" der Welt trieb seit 1902 eine Dampfmaschine an.

Solvay Pharma Deutschland kennt, eröffnete 1996 ihr neues Pharma-Forschungszentrum in Hannover – angelockt von der nahen Medizinischen Hochschule. Varta folgte mit einem neuen Forschungs- und Technologiezentrum, das die nächste Generation der Autobatterien entwickeln soll.

Auch der Weltmarktführer bei Auto-Katalysatoren, Engelhard Technologies, hat seine Entwicklungsabteilung für Europa in Hannover angesiedelt. Neuestes Projekt ist hier eine chemische Beschichtung, die auf Autokühler aufgetragen wird und das schädliche Ozon in der Luft zerstört. Wenn sich das bewährt, freut sich Geschäftsführer Hermann Fischer, dann würden irgendwann Autos denkbar, die die Luft nicht mehr verschmutzen, sondern sogar reinigen. Theoretisch zumindest.

Fortschritt
Nicht jede Pioniertat kann in diesem Buch angemessen gewürdigt werden. Die folgenden seien wenigstens kurz erwähnt:

Schutzimpfungen gegen Blattern
führte im Jahre 1800 als vermutlich erster Arzt in Deutschland Georg Friedrich Ballhorn in Hannover durch.

Den Pergamonaltar
grub von 1900–1912 der Hannoveraner Alexander Christian Conze (1831–1914) aus. Der Altar steht heute im Berliner Pergamon-Museum.

Den ersten „automobilen Feuerlöschzug" der Welt
stellte 1902 die Feuerwehr Hannover in Dienst. Er brauchte keine Pferde mehr: Den Tankwagen trieb ein Akku, die Dampfspritze eine Dampfmaschine an.

Die Magnetschwebebahn Transrapid
basiert auf einem Patent des Ingenieurs Hermann Kemper (1892–1977), der in Hannover Elektrotechnik studierte und später bei Körting und Hackethal arbeitete.

Das Uran
sowie die Elemente Zirkon, Ter und Titan entdeckte Martin Heinrich Klaproth, der seine Berufslaufbahn 1766 als Apothekergehilfe in der heutigen Schlossapotheke begann.

Den ersten Hubschrauberaufzug Europas
nahm 1981 die Medizinische Hochschule für den Rettungshubschrauber „Christoph 4" in Betrieb.

Das Internet
wurde erst möglich durch die von Hans-Georg Mussmann, 1973 Professor für theoretische Nachrichtentechnik an der Uni Hannover, entwickelte Technik zur Komprimierung von Fernsehbildern.

Den ersten Windkanal in Deutschland
baute Ludwig Prandtl (1875–1953) in Göttingen, wo er zum „Vater der Aerodynamik" wurde. Vorher war er Professor an der TH Hannover gewesen.

Füller
Keine wurde radikaler krank geschrumpft: Die Weltmarken Pelikan und Geha sind aus Hannover praktisch verschwunden.

In den fünfziger Jahren war er der Gipfel der Zuverlässigkeit: Der Geha-Schulfüller hatte einen Reservetank. Wenn die Tinte ausgeht, einfach auf Reserve umschalten, und die Klassenarbeit ist gerettet, sagte die Werbung.

Einen Vorsprung vor seinem Konkurrenten Pelikan brachte ihm das trotzdem nicht. Denn die „Günther-Wagner-Werke", die 1929 schon den Kolbenfüller erfunden hatten, konterten 1960 mit einer weiteren Weltneuheit, dem Pelikan-Patronenfüller.

Der ewige Schülerstreit, ob mein Pelikan besser ist als dein Geha, hatte ähnlich existenzielle Bedeutung wie heute die Frage nach den richtigen Jeans. Nur Hannover konnte darüber lachen, denn beide Füller wurden an der Podbi hergestellt. Und sie verkauften sich gut. Zur besten Zeit arbeiteten bei Pelikan 4 000, bei den **Ge**brüdern **Hart**mann 1 500 Menschen.

Heute sitzen noch eine Handvoll Leute unter dem Firmenschild Pelikan an der Podbi, Füller baut in Hannover gar keiner mehr, und auch die Firmennamen gibt es nur noch, weil sie immer noch eine gewisse Werbekraft haben.

Pelikan wurde Anfang der 80er-Jahre von den 40 Erben des Firmenpatriarchen zuerst konkursreif ausgenommen, dann an die Metro verkauft, von der so lange „saniert", bis von den weltweit 12 200 Beschäftigten noch 1 500 übrig waren. Der immer noch konkursreife Konzern wurde schließlich an ein malaysisches und ein amerikanisches Unternehmen verkauft, das später selbst pleite ging. Vorher übernahm Pelikan noch die Geha, die inzwischen auch konkursreif war, verlagerte die Produktion erst dorthin und dann – niemand weiß es so genau. Letzte Meldung im Oktober 1999: Die 40 Beschäftigten der Pelikan Hardcopy in Hannover stehen erneut unter Druck.

Dafür wurde aus dem Pelikan-Werk an der Podbi, das 1906 als größter Eisenbeton-Fabrikbau in Deutschland eingeweiht worden war, die schönste umgenutzte Fabrikbrache in Hannover. Und das ist ja auch was.

Fußball, Aufstieg
Im Jahre 1954 wurden wir Weltmeister. Hannover aber war die Fußballhauptstadt Deutschlands.

Nach einem Traumstart mit 22:0 Punkten war Hannover 96 souverän Norddeutscher Meister geworden, aber als es am 22. Mai 1954 im Endspiel um die Deutsche Meisterschaft gegen die Stars aus Kaiserslautern ging, da hatten viele fast Mitleid mit der „Elf der Namenlosen" aus Hannover.

20 000 Fans reisten an diesem Tag ins Hamburger Volksparkstadion, Tausende saßen in der Messehalle 3, wo die Hannoversche Allgemeine *„30 Grundig-Fernseher in großen verdunkelten Kabinen"* aufgestellt hatte. Und es begann wie vorausgesagt: Schon in der 13. Minute schoss Horst Eckel den 1. FC Kaiserslautern in Führung.

Aber dann gelang Hannes Tkotz kurz vor der Halbzeit der Ausgleich, der spätere Weltmeister Werner Kohlmeyer aus Kaiserslautern steuerte gleich nach der Pause ein Eigentor bei, und von da an spielte nur noch 96, das die demoralisierten Kaiserslauterer am Ende durch Tore von Heinz Wewetzer, Helmut Kruhl und noch mal Hannes Tkotz sensationell mit 5:1 besiegte.

Der Zug, mit dem die Meisterelf am Montag zurückfuhr, wurde schon in Celle von Fans gestürmt. Conti-Arbeiter legten die Arbeit nieder und standen an der Bahnstrecke Spalier, am Hauptbahnhof warteten 100 000. Straßenbahnen kamen nicht mehr durch, Lkws blieben stecken und wurden als Zuschauertribünen geentert, und erst Polizeireiter konnten der Mannschaft mit ihren „Frauen und Bräuten" den Weg zum Empfang in den Maschseegaststätten bahnen.

Hannover war wieder wer. Zum zweiten Mal Deutscher Fußballmeister, nachdem 96 schon 1938 als Underdog die als unschlagbar geltenden Schalker besiegt hatte. Sechs Wochen später waren „wir" sogar Weltmeister, obwohl in Bern kein einziger 96er, dafür aber die halbe Kaiserslauterer Elf gespielt hatte. Aber nicht mehr lange.

Als der Weltmeister drei Monate später im Niedersachsenstadion 1:3 gegen Frankreich verlor, forderten die Kommentatoren einen schnellen Neuanfang. Einziger Lichtblick war ein 17-Jähriger namens Uwe Seeler gewesen, der in Hannover zu seinem ersten Einsatz im Nationaldress kam. Er ging *„scharf ran, dass es eine Freude war"*, schrieb eine Zeitung, und wurde schon als Mann der kommenden Jahre gefeiert.

Fußball, Abstieg
Kein anderer deutscher Fußballverein hat eine so rasante Berg- und Talfahrt hinter sich wie Hannover 96.

Groß sind die Taten des hannoverschen Fußballs. Zwei Deutsche Meistertitel (→Fußball, Aufstieg), ein Pokalsieg 1992, Startrainer wie Jupp Heynckes und Frank Pagelsdorf spielten hier; auch Volker Finke wäre 1991 wohl zu Hannover 96 gekommen. Aber der Oberstudienrat aus Nienburg, der gerade den TSV Havelse in die zweite Bundesliga geführt hatte, war dem Verein nicht qualifiziert genug. So ging er nach Freiburg.

Auch beim Bundesligaskandal 1971 mischte ein Hannoveraner mit: Lothar Ulsaß aus Ricklingen, der für Braunschweig spielte und als Nationalspieler berühmt wurde, als er gegen Österreich binnen 35 Minuten drei Tore schoss, hatte Geld genommen. 20 000 Mark. Das kostete ihn die Lizenz.

Das Problem in der Stadt, in der 1878 der erste deutsche Fußballverein (der heutige DSV) gegründet wurde und 1926 in der Radrennbahn das erste Flutlichtspiel in Deutschland stattfand, ist der Verein, auf den fast alle setzen. Der war zu kontinuierlicher Arbeit noch nie in der Lage und hat seine Titel immer aus der Außenseiterrolle geholt. Und anschließend die Trainer entlassen. Wie Michael Lorkowski, der 1992 den Zweitligisten 96 sensationell zum Pokalgewinn führte. Oder Werner Biskup, der mit seinen persönlichen Problemen allein gelassen wurde. Oder Fiffi Kronsbein.

Der war 1954 zum Helden geworden, als er als völlig unbekannter Trainer den Außenseiter 96 zum Meistertitel führte. 1957 wurde er entlassen. 1963, als die Bundesliga ohne 96 gestartet war, holte man ihn wieder und schaffte 1964 den Aufstieg. Dann wurde er entlassen. 1974 wurde er zum dritten Mal geholt, aber der Abstieg war nicht mehr zu vermeiden. Dafür schaffte Kronsbein im nächsten Jahr den Wiederaufstieg. Dann wurde er entlassen, 96 stieg ab. 1976 holte man ihn zum letzten Mal. Die Achterbahnfahrt ging trotzdem weiter: 1985 Aufstieg, 1986 Abstieg, 1987 Aufstieg, 1989 Abstieg. Seither plant der Fußballverein seinen fünften Aufstieg in die höchste Spielklasse. Das wäre Rekord.

Gartenschau
Zur ersten deutschen Bundesgartenschau wurde 1951 der Stadthallengarten zum Stadtpark erweitert.

Das Grün lockte sie alle. Elly Heuss-Knapp – so hieß damals die First Lady der Bundesrepublik – war nach Hannover gekommen, um die erste Gartenschau in Nachkriegsdeutschland zu eröffnen. (Ihr Mann, Bundespräsident Theodor Heuss, war auch mitgekommen und eröffnete am selben Tag die Technische Messe.)

Ein halbes Jahr lang, von Ende April bis Ende Oktober 1951, zeigte Hannover, dass es bei allen Messen den Sinn für Schönes nicht verloren hatte. Das Gelände zwischen Stadthalle, Eilenriedestadion und Hans-Böckler-Allee war bescheiden, nur 20 Hektar groß, ein Zehntel der Expo 2000, und hatte dennoch genug Arbeit gemacht: Metertiefe Betonfundamente von Flaktürmen mussten gesprengt und fast 100 Bombentrichter verfüllt werden, bis dort, wo schon früher der Stadthallengarten war, ein neuer Park entstehen konnte.

1,5 Millionen Besucher kamen nach Hannover, die meisten am 4. August, als in Anwesenheit von Bundeskanzler Konrad Adenauer ein Blumenkorso vom Königsworther Platz zur Stadthalle zog. Dieser Festumzug mit über 100 blumengeschmückten Wagen wurde von da an für ein paar Jahre zum Höhepunkt des hannoverschen Sommers. Es gab sogar „wertvolle Geldpreise", nicht nur für die schönsten Festwagen, sondern auch für „die drei schönsten Frauengruppen".

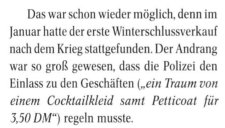

Schöner, bunter, duftender: Der Blumenkorso, fester Höhepunkt des Sommers in den fünfziger Jahren, war zugleich auch ein Schönheitswettbewerb.

Das war schon wieder möglich, denn im Januar hatte der erste Winterschlussverkauf nach dem Krieg stattgefunden. Der Andrang war so groß gewesen, dass die Polizei den Einlass zu den Geschäften („ein Traum von einem Cocktailkleid samt Petticoat für 3,50 DM") regeln musste.

Der Stadtpark blieb seither fast unverändert. Bevor zur Expo der Teegarten, ein Geschenk der Partnerstadt Hiroshima, eingefügt wurde, hatte man nur 1964 eine größere Veränderung vorgenommen. Damals war der Terrassengarten mit den Fontänen eingeweiht worden. Und auf der Terrasse, was viel sensationeller war, das erste Selbstbedienungsrestaurant der Stadt.

Gartenstadt
Das Projekt „Gartenstadt Kleefeld", von Architekten hochgelobt, endete in kommunalpolitischen Querelen.

Es sollte etwas Besonderes im hannoverschen Wohnungsbau (→Wohnhaft) werden, ein durchgrüntes Viertel mit Einfamilienhäusern, öffentlich gefördert und hervorragend gestaltet, und weil damals gerade die „Gartenstadtbewegung" aktuell war, nannte man das Projekt „Gartenstadt Kleefeld".

Es ist heute noch eine Augenweide. Zwischen Kirchröder Straße und Bahndamm ein kompaktes Quartier, dessen kleine Häuser aus dunkelbraunem Backstein mit dem dichten Grün zu verwachsen scheinen, ein Idyll, das schon vor seiner Fertigstellung argwöhnisch geschützt wurde: „*Der Vorgarten muss dauernd in der festgelegten Gestaltung und Ausstattung erhalten werden*", bestimmte §6 des Kaufvertrages, „*insbesondere müssen die Rasenflächen stets kurz geschnitten werden ... Bleichen und Trocknen von Wäsche ist nicht gestattet.*"

Hannover war zu Recht stolz auf das Projekt, und doch gab es politischen Streit, als 1928 seine Besitzerstruktur bekannt wurde. Denn die Gartenstadt war bis an die gesetzliche Höchstgrenze gefördert worden, für die mit 150–230 Quadratmetern recht opulenten Häuser gab es dreimal mehr Zuschüsse als für eine Arbeiterwohnung. Gekauft hatten aber keineswegs „kleine Beamte und Angestellte", für die die Siedlung anfangs gedacht war. Statt ihrer zog Oberbürgermeister Menge dort ein und mit ihm Stadtbaurat Behrens, mehrere Bauräte, der Chef der städtischen Baugesellschaft, der Direktor der städtischen Bühnen, konservative Bürgervorsteher ...

Der Förderstopp, den die SPD daraufhin durchsetzte, änderte wenig: Mit der Weltwirtschaftskrise brach das Projekt ohnehin zusammen. Einige abschließende Gebäude wurden noch 1936 und 1954 errichtet, der Rest des für die Gartenstadt vorgesehenen Geländes wurde später mit Häusern für englische Armeeangehörige gefüllt.

Danach dauerte es wieder 30 Jahre, bis in Lahe ein neuer Versuch gemacht wurde, als Gegenmodell zu den Einfamilienhausteppichen eine stadtnahe, grüne Siedlung zu bauen, gemeinschaftsorientiert und kompakt. Diesmal wuchert das Grün sogar auf den Dächern der Grasdachsiedlung.

Gasbeleuchtung
Als erste Stadt auf dem Kontinent beleuchtete Hannover seine Straßen seit 1826 mit Gaslaternen.

Beleuchtet waren Hannovers Straßen schon seit 1690. Als andere Städte in den Wintermonaten noch im Finstern lagen, wurden in Hannover Rüböllampen und später nach und nach 396 Talglampen aufgestellt. Die brannten laut „landesherrlicher Erleuchtungstabelle" täglich maximal sie-

In der „Stadt der Gärten" wächst das Grün sogar auf dem Dach: An die Tradition der Gartenstadtbewegung knüpft heute die „Grasdachsiedlung" an.

ben Stunden, aber nur von September bis April und nicht bei Vollmond. Der war offenbar heller als die trüben Talgfunzeln.

Da hallten am 12. August 1826 plötzlich *„Jubel und Freudenrufe"* durch die Straßen, die *„wie mit einer festlichen Illumination gefüllt"* schienen, heller denn je. Es war der Geburtstag von König Georg IV., und aus diesem Anlass veranstaltete die Imperial-Continental-Gas-Association ein erstes Probeleuchten ihrer neuen Gaslaternen: Hannover hatte die erste Gasstraßenbeleuchtung des Kontinents.

Die Gasgesellschaft kam aus London, wo Gaslampen bereits bekannt waren, und baute an der Glocksee auch gleich das erste Gaswerk des Kontinents, das sie fast ein Jahrhundert lang betrieb, bis es 1914 als „Feindvermögen" beschlagnahmt wurde. Das war keine so saubere Angelegenheit wie heute: Das Gas wurde in der „Gas-Erleuchtungsanstalt" aus Kohle gewonnen, die mit einer Seilbahn vom Bahnhof Küchengarten über die Ihme geschafft wurde. Dort rußte es bis 1930, dann wurde Hannover als erste Großstadt im Reich an eine Ferngasleitung aus dem Ruhrgebiet angeschlossen.

Nicht ganz so schnell setzten sich die elektrischen Laternen durch. Zwar führte die von Werner Siemens aus Gehrden gegründete Firma Siemens & Halske schon 1879 im Zoorestaurant Malpertus – gegen Eintritt – die erste elektrische Beleuchtung Hannovers vor. Aber das waren noch Lichtbogen, keine Glühbirnen, wie Thomas Alva Edison sie im selben Jahr in den USA vorgestellt (und Heinrich Göbel aus Springe sie schon 25 Jahre vorher erfunden) hatte.

Die elektrische Straßenbeleuchtung, die 1883 in der Ständehaus- und Karmarschstraße Einzug hielt, brauchte exakt ein Jahrhundert, um das Gaslicht endgültig zu verdrängen: Die letzte der 100 000 Gas-Straßenlaternen Hannovers wurde am 14. Juni 1983 in der Nedderfeldstraße abgeschaltet.

Gelber Sack
In Anderten arbeitet die erste vollautomatische Sortieranlage der Welt für Verpackungsmüll.

Als irgendwann in den neunziger Jahren in Hannover Verpackungsmüll überall auf der Straße herumlag, weil die gelben Säcke nicht mehr abgeholt wurden, hatte der Umweltdezernent eine verblüffende Erklärung: Schuld an diesem Missstand sei das Umweltbewusstsein. Die in Hannover gesammelten Mengen an Verpackungsmüll lägen einfach so weit über jedem Plansoll, dass man mit dem Einsammeln nicht mehr nachkomme.

Wenn Hannover etwas macht, dann richtig. So wurde nach einigen Jahren die Technik dem Umweltbewusstsein angepasst: 1974 hatte Hannover als erste Stadt in Deutschland Altglascontainer aufgestellt; 1999 wurde in Anderten die erste vollautomatische Sortieranlage der Welt für Verpackungsmüll eingeweiht: „Sortec 3.0".

Die automatisiert nicht nur eine unangenehme bis eklige Handarbeit, sondern ermöglicht vor allem eine bisher ungekannte Effizienz. Weil die hintereinander geschalteten Sortierstationen mit Gebläsen, Magneten, Zentrifugen, Infrarotspektroskopen und Wasser selbst kleinste Papierfitzel und einzelne Stecknadeln erfassen, bleibt hier – im Unterschied zur Sortierung per Hand – nichts übrig. Selbst unterschiedliche Kunststoffsorten liegen am Ende in getrennten Silos. Als Restabfall wandert tatsächlich nur noch auf die Mülldeponie, was im gelben Sack nichts zu suchen hat: Steine, Holz oder Textilien.

25 000 Tonnen kann Sortec 3.0 im Jahr sortieren, das sind für Hannover 50 Kilo Verpackungsmüll pro Kopf der Bevölkerung. Vermutlich ließe sich so ein Ergebnis auch mit konsequenter Müllvermeidung erreichen – aber kann man die exportieren?

Mülltrennung ist High-Tech, Deutschland ist weltweit führend in dieser Technologie. Allein im Inland will das Duale System in den nächsten Jahren bis zu 100 dieser fußballfeldgroßen Anlagen errichten. Investitionsvolumen: zwei Milliarden Mark.

Geldnot
Aus einer Sparmaßnahme wurde ein Unikum: So einen Turmhelm wie den der Marktkirche gibt es kein zweites Mal.

Es muss Hannover ziemlich gut gegangen sein zu Anfang des 14. Jahrhunderts. Drei große Kirchenbauten begann die Stadt, die kaum 4000 Einwohner zählte, in einem einzigen Jahrzehnt: die Kreuzkirche, die Aegidienkirche und als letzten den Neubau der Marktkirche.

Ihr missglückter Turm wurde zum Wahrzeichen der Stadt: Wiederaufbau der Marktkirche 1945.

Diese war ein Ersatzbau für die bestehende „St. Jacobi et Georgii" und erforderte einiges Nachdenken. Denn der Bau einer Kirche dieser Größe dauerte viele Jahrzehnte in jener Zeit. Wo aber sollten derweil die Gottesdienste stattfinden, wenn die neue Kirche am Platz der alten stand?

Hannover überraschte – damals schon: Die neue Kirche wurde einfach um die alte herum gebaut. Während man drinnen noch betete, wuchs draußen das neue Gotteshaus wie eine Hülle um das alte herum. Erst als es an die Gewölbe ging, brach man die alten Mauern ab – und mauerte ihre Steine gleich in die Pfeiler des Neubaus ein. Wer's nicht glaubt: Die alten Fundamente wurden 1952 im Kircheninnern ausgegraben.

Dann aber brach die Pest aus und tötete im Jahre 1350 binnen sechs Monaten mehr als die Hälfte der gottesfürchtigen Gemeinde. Zwar wurde der Turm noch hochgemauert, aber für den mächtigen, spitzen Turmhelm, der werden sollte wie in Lübeck und Lüneburg, nur höher, reichte das Geld nicht mehr. Also haben die Bauleute, so berichtete Pastor Hilmar Ising, *„den Thurm an seinen vier Giebeln und Archen best, wie sie gekunt, zugedecket, diese itzige geringe Spitze hinaufgesetzet und damit das Werk in den Schutz Gottes befohlen".*

Die „itzige geringe Spitze", der Dachreiter, war ein verkleinertes Abbild des Turmes, wie er zunächst geplant war, sodass wenigstens die gute Absicht zu erkennen war. Hannover aber schloss dieses provisorische Unikum genau so ins Herz wie später die Nanas, und als die Turmspitze im Jahre 1699 vom Dach stürzte, da baute man sie genau so wieder auf, wie sie gewesen war. Viel zu klein und einmalig.

Geometrie
**Hofbaumeister Laves verhalf Hannover zu großzügigen Boulevards.
Und zu Achsen, die keiner sieht.**

Um den Königlichen Hofbaumeister Georg Ludwig Friedrich Laves (1788–1864) zu verstehen, benutzt man am besten ein Lineal. Auf den Stadtplan gelegt, genau in die Diagonale des Marktkirchenturms, bringt es die „Laves-Achse" zum Vorschein:

die Stadt plötzlich Platz zum Wachsen hatte. Boulevards waren gefragt, Achsen. Der nach Hannover zurückgekehrte König wollte eine repräsentative Residenzstadt, und repräsentativ hieß damals geometrisch. Breite, baumbestandene Straßen wie die Georg- und Bahnhofstraße legte Laves einfach schnurgerade neben die bisherige Stadt, um die krummen Altstadtstraßen zumindest mit einem geometrischen Raster zu umrahmen.

Die großen Aufmarschplätze legte man hier außerhalb der Stadt an: Heute ist aus dem riesigen Karree des Welfenplatzes ein Stadtteilpark geworden.

eine gedachte Linie quer durch die Stadt, auf der der Bahnhof, der Ernst-August-Platz und die Bahnhofstraße, der Marktkirchenturm, die Waterloosäule und der (ursprünglich ovale) Waterlooplatz symmetrisch aufgereiht sind wie auf einer Perlenschnur.

Sehen konnte man diese Achse nie. Jedenfalls nicht aus der Fußgängerperspektive. Dazu hätte Laves die Bahnhofstraße quer durch die Altstadt und mitten durch das Leineschloss verlängern müssen.

Zumindest vom Kröpcke zum Leineschloss hat er diese Achse auch geplant. Denn gewachsene Strukturen interessierten die Stadtplaner wenig in der ersten Hälfte des 19. Jahrhunderts, als auch Hannover seine Befestigungsanlagen einebnete und

Der Mann war besessen von seinen Achsen. Die „Ernst-August-Vorstadt", Opernplatz und Opernhaus bekamen die Königstraße als Symmetrieachse; für die Calenberger Straße plante er einen Abschluss mit einem symmetrischen Hafenbecken; am Leineufer wollte er eine Boulevard-Achse vom Leineschloss zur Langen Laube legen; sogar in Linden richtete er den Kötnerholzweg exakt auf das Herrenhäuser Schloss aus.

Auch wenn das Schloss von dort nie zu sehen war – es sind diese Achsen, die heute die Orientierung in der Innenstadt so leicht machen. Nur dass ausgerechnet die Laves-Achse Laves-Achse heißt, ist eine Gemeinheit. Denn die Idee dazu stammte von Laves' schärfstem Konkurrenten, dem städtischen Baumeister Heinrich Andreae.

Geophysik

Die hannoversche Firma Seismos konnte als erste unter die Erde schauen. Zum Beispiel um Öl aufzuspüren.

Nach Öl zu bohren war damals Glückssache: Manche hatten ein Händchen dafür. Andere nicht. Und dann gab es noch Ludger Mintrop. Der konnte in die Erde schauen.

Mit einem Schlag bekannt wurde seine Seismos, die er in Hannover gegründet hatte, als am 19. November 1924 in Houston, Texas, eine Ölbohrung exakt in der Tiefe, die die Seismos-Leute vorausgesagt hatten, auf den Gipshut eines Salzstockes stieß. Die Lokalzeitung wusste: Es gibt da ein Patent, aber *„der genaue Mechanismus des Instruments bleibt uns ein Geheimnis".*

Das Geheimnis war die „seismische Refraktionswelle", die Mintrop entdeckt hatte – eine Art Echolot für den Boden, mit dem sich Gesteinsschichten und eben auch Öl-Lagerstätten exakt bestimmen und vermessen lassen. Es war der Anfang der angewandten Geophysik überhaupt, und die Seismos erlebte in den USA, die immer noch im Ölrausch waren, einen Boom, bis sie durch den Bankenkrach an der New Yorker Börse nach Deutschland zurückgeworfen wurde.

Aber auch hier gab es zu tun. Als nach dem Zusammenschluss mit der konkurrierenden Prakla die „Prakla-Seismos" 1982 ihre neue Firmenzentrale in Buchholz einweihte, hatte sie weltweit 2 200 Beschäftigte, von denen allein 900 in Hannover saßen.

Dann aber schlug die Globalisierung zu. Das Ölpreis sank, die Lagersuche lohnte nicht mehr, 1991 kaufte ein amerikanischer Konzern die Firma auf, verlegte die Operationszentrale nach Uetze und dann nach Vechta. Hannover wurde abgewickelt.

Trotzdem blieb die Stadt Zentrum der Geophysik. Als am 12. Oktober 1994 das Bohrgestänge, das sich bei Windischeschen-

bach in der Oberpfalz sieben Jahre lang in die Erde gefressen hatte, eine Tiefe von 9 101 Metern erreichte, da knallten wieder in Buchholz die Korken. Dort sitzt nämlich auch das Landesamt für Bodenforschung, unter dessen Leitung das „Kontinentale Tiefbohrprogramm" zwar nicht, wie geplant, das tiefste Loch der Welt gebohrt, aber doch ein unglaubliches Observatorium erschlossen hatte, das nun über Jahre Erkenntnisse über das Entstehen von Erdbeben, die Bildung von Rohstoffvorkommen und die Nutzung von Erdwärme liefern wird.

Neun Kilometer! Da unten ist der Druck so hoch, dass er Gestein plastisch verformt.

Geschwindigkeit

Mit selbstgebauten Rennwagen wurde Petermax Müller zu einem der größten Porsche-Händler.

Es war nur eine Notlösung, aber ein vollwertiges Autorennen, das am 3. April 1949 durch die Südstadt dröhnte. Weil die Eilenriede für ein →Rennen noch nicht wieder passierbar war, startete das „Eilenriederennen" in diesem Jahr am Maschsee. Was den Vorteil hatte, dass man dort neben den Motorradkonkurrenzen auch ein Autorennen austragen konnte.

Start war am Nordufer, von dort ging es den Maschsee hinunter bis zum Altenbekener Damm, durch die Wohngebiete an der Alten Döhrener und Meterstraße zurück und über die Langensalzastraße wieder zur Maschseesäule. Sechs Rennen wurden gefahren; bei den Sportwagen siegte Petermax Müller aus Velpke auf seinem Eigenbau-Volkswagen.

Der war schon damals eine Legende. Weil es Autos 1946 noch nicht wieder zu kaufen gab, hatte sich Müller selber ein Stromlinienfahrzeug aus VW-Teilen zusammengebaut. Das schaffte mit gerade 40 PS

200 Stundenkilometer, brachte ihm zwei Deutsche Meisterschaften, im Jahre 1950 acht Geschwindigkeitsweltrekorde und schließlich einen Besuch von Ferdinand Porsche ein, der das unglaubliche Auto und seinen Konstrukteur mit eigenen Augen sehen wollte.

Von da an fuhr er Porsche. Als er 1951 einen absoluten Weltrekord (10 700 Kilometer in 72 Stunden) aufstellte, schrieben die Zeitungen schon von „Petermax Müller, Hannover". Da baute er gerade am Klingerplatz seinen ersten Betrieb auf, der zu einem der bedeutendsten Autohäuser Niedersachsens wurde, mit Zentren für VW, Audi, Porsche und rund 300 Beschäftigten.

1950 startete die erste große Zuverlässigkeitsfahrt des ADAC ebenfalls in Hannover; 1956 endete hier nach 13 500 Kilometern die erstmals ausgetragene „Tour d'Europe" – aber in der Stadt fanden Autorennen nicht wieder statt. Jedenfalls keine offiziellen. Die Privatrennen, die heißgelaufene junge Männer Ende der neunziger Jahre auf der Vahrenwalder Straße veranstalteten, verzeichnete die Polizeistatistik unter „Jugendunruhen".

Gewerkschaften
Vor über 100 Jahren wurde die IG Chemie in Hannover ins Leben gerufen – und bleibt auch künftig hier.

Gegründet wurde sie am 1. Juli 1890 in Hannover als „Verband der Fabrik-, Land- und sonstigen nichtgewerblichen Hülfsarbeiter Deutschlands". Heute heißt sie „Industriegewerkschaft Bergbau, Chemie, Energie", und außer dem Namen hat sich auch die Mitgliedschaft verändert. Statt „Hülfsarbeitern" prägen heute hochqualifizierte Fachkräfte die IG Chemie.

Diesen Weg hatten auch schon die Conti-Arbeiter in Erwägung gezogen, die damals die Gründung initiierten. Aber statt eine Gummi-Gewerkschaft zu bilden, schufen sie ein Sammelbecken, das allen An- und Ungelernten offen stehen sollte.

Zu Anfang des Jahrhunderts waren die Mitglieder des Fabrikarbeiterverbandes, wie er später hieß, gefürchtet für ihre Spontaneität. Gar nicht diszipliniert wie die Metaller von der Hanomag, zogen die Conti-Arbeiter im August 1923 einfach in die Innenstadt, als die KPD wegen der galoppierenden Inflation zu Plünderungen aufrief, und schlugen im Kaufhaus Zeyn die Scheiben ein. Das Prinzip „Gleicher Lohn für gleiche Arbeit" verwirklichte die Conti-Belegschaft 1918 auf eigene Faust: Die Beschäftigten schütteten ein paar Wochen lang in jedem Arbeitssaal alle Lohntüten zusammen und verteilten den Inhalt neu.

Den von manchen geforderten Umzug der Verbandszentrale nach Berlin verhinderte damals der Vorsitzende August Brey. Der war seit 1885 hier zu Hause und vertrat ab 1906 den Wahlkreis Hannover-Linden im Reichstag. Solche Gewähr für Bodenständigkeit bot auch Karl Hauenschild (Vorsitzender 1969–1982), der aus Hannover stammte. Sein Nachfolger Hermann Rappe (1982–1995) nagelte die IG Chemie in Hannover förmlich fest. Er ließ am Königsworther Platz ein neues Verwaltungsgebäude bauen, dessen Architektur manchen Chemie-Arbeitgeber vor Neid erblassen lässt (und manche Architekten-Exkursion anlockt).

Wer ein solches Schmuckstück in Hannover hat, der geht nicht nach Berlin.

Glaubenskrieg
Der Glaubenswechsel eines Welfenherzogs brachte der Stadt Hannover zwei neue Kirchen ein.

Die Reformation endete in Hannover als Revolte von unten. Während anderswo die Oberen den verbindlichen Glauben bestimmten, legten Hannovers Bürger gegen den Willen des Rates einen gemeinsamen Schwur auf den evangelischen Glauben ab. Danach wurde es für die beiden „altgläubigen" Bürgermeister und die Mehrheit des Rates so ungemütlich, dass sie drei Monate später ins katholische Hildesheim flohen.

Das Chaos wurde im folgenden Jahrhundert nachgeholt. Da residierten inzwischen die Welfen in Hannover, und als deren Herzog Georg Wilhelm 1665 abdankte, gab es Probleme. Denn Johann Friedrich, sein Bruder und Nachfolger, war katholisch. Die erst zwanzig Jahre alte Schlosskirche auf den Glauben des neuen Herzogs „umzuweihen" war dabei noch die geringere Schwierigkeit. Richtig teuer wurde es, dass die evangelisch gebliebene Gemeinde nun eine neue Kirche brauchte.

Also ließ er in der Calenberger Neustadt die Johanniskirche bauen, die aber kurz nach ihrer Fertigstellung im Grunde schon wieder überflüssig war. Denn 1679 starb der katholische Herzog, und sein Bruder und Nachfolger Ernst August machte die Schlosskirche wieder evangelisch.

Jetzt brauchten die Katholiken eine neue Kirche, bei der sich Ernst August nicht lumpen lassen wollte. Aber als deren Außenmauern standen, ging ihm das Geld aus, sodass die Clemenskirche im Jahre 1718 mit einem provisorischen Flachdach geweiht werden musste. Die prächtige Kuppel, die Hannovers einzige Barockkirche heute trägt, bekam sie erst im Zuge des Wiederaufbaus der Nachkriegszeit.

Dann war Ruhe. Nur 1913 erzeugte die alte Geschichte noch einmal Missfallen. Da wurde nämlich das neue Rathaus eingeweiht, in dessen Sitzungssaal der Schweizer Maler Ferdinand Hodler den Reformationsschwur in dem monumentalen Gemälde „Einigkeit" festgehalten hatte, ohne - wie vom Rat vorgeschlagen - neben dem „Bürgersinn" in einem zweiten Bild auch „Fürstengunst" künstlerisch zu würdigen. Kaiser Wilhelm II., der zur Einweihung gekommen war, soll sich, so heißt es, „wortlos abgewandt" haben.

Gorleben
Die größte Demonstration in der Geschichte Niedersachsens brachte die Wiederaufarbeitungsanlage in Gorleben zu Fall.

So geschmückt wie an diesem Tag mag Hannover zuletzt bei Besuchen von Kaiser Wilhelm gewesen sein. Von der Stadtgrenze an hatten Wohngemeinschaften Transparente quer über die Straßen gespannt, von Balkonen grüßten Plakate: „Gorleben soll leben", Stereo-Anlagen dröhnten von Fensterbrettern das aktuelle Anti-Atom-Liedgut auf die Straße. Kilometerweit fuhren die Gorlebener mit ihren 300 Treckern durch ein Menschenspalier, luden am Weißekreuzplatz einen Findling als Gedenkstein ab, der heute noch dort steht, und nicht wenigen standen Tränen in den Augen.

Eine ganze Woche lang war der „Gorleben-Treck" mit Treckern, Fahrrädern und zu Fuß unterwegs gewesen, und genau in dieser Woche hatte sich am 28. März 1979 im erst drei Monate alten Atomkraftwerk Harrisburg in den USA ein Unfall ereignet, der tagelang nicht beherrschbar war. Noch am Tag der Demonstration war unklar, ob ein GAU in Harrisburg verhindert werden könnte. So kamen am 31. März 140 000 Menschen auf dem Klagesmarkt zusammen, mehr als jemals zuvor in der Geschichte Niedersachsens.

Gorleben sollte damals zum Zentrum der deutschen Atomwirtschaft werden. Neben dem Atommüll-Endlager war eine riesige Atomfabrik geplant, eine Wiederaufarbeitungsanlage wie im französischen La Hague.

Aber Hannover war das Zentrum der Anti-Atom-Bewegung. Der Versuch, den Meinungskampf mit Hilfe der Staatsgewalt zu gewinnen, schlug auch hier fehl. Zwar ging eine Demonstration in Grohnde im März 1977 als eine der härtesten nicht nur auf Seiten der Polizei in die Geschichte dieser Auseinandersetzung ein. Als aber danach das Landgericht Hannover ein knappes Dutzend Demonstranten zu Gefängnisstrafen ohne Bewährung verurteilte, und das Land von ihnen 234 000 Mark für die Kosten des Polizeieinsatzes forderte (was der Bundesgerichtshof später zurückwies), da kamen zum Gorleben-Treck Bauern, Lehrerinnen, Landkommunen, Gutsbesitzerinnen, Kaufleute und Schüler nach Hannover.

Sechseinhalb Wochen später gab sich Ministerpräsident Ernst Albrecht mit dem historischen Satz geschlagen: Eine Wiederaufarbeitungsanlage in Gorleben *„ist politisch nicht durchsetzbar"*.

Grün
Die Stadt mit den meisten Kleingärten in Deutschland besitzt auch den einzigen Stadtwald in Europa.

Wie es zu diesem Kleingartenwunder kam, weiß niemand so genau. Besonders schnell war Hannover nicht: Leipzigs Schrebergartenverein war schon 17 Jahre alt, als 1885 die ersten Kleingärten im heutigen Hannover angelegt wurden – in Linden natürlich, in dessen engen Arbeiterhäusern der Wunsch

Die Eilenriede ist größer, die Kleingärten sind nützlicher, das schönste Fest in Hannover aber ist das „Kleine Fest im Großen Garten".

nach Luft und Grün besonders groß war. Auch danach gab es Städte, die mehr taten als sich nur Sorgen zu machen, die „sich wild ausbreitenden Kleingärten" könnten zum Hindernis für die Stadtplanung werden.

Vielleicht ist es der Einfluss der Eilenriede, die Hannover hegt und pflegt und sogar vergrößert hat, seit die Stadt ihren Wald im Jahre 1371 geschenkt bekam – als Dank für ihre Unterstützung im Lüneburger Erbfolgekrieg. Die Eilenriede musste ständig verteidigt werden, gegen Holzdiebe und Besatzungstruppen, gegen Bauherren, die ihre Villen, und Architekten, die Stadthallen, Schulen und Schwimmbäder zwischen die Bäume bauen wollten. Aber nur einmal unterlag sie: 1950, als für das →Wunder von Hannover der Messeschnellweg durch den Wald geholzt wurde.

Da hat Hannover gelernt, um das Grün zu kämpfen, und so konnte auch die Zahl der Kleingärten seit 1950 etwa konstant gehalten werden. Während alle anderen Städte sie nach und nach für Gewerbe- und Verkehrsflächen opferten, setzte Hannover sie gezielt zur Stadtgestaltung und Stadtgliederung ein. Natürlich verschwanden auch hier Gärten – aber dann wurden an anderer Stelle neue geschaffen, möglichst in „Kinderwagenentfernung", wie das Ideal in den zwanziger Jahren hieß.

Das Ergebnis sind heute mehr als zehn Quadratkilometer Kleingärten – pro Kopf fünfmal so viel wie in Bremen, das 1925 noch vor Hannover gelegen hatte. Elfmal so viel wie in Stuttgart. Und auch mehr als in jeder anderen Großstadt in Deutschland.

Sie gehören einfach zusammen, die Kleingärten und die Eilenriede. Denn auch einen Wald mitten in der Stadt zu erhalten, das hat außer Hannover keine Stadt in Europa geschafft. Auch die berühmten Parks halten dem Vergleich nicht stand: Die Eilenriede ist anderthalbmal so groß wie der Bois de Boulogne in Paris, doppelt so groß wie der Central Park in New York und sogar dreimal so groß wie der Londoner Hyde-Park.

Größer sind nur Hannovers Kleingärten.

Güterstraßenbahn
Für das Umland war Straßenbahn gleich Zivilisation: Die Üstra brachte das Licht aufs Land und die Ernte zum Markt.

Er hat wirklich eine Bedeutung, dieser merkwürdige Name „Üstra". Er ist die Abkürzung für „Überlandwerke und Straßenbahnen Hannover AG" und stammt aus der Zeit, als Hannovers Straßenbahn auch 280 Ortschaften in der Umgebung und einige Industriegebiete mit Strom versorgte.

Als nämlich 1893 die Pferdebahn auf Stromantrieb (→Technik) umgestellt wurde, da baute die Straßenbahn auch gleich ein eigenes Dampfkraftwerk an der Glocksee. Und als sie dann zum größten Überlandstraßenbahnnetz Deutschlands ausgebaut war und die Bahnen bis Hildesheim, Barsinghausen, Gehrden, Großburgwedel und Pattensen fuhren, da war das Straßenbahnkabel für viele Dörfer der erste Stromanschluss.

Also übernahm die Straßenbahn auch die Stromversorgung – was nicht unproblematisch war. Denn als 1920 die Straßenbahner elf Wochen lang streikten, wurden in Hannover die Lebensmittel knapp: Der Streik hatte das Umland vom Strom abgeschnitten, die Milchversorgung kam ins Stocken, in der Erntezeit fielen die Dreschmaschinen aus. So wurde die Stromsparte der Üstra, die mehrheitlich der Preußenelektra gehörte, später kommunalisiert. Als Hastra (heute Avacon) wurde sie 1929 eine eigenständige Gesellschaft.

Dafür war die Üstra mittlerweile zum größten Straßenbahngütertransporteur in Deutschland geworden. Güterzüge der Üstra brachten auf normalen Straßenbahnlinien Kohlen, versorgten den Lindener Markt mit Gemüse, fuhren Zuckerrüben zur Zuckerfabrik und holten in Anderten den Zement von den Zementwerken. Bis 1953. Da wurde der Güterverkehr eingestellt, weil die Straßen für Lkws schneller wieder in Ordnung gebracht waren als das Straßenbahnnetz.

Dafür hatte die Üstra nun eine andere Einmaligkeit: Die Linie 11, die seit 1904 im (zuschlagpflichtigen) Schnellverkehr mit Polstersitzen und verstellbaren Rückenlehnen nach Hildesheim fuhr, führte ab 1951 sogar einen Speisewagen mit. Und als wohl einziges Straßenbahnunternehmen betreibt die Üstra – auf dem Maschsee – eine eigene Schifffahrtslinie.

Gummi
Profilreifen, schlauchlose Reifen, pannensichere Reifen – alle wurden sie bei der Conti erfunden.

Es hätte auch eine Fahrradfabrik sein können. Aber da damals in Hannover schon sechs Gummifabriken prima liefen, investierten ein paar hannoversche Bankiers im Oktober 1871 ihr Geld in eine weitere Gummifabrik. Die hieß „Continental-Caoutchouc- und Gutta-Percha Compagnie" und lief erst einmal ganz schlecht.

Bis 1876 der Bankangestellte Siegmund Seligmann die Leitung übernahm und eine wegweisende Entscheidung traf: Neben Regenmänteln, Schläuchen, Wärmflaschen und Schnullern nahm er auch Reifen ins Programm. Vollgummireifen für Fahrräder zuerst, dann Luft- und schließlich Autoreifen. Als die 1897 eingeführt waren, schüttete die Conti eine Traumdividende von 55 Prozent aus.

Die anderen hannoverschen Gummifabriken überlebte die Conti alle – oder kaufte sie auf wie die Excelsior-Gummiwerke, die zuletzt „Conti Limmer" hießen. Sie brachte einfach ständig neue oder bessere Produkte heraus: 1907 einen Straßenatlas, 1908 Gummi-Schuhsohlen und die abnehmbare Autofelge, danach überquerte Louis Blériot den Ärmelkanal mit einem Flugzeug, das mit Conti-Aeroplanstoff bespannt war.

1904 brachte die Conti den ersten profilierten Autoreifen der Welt auf den Markt. Der war, verglichen mit den bisherigen glatten Reifen, eine *„epochemachende Neuheit! Tatsächlich wirksames Mittel gegen das Schleudern bei nassem Wetter".* 1905 folgte der „Nietengleitschutzreifen", ein Vorläufer der Spikesreifen; 1912 der erste synthetische Autoreifen der Welt.

Jahrzehntelang überwog bei der Produktion von Autoreifen die Handarbeit:
Reifenwickler bei der Conti im Jahre 1921.

Bis dahin gab es für Lkws nur Vollgummireifen: der erste „Riesen-Luftreifen" von Conti 1921.

Der 1934 patentierte Stahlcordreifen war erstmal nicht zu verwerten. Das Reichswehrministerium erklärte das Patent zur Geheimsache, da es hoffte, daraus einen schussicheren Pneu entwickeln zu können.

Das gelang zwar nicht, aber pannensichere Reifen hat die Conti heute. Mit ihrem Reifensystem CTS können Autos problemlos ohne Luft weiterfahren. Dass die Autofirmen das neue System bisher nicht übernommen haben, muss das letzte Wort nicht sein. Schließlich kam der schlauchlose Reifen auch erst 1955 auf den Markt. Das Patent dafür hatte die Conti als erste Firma der Welt schon 1943 bekommen.

Heute ist sie der viertgrößte Reifenkonzern der Welt, und trotzdem ist ihr ihre Firmenzentrale am Königsworther Platz, die sie 1953 als höchsten Nachkriegsneubau der Bundesrepublik eingeweiht hatte, zu groß geworden. Wo Carl H. Hahn (später VW) und Helmut Werner (später Mercedes Benz) als Conti-Vorstandsvorsitzende wirkten, macht sich jetzt die Universität breit.

Die Innovationskraft der Conti ist inzwischen quasi amtlich bestätigt: Für ein Gerät namens ISAD, das im Auto künftig Lichtmaschine, Motorsteuerung und Anlasser vereinen soll, bekam sie 1998 den Innovationspreis der deutschen Wirtschaft.

Hacker
Ein Jugenddrama in Hannover wurde zum „schwersten Spionagefall seit Guillaume" aufgebauscht. Es endete tödlich.

Anfang 2000 heizte Computerfreak „Mixter" aus Hannover die Phantasie von Journalisten in der ganzen Welt an. Sein Programm „Tribe Flood Network" hatte die Computer führender US-Internetfirmen wie Yahoo, EBay und CNN stundenlang lahmgelegt.

Solche Aktivitäten scheinen im Dunstkreis der Computermesse CeBIT besonders gut zu gedeihen. In Hannover erschien 1984 das erste „Hacker-Handbuch" der Welt, hier wurde 1983 ein 19-Jähriger als „Millionen-Raubkopierer" enttarnt. Die Geschichte von Karl Koch, dessen Leiche man am 1. Juni 1989 fand, wurde später sogar unter dem Titel „23" verfilmt.

Koch war Hacker. 23 Jahre alt, auf der Suche nach sich selbst und der Welt, anfällig für Außerirdische und Drogen und zuletzt von ihnen abhängig. Und er hackte. Unter dem Pseudonym „Hagbard" brach er in fremde Computer ein, und selbst die CDU-Landesregierung fand das toll. Auf der CeBIT durfte Hagbard auf dem Messestand des Landes Niedersachsen vor Fernsehkameras ganz offiziell in die Datenbestände der Caltec University in Kalifornien einbrechen. Zu Hause, bei Nacht, schaffte er es mit seinen Kumpels Pengo, DOB und Urmel sogar in einen Computer des Pentagon.

Und damit begann der Horror. Ein schräger Freund nahm Kontakt zum sowjetischen Geheimdienst KGB auf, verkaufte ihm belangloses Pentagon-Material und sagte weitere Lieferungen zu. Die anderen suchten immer wieder den Pentagon-Rechner auf.

Irgendwann kam ein amerikanischer Experte ihnen auf die Spur, es gab Hausdurchsuchungen und Verhöre durch Bundeskriminalamt und Verfassungsschutz, jahrelang. Journalisten nahmen sie in die Mangel und wollten die große Spionage-Story, die sie nicht liefern konnten, weil es sie nicht gab. Und dazwischen saß Karl, brauchte die Journalisten, weil er Geld brauchte, wurde mit Psychopharmaka behandelt, machte einen Entzug, arbeitete – und kam aus seiner Klemme nicht heraus. Keiner ließ ihn in Ruhe. Irgendwann verkaufte die ARD die Geschichte der „KGB-Hacker" als *„schwersten Spionagefall seit Günther Guillaume"*.

Als Karl Kochs Leiche gefunden wurde, lag sie schon acht Tage lang im Wald bei Gifhorn. Verbrannt neben seinem Wagen.

Hannöversche Jäger
Wegen „allerley Gesöff und Schwelgerey" wurde das Schützenfest in seiner langen Geschichte immer wieder verboten.

Den Termin kann man sich ganz leicht merken: Schützenfest ist in den zehn Tagen nach dem Freitag vor dem ersten Montag im Juli. Im Ernst. Wahrscheinlich nicht schon seit 1529, als Herzog Erich I. das erste Schützenfest genehmigte, aber doch zumindest seit 1950.

Da fand der erste Schützenumzug nach dem Krieg statt und sorgte für allerlei Ärger. Das Rathaus war nicht geschmückt, Oberbürgermeister Wilhelm Weber und Oberstadtdirektor Karl Wiechert blieben zu Hause, weil sie kein Fest mit militärischem Ritual zwischen Ruinen wollten. Aber dann schaltete sich Ministerpräsident Hinrich Wilhelm Kopf ein, und vom nächsten Jahr an marschierten sie wieder mit, *„im Doublierschritt – Marsch!"*

Früher hatte es sogar regelrechte Verbote gegeben, aber aus einem anderen Grund, immer demselben: Da die Schützen jeden Montag *„mit Sauffen und Fressen zugebracht, daselbst auch mehrmale allerhandt Schlägerey und andere grobe Excesse vorgegangen"*, ließ Kurfürst Georg Ludwig das Schießen 1713 verbieten, weil *„solches nur zum Gesöff und andern bekandten Desordres Anlaß und Gelegenheit giebet."*

Aussterbende Kunst: Nicht-Schützen dürfen die Lüttje Lagen auch zweihändig trinken.

Ein ander Mal wurde *„der Wein unnd alle Music gäntzlich abgeschafft unndt verbotten"*, und noch 1861 ließen Fabrikbesitzer beim Lindener Schützenfest den Festumzug und alle *„Lustbarkeiten"* untersagen, *„weil ihre Arbeiter und Arbeiterinnen durch das Schützenfest zu mehr als achttägigem Müßiggange und zu unnöthigen Ausgaben *verleitet würden"*, und ohnehin *„könne es nicht verantwortet werden, daß zum Besten von ein paar Wirthen, Bäckern, Schlachtern allhier der größte Theil der Arbeiterclasse auf längere Zeit sich ruinire".*

Später hat man sich daran gewöhnt. Im Jahre 1903 jedenfalls präsentierte Hermann Löns den Gästen des XIV. Deutschen Bundesschießens im Namen des Pressausschusses die Schützen selbstbewusst in Versform:

> *„Wir sind die hannöverschen Jäger,*
> *O gotte, was sünd wir for Feger,*
> *Wir ziehen mit Musicke,*
> *Die Hälfte, die is dicke,*
> *Die andre Hälfte is voll,*
> *Die Hitze is auch zu doll."*

Hanover
Nur wenige Ortsnamen kommen in den USA häufiger vor als „Hanover". Hanover mit einem N.

Hannover gibt es nur zweimal. Einmal in Niedersachsen, und einmal in den USA. Hannover, North Dakota, zählte zuletzt immerhin noch ein gutes Dutzend Einwohner.

Bei den Hanovers mit einem N aber schlagen die Vereinigten Staaten jeden Rekord. Fast 70 mal ist dieser Name noch auf der Landkarte der USA zu finden – 1935 hatte der →Rundfunksender Norag sogar 92 gezählt, als er die Senderreihe „Hannover grüßt Hanover" startete. Allein im Bundesstaat Pennsylvania gibt es sieben Orte namens Hanover, dazu je zwei East Hanover und New Hanover, außerdem Hanoverdale, Hanover Green, Hanover Heights, Hanover Junction, South, West und Upper Hanover.

Wobei Verwechslungsgefahr nicht in jedem Fall gegeben ist, denn drei dieser Orte hatten schon in den achtziger Jahren keine Einwohner mehr. Die beiden größten, Chicagos Vorstädte Hanover Park und Hanover, Illinois, bringen es auf etwa 50 000.

Sie können sich durchaus sehen lassen. In Hanover, New Hampshire, betrieb der weltberühmte Dirigent Pierre Monteux sein Ausbildungsinstitut; im größten der Pennsylvania-Hanovers wurde Rita Mae Brown geboren, die mit ihrem Roman „Rubinroter Dschungel" und ihren Katzenkrimis berühmt wurde. Die mehrfache Sprintweltmeisterin Merlene Ottey stammt aus Hanover, Jamaica.

Jamaica? Ja, denn auch außerhalb der USA finden sich Hanovers zu Hauf. Orte dieses Namens gibt es in Kanada, in Südafrika, Surinam und sogar in Papua-Neuguinea. Chile hat eine Isla Hanover, und Australien immerhin noch eine Hanover Bay.

Dass man die alle englisch schreibt, also mit einem N, darf nicht verwundern – auch wenn es dem Lokalpatriotismus weh tut. Die meisten dieser Orte wurden im 18. Jahrhundert nämlich gar nicht nach unserer Stadt, sondern nach dem englischen Königshaus benannt, das mit diesem Namen bis heute identifiziert wird. Als Prinz Charles 1994 nach Neuseeland reiste, wurde er am Flughafen von Auckland auch von wütenden Demonstranten empfangen. Die schleuderten ihm – Gipfel der Beleidigung – ein *„Go home, bloody Hanoverian!"* entgegen.

Hausbesetzungen
Die bundesweit gelobte Sanierung von Linden-Süd kam erst nach etlichen Hausbesetzungen in Gang.

Linden-Süd ist wieder ein schöner Stadtteil geworden. Ein dichtes Gewusel verschiedener Kulturen, kleinteilige Häuser dicht an dicht, fast wie früher, schmale Straßen, viele Kinder, Platz für grüne Spiel- und Knutschecken, die Neubauten passen sich den hundertjährigen Fachwerkhäusern an.

Das war so nicht geplant. Als Ende der sechziger Jahre die Neue Heimat Konzepte für die Sanierung zwischen Deister- und

Ricklinger Straße vorlegte, sah die radikalste Variante den Abriss des ganzen Stadtteils vor. Dafür Betonburgen über einer zweigeschossigen Tiefgarage, die das gesamte Gebiet unterkellern sollte.

Es waren nicht nur jahrelange Diskussionen, die die Bauverwaltung von diesem Konzept der „Totalsanierung" abbrachten. Es waren auch illegale Hausbesetzungen, fast ein Dutzend im Sanierungsgebiet, die verhinderten, dass da Fakten geschaffen wurden. Am Ende führten sie zu einem Konsensmodell mit Sanierungskommissionen und Anwaltsplanern, das Hannover zum Vorbild für andere Städte – und Linden-Süd wieder zu einem schönen Viertel machte.

Das klappte auch in anderen Stadtteilen. Am Puttenser Felde und Am Moore waren Häuser zum Abriss freigegeben. Sie stehen noch, genauso wie das Gartenhaus am Judenkirchhof. Besetzt waren das Kaufhaus an der Limmerstraße, die Glocksee, das Sprengelgelände. Und auch der Pavillon am Raschplatz.

Da gab es bunte Koalitionen. In Misburg bewahrten Jusos das älteste Jugendheim Hannovers vor dem Abriss. Am Bünteweg besetzte 1982 die „Studentische Jagdgemeinschaft Hubertus" die abrissbedrohte Beindorff-Villa. Sie steht noch. In der Kaplanstraße 21 am Deisterplatz fanden sich 1973 sogar CDU-Funktionäre unter den Besetzern. Auch dieses Haus steht noch.

Und da die Stadt besetzte Häuser fast nie räumen ließ, wurde daraus eine Art Gewohnheitsrecht. In Linden-Süd zog 1973 eine griechische Familie ganz unbemerkt in das zum Abriss geräumte Haus Allerweg 8 ein. Es war keine politische Aktion. Das Haus war einfach nur besser als das feuchte Loch, in dem sie bis dahin hauste. Auch der Allerweg 8 steht noch.

Herzfehler
Wie der hoffnungsvoll begonnene Bau des „Center am Kröpcke" zur städtebaulichen Katastrophe wurde.

Die Idee war prima: Mitten in der City, die damals über die größte Kaufhausdichte in Deutschland verfügte, sollte ein neues Ladenzentrum entstehen. Ein Gegengewicht zu den Kaufhäusern. Eine große, mehrgeschossige Halle mit vielen Dutzend Einzelhandelsgeschäften auf Galerien. Ein Kommunikationszentrum mit öffentlichen Einrichtungen und Cafés, auch nach Ladenschluss zugänglich. Kurz: das neue „Herz von Hannover", besser bekannt als Kröpcke-Center.

Gewitzt durch die Erfahrungen beim Ihme-Zentrum, dessen Investor seine ökonomischen Vorstellungen gegen alle städtebaulichen Bedenken durchgesetzt hatte, hatte die Stadt diesmal einen Vertrag aufgesetzt, der ihr „Einfluss in jeder Phase" sicherte. Dachte sie jedenfalls.

Denn zuerst wurde die Ladenfläche ohne Bedarfsanalyse fast verdoppelt. Dann stiegen die Baukosten um 50 Prozent. Und daraus ergaben sich Mieten, die kein Einzelhändler bezahlen konnte. Schließlich zeigte sich, dass es für ein solches „Gemeinschaftswarenhaus" weltweit kein Vorbild gab. In Schweden, das immer als Beispiel genannt worden war, funktionierten solche Einrichtungen nur in Städten, in denen es keine Konkurrenz durch Kaufhäuser gab.

Dann wurde die Baugesellschaft klamm, und statt der vielen Einzelhändler unterschrieb als Retter in der Not schließlich der Kaufhauskonzern Hertie einen Mietvertrag – aber nur unter der Bedingung, dass alle für Cafés, öffentliche Einrichtungen und Kommunikationshalle vorgesehenen Flächen dem Kaufhaus zugeschlagen werden.

Der Einfluss der Stadt beschränkte sich darauf, zwischen Pest und Cholera wählen zu können, beschrieb Walter Heinemann von der SPD die Lage. Zwischendurch wurde sogar überlegt, die fertigen Untergeschosse in der riesigen Baugrube mit einem Deckel auf Fußgängerniveau abzuschließen und den Platz „den Hannoveranern zur freien Gestaltung zu übergeben". Aber nicht mal das ging: Ohne das Gewicht der Obergeschosse wäre der Atombunker, der unter dem Center 23 Meter in die Tiefe ragt, im Grundwasser wie ein Gummiball aufgeschwommen.

Da war längst alles zu spät: Was als „Gegengewicht" zu den Kaufhäusern in der Innenstadt geplant war, wurde 1975 als ein weiteres Kaufhaus eingeweiht.

Die Baugesellschaft ging dennoch pleite, und auch Hertie gab das Kaufhaus nach einigen Jahren auf. Aber das ist wieder eine ganz andere Geschichte.

High-Med
Die Medizinische Hochschule, weltweit führend in der Transplantationschirurgie, will bessere Organe entwickeln.

Sie verpflanzen Organe fast täglich. Sie haben die Technik entwickelt, Kindern Leber*stücke* zu übertragen. Sie haben die erste Bauchspeicheldrüse der Welt transplantiert. Aber je mehr diese Eingriffe Routine werden, umso deutlicher werden ihre Grenzen. Weil es zu wenig Spenderorgane gibt und weil fremde Organe immer abgestoßen werden, was mit harten Medikamenten bekämpft werden muss, hat die Medizinische Hochschule Hannover (MHH) eine ganze Reihe von Forschungsprojekten gestartet. Für die Zeit nach der Transplantationschirurgie.

Erster Ansatz: Menschliche Leberzellen lassen sich im Reagenzglas durchaus vermehren. Ließe sich da auch eine funktionsfähige komplette Leber züchten, die dann ja „körpereigen" wäre und nicht mehr abgestoßen würde? Hauptproblem ist das „Trägergerüst", das die Struktur des neuen Organs bestimmt. Eine funktionsfähige Herzklappe für ein Schaf aus dessen eigenen Zellen hat die MHH bereits hergestellt.

Zweiter Ansatz: Schweineherzen sind dem menschlichen Herz sehr ähnlich. Aber unverträglich. Ist Gentechnik in der Lage, Schweinezellen so zu verändern, dass sie vom Körper wie eigene akzeptiert werden? Oder kann man ein fremdes Herz einfach im Reagenzglas mit körpereigenen Zellen „besiedeln"? Tierorgane, die keine Abstoßreaktionen hervorrufen, könnten den Mangel an Spenderorganen beenden.

Dritter Ansatz: Haie können ihr ganzes Leben lang Nierengewebe neu bilden, wenn das alte nicht mehr richtig funktioniert. Menschen können das nicht. Jetzt sucht die MHH nach dem Hai-Gen, das das ermöglicht. Und nach Wegen, seine Eigenschaft auf den Menschen zu übertragen. Dann könnte man statt Transplantation einfach die eigene Niere nachwachsen lassen.

Hightech-Medizin ist das, High-Med. Grundlagenforschung, die sich durchaus auch als Sackgasse erweisen kann, wie die „Leibniz-Forschungslaboratorien für Biotechnologie und künstliche Organe" betonen. Aber sie versuchen es.

Über normale Herz-, Lungen- und Lebertransplantationen redet man da kaum noch. Am 31. Dezember 1999 wurde in der MHH die tausendste Transplantation eines „thorakalen Organs" (Herz/Lunge) vorgenommen. Das haben sie schon gar nicht mehr gefeiert. Gab aufregendere Anlässe an diesem Tag.

Himmelfahrt
Seine ersten „Chaos-Tage" erlebte Hannover 1953:
Die „Wasserschlacht" am Himmelfahrtstag.

Einhellig war die Empörung über den Vandalismus, der im August 1995 bei den „Chaos-Tagen" über die Nordstadt hereingebrochen war. Die, die sich da empörten, hatten es in ihrer Jugend so gemacht:

„Wasserschlacht in Hannover – Unruhiger Abschluss des Himmelfahrtstages

In der Landeshauptstadt kam es in der Nacht zu schweren Zusammenstößen zwischen Passanten und Polizei. Als eine Gruppe angetrunkener Jugendlicher versuchte, in dem Brunnen vor dem Hauptbahnhof die Füße zu baden, sammelte sich eine größere Menschenmenge. Das Eingreifen der Polizei hatte zur Folge, dass diese Menschenmenge innerhalb von einer Stunde auf rund 10 000 Personen anwuchs. Als es der Polizei nicht gelang, die Massen zu zerstreuen, wurde eine Hundertschaft der Bereitschaftspolizei alarmiert und der Wasserwerfer der niedersächsischen Polizei eingesetzt. In dieser Situation begannen ‚Halbstarke', harmlose Passanten anzupöbeln, Kraftwagen zu stoppen, diese zu beschädigen und den Versuch zu machen, die Wagen umzustürzen. Außerdem provozierten sie Schlägereien, in deren Verlauf die Polizei vom Gummiknüppel Gebrauch machte. Rund 40 Personen wurden in der Nacht vorübergehend festgenommen. Verletzt wurde niemand …

Zu den schwersten Ausschreitungen kam es wohl, als eine tausendköpfige johlende Menge zwischen 0.30 und 2 Uhr immer wieder versuchte, trotz des dreimaligen Einsatzes des Wasserwerfers und von Überfallkommando in die Prostituiertenquartiere in der Zimmerstraße einzudringen. Die Türen wurden aus den Angeln gerissen, Fensterscheiben eingeschlagen und das Mobiliar zertrümmert. Gegen den wiederanrücken-

den Wasserwerfer wurde auf der Straße eine regelrechte Barrikade errichtet. Erst nach zwei Uhr wurde endgültig die Ruhe wiederhergestellt. Lediglich in der Polizeiwache Prinzenstraße kam es noch einmal zu einem kleinen Zwischenfall: Mehrere Passanten, deren Kleidung von dem Wasserwerfer durchnässt worden war, erschienen auf der Wache und begannen, sich dort auszuziehen. Sie wurden von den Beamten nach Hause geschickt."

(Hannoversche Allgemeine v. 16. 5. 1953)

Hinrichtung
Auch der berühmteste Massenmörder des letzten Jahrhunderts agierte in Hannover: Fritz Haarmann.

In diesem Jahr führte der Pfingstausflug ans Hohe Ufer. Nachdem Kinder in den Tagen zuvor zwei Schädel in der Leine gefunden hatten, zogen am Pfingstsonntag des Jahres 1924 Hunderte zum Knochensuchen los. An diesem Tag waren sie erfolglos. Aber wenig später fand man zwei weitere Schädel, dann, in der Döhrener Masch, einen ganzen Sack mit Menschenknochen, und als die Polizei systematisch die Leine im Bereich der Altstadt absuchte, angelte sie über 500 Leichenteile aus dem Wasser.

Fritz Haarmann war zu diesem Zeitpunkt längst verhaftet. *„Es können 30, es können 40 sein"*, sagte er vor Gericht über die Zahl seiner Morde. Seine Opfer waren meist junge Männer; die Leichen hatte er klein geschnitten, das Fleisch oft verkauft.

Sechs Jahre lang hatte Haarmann gemordet, frühere Anzeigen gegen ihn waren jedoch nicht verfolgt worden, da er gleichzeitig im Zuhältermilieu als Polizeispitzel arbeitete. Der Prozess wurde rasch und voreingenommen abgewickelt, Haarmann wurde zum Tode verurteilt. Er war ein Monster, da war Hannover sich einig.

Nur Theodor Lessing nicht. Der Philosophieprofessor und Journalist war schon vom Prozess ausgeschlossen worden, als er dessen Selbstgerechtigkeit kritisierte. Nun fragte er nach der Schuld. Lessing schlug vor, am Tag der Hinrichtung Haarmanns die Reste seiner 30 Opfer in einem gemeinsamen Grab auf dem Neustädter Markt beizusetzen. Die ganze Stadt solle hinter dem Sarg hergehen: Senatoren und Magistrat, Bürgermeister, Lehrerschaft, Geistlichkeit. Und das nicht, schrieb Lessing, *„um letzte Ehre zu erweisen (das können wir gar nicht), sondern um gemeinsame Schuld auf uns zu nehmen".* Auf dem Grab solle ein großer Findling stehen, der nur drei Worte trägt: *„Unser aller Schuld".*

Aber Hannover wollte Haarmann als Monster in Erinnerung behalten. Am 14. April 1925 wurde er geköpft. Seine Opfer liegen auf dem Stöckener Friedhof; Lessing wurde 1926 von der Technischen Hochschule verjagt (→Lessinghetze) und 1933 ermordet.

Hochburg
Unter den deutschen Großstädten ist Hannover die verlässlichste SPD-Hochburg, seit es freie Wahlen gibt.

Der Zigarrenarbeiter Heinrich Meister war der erste. 1884 setzte er sich in einer dramatischen Stichwahl gegen den Geheimen Regierungsrat Ludwig Brüel durch und gewann zum ersten Mal das Reichstagsmandat für Hannover und Linden für die

Haarmanns Revier war die Altstadt, wo sie „Klein-Venedig" hieß: die Leine am Hohen Ufer (hinten Leineschloss und Schlossbrücke).

SPD. Damals durften nur Männer wählen, für den Preußischen Landtag galt sogar noch das Drei-Klassen-Wahlrecht – aber dieses Mandat gab die SPD nie wieder her. 1898 holte sie es sogar mit absoluter Mehrheit: 49 Prozent in Hannover, 73 in Linden!

Bei den Kommunalwahlen wurde die SPD jedesmal stärkste Partei, seit es freie Wahlen gibt – 1996 allerdings nur noch mit zwei Prozent Vorsprung vor der CDU, die 50 Jahre vorher noch 35 Prozent zurückgelegen hatte.

Da war es kein Zufall, dass die →SPD 1945 in Hannover wiedergegründet wurde. Schon 1899 hatte sich der SPD-Parteitag im Ballhof mit dem „Bernsteinschen Revisionismus" auseinandergesetzt. Neben August Bebel und Wilhelm Liebknecht waren auch Rosa Luxemburg und Clara Zetkin angereist, die als Frauen in Preußen an politischen Versammlungen eigentlich gar nicht teilnehmen durften. 1960 wurde Willy Brandt in Hannover zum Kanzlerkandidaten gewählt.

Ihre Stärke aber nutzte die SPD nicht immer. 1929 war Hannover sogar die einzige Großstadt im Deutschen Reich, in der sie bei der Kommunalwahl die absolute Mehrheit gewann. Der Konservative Arthur Menge aber, der 1924 seinen Vorgänger Leinert aus dem Amt getrickst hatte (→Revolution II), blieb Oberbürgermeister. Und was in den nächsten Jahren an Bürgermeister- und Senatorenposten frei wurde und an die SPD hätte fallen müssen, das strich er kurzerhand: Sparmaßnahmen.

Die Klagen der SPD gegen dieses Vorgehen waren noch nicht entschieden, als 1933 die Nazis kamen. Da war Hannover immer noch die einzige Großstadt mit einer absoluten SPD-Mehrheit – unter ihren acht Senatoren aber, wie die Dezernenten damals hießen, war nur ein einziger Sozialdemokrat. Alle anderen beließen die Nazis im Amt, drei von ihnen sogar bis 1945.

Höhen
Da helfen alle Tricks nicht:
Der höchste Berg Hannovers bleibt die Mülldeponie.

Der Tiroler Reinhold Messner genoss den Augenblick. Achttausender habe er ja schon viele bestiegen, schnaufte er in die Kamera. Heute aber habe er den ersten 118er seines Lebens bezwungen.

Es war auch für Hannover ein besonderer Tag, als Messner und die Expo-Geschäftsführung am 19. Mai 1999 den neuen Aussichtshügel auf dem Kronsberg bestiegen, um den neuen höchsten Punkt der Stadt auch offiziell einzuweihen. Denn seit man hier transportvermeidend und umweltfreundlich den Bodenaushub der Kronsbergsiedlung zu einer zwölf Meter hohen „Bergspitze" aufgeschüttet hatte, die den Kronsberg von 106,1 auf 118 Meter aufstockte, brauchte niemand mehr spitzfindig zu formulieren: „Die höchste *natürliche* Erhebung Hannovers ist der Kronsberg."

Mit diesem Huckel war der Kronsberg endlich auch wieder höher als die Mülldeponie im Altwarmbüchener Moor – wenn auch nur um Zentimeter. Die war 1938 eröffnet worden und seither kontinuierlich gewachsen, zuerst über den Lindener Berg hinaus, der damals mit 89,7 Metern Hannovers höchste *natürliche* Erhebung war, und später auch über den Kronsberg, der nach seiner Eingemeindung 1974 für einige Jahre die Spitze übernommen hatte.

Und das Schöne war: Der hohe Nordberg der Mülldeponie war 1998 stillgelegt worden und würde nie wieder die amtlichen Statistiken durcheinander bringen.

Dachte man. Denn ein Vierteljahr später gestand der Abfallwirtschaftsbetrieb Hannover, man habe den Müllberg nach der Stillegung noch ein wenig nachgebessert. 121 Meter messe er nun, drei mehr als der

Kronsberg, von dessen aufgeschütteter Spitze man nun nicht einmal mehr behaupten kann, sie sei eine *natürliche* Erhebung.

Hysterie
Der „Deutsche Herbst" der Terroristen-Hysterie kostete Peter Brückner seine Professur.

Schwer zu erklären, welche Stimmung damals herrschte, als 1972 in Langenhagen Ulrike Meinhof festgenommen wurde, Kopf der „Roten Armee Fraktion", die man damals „Baader-Meinhof-Bande" nennen musste. Sonst war man schon verdächtig.

Peter Brückner (1922–1982) war sowieso verdächtig. Seit 1967 Psychologieprofessor in Hannover, hatte er die „politische Psychologie" mitgeprägt, die nicht nur analysieren, sondern zum politischen Handeln anleiten wollte. Sein Psychologisches Seminar wurde zum Think-Tank der hannoverschen Studentenbewegung; als Hannovers erste „Kommune" keine Wohnung bekam, unterschrieb er den Mietvertrag.

Dann hieß es 1972, er habe Ulrike Meinhof in seinem Wochenendhaus übernachten lassen – das entsprechende Strafverfahren endete recht harmlos mit 4800 Mark Geldstrafe. Das er zugleich von Kultusminister Peter von Oertzen von seiner Professur suspendiert wurde, wog schwerer.

An der Uni zurück, ging es 1977 wieder von vorne los. Da schrieb ein unbekannter „Mescalero" in Göttingen, er habe *„klammheimliche Freude"* empfunden, als Generalbundesanwalt Siegfried Buback von der RAF ermordet wurde. Als 48 Professoren die hysterische Diskussion mit einer Dokumentation versachlichen wollten, verlangte das Ministerium eine Distanzierung. Brückner distanzierte sich nicht, als einziger, und wurde erneut von der Uni gejagt.

Er wurde zum Outlaw. *„Distanzieren Sie sich oder gehen Sie"*, forderte „Die Welt" in einer Schlagzeile; als er zu einer Kur fuhr, weigerten sich andere Gäste, mit ihm an einem Tisch zu sitzen. Er durfte nicht mehr lehren, aber auch nicht gehen. Als er Rufe von ausländischen Universitäten bekam, gab das Ministerium ihn nicht frei. Er hielt Vorlesungen im Club Voltaire, schrieb Bücher und wurde krank.

1981 bestätigte ihm ein Gericht, dass er kein Verfassungsfeind, die Suspendierung somit rechtswidrig sei. Aber da war es zu spät. Ostern 1982 starb er in Nizza.

Jazz
Es gibt mehrere Städte, die sich „heimliche Hauptstadt des Jazz" nennen.
Aber nur eine Jazz-Szene wie in Hannover.

Angekündigt war „Musik aus Onkel Toms Hütte", die Band kennt man heute nicht mehr. Sicher ist nur: Alex Hydes' Auftritt 1924 im Tivoli an der Königstraße war der erste Auftritt einer amerikanischen Jazz-Band in Deutschland.

Nach den Nazis, die für Jazz wenig übrig hatten, ging es hier weiter. Deutschlands erstes größeres Jazzkonzert fand im Fürstenzimmer des Hauptbahnhofs statt, mitorganisiert von einem jungen Hannoveraner namens Rudolf Augstein. Auch der erste deutsche Jazz-Club, der Deutsche Hot Club Hannover, entstand in dieser Zeit, als Jazz noch ungewöhnlich und ungewohnt war und ein Konzertplakat für die Niedersachsenhalle „George Matcock und seine berühmte Neger-Jazz-Band" ankündigte.

Duke Ellington und Louis Armstrong traten dort auf, lange bevor 1966 der Jazz-Club gegründet wurde mit dem Ziel, den Swing im Leben zu fördern. Das tat er so erfolgreich, dass Ausnahme-Jazzer Albert Mangelsdorff Hannover „eine der wichtigsten Jazz-Stationen in Europa" nennt. Mit

Vor dem Schützenfest kommen die Jazzbands: Das erste Musikfest im Jahr ist „Swinging Hannover", immer an Himmelfahrt vor dem Rathaus.

einem Jazz-Club, in dem alle Großen gespielt haben, einem beispiellosen Open-Air-Fest jedes Jahr an Himmelfahrt vor dem Rathaus und einer Musikhochschule, die als erste in Deutschland ein Jazz-Seminar einrichtete. Der Jazz-Club darf sich „Ehrenbürger der Stadt New Orleans" nennen.

Von dort stammte „Champion" Jack Dupree, einer der letzten Großen, die den Blues nicht von der Schallplatte gelernt haben. Er lebte viele Jahre im Bredero-Hochhaus am Raschplatz, bis er 1992 mit 82 Jahren starb. Warum für ihn gerade Hannover den Blues hatte, erklärte er so:

„*Hannover gefällt mir sehr. Wie in einem Dorf, jeder kennt jeden. Und weg will ich hier auch nicht mehr, immer hat man mich Nigger tituliert, auch in England. Hier habe ich dieses Wort noch nie gehört*", sagte der alte Klavierspieler, dessen Eltern der Ku-Klux-Klan ermordet hatte, als er ein Jahr alt war. „*Und in der Markthalle kriege ich immer das beste Fleisch.*"

Journalismus
Der renommierteste Fernsehpreis in Deutschland ist einem hannoverschen Studienrat gewidmet.

Wenn einmal im Jahr Fernsehsender stolz vermelden, sie hätten den „Adolf-Grimme-Preis" bekommen, dann ist von einem Pionier des Journalismus die Rede, der mit Journalismus zunächst gar nichts zu tun hatte.

Grimme (1889–1963) war Studienrat an der Oberrealschule Clevertor, von 1930 bis 1933 preußischer Kultusminister und verlangte vor allem Erziehung zum selbstständigen Denken, als er 1946 nach drei Jahren Nazi-Zuchthaus niedersächsischer Kultusminister wurde. „*Erst die Erziehung zur Subalternität*" habe das Dritte Reich möglich gemacht, glaubte er. In diesem Bewusstsein führte er auch den Nordwestdeutschen Rundfunk, dessen Generaldirektor er 1948 wurde. Den Adolf-Grimme-Preis stiftete der Deutsche Volkshochschulverband.

Zu dieser Zeit begann eine ganze Reihe von Journalistenkarrieren in Hannover. Der Hannoveraner Rudolf Augstein und der Emder Henri Nannen gründeten ihre Magazine Spiegel und Stern (→Presselandschaft), Panorama-Chef Peter Merseburger war Redakteur bei der Hannoverschen Presse.

Einer machte später durch seine journalistische Tätigkeit Schlagzeilen. Für die Recherchen zu seinem Buch „Der Aufmacher" arbeitete Günter Wallraff – „der Mann, der bei BILD Hans Esser war" – 1977 unerkannt in der Redaktion von BILD Hannover.

Im selben Jahr ging der hannoversche Anwalt Jobst Plog als Justitiar zum Norddeutschen Rundfunk nach Hamburg, den er inzwischen als Intendant leitet. NDR-Mitarbeiterin Gabi Bauer, die in Hannover stellvertretende Nachrichtenchefin bei ffn gewesen war, wurde bei den Tagesthemen zu einer der bekanntesten Fernsehfrauen. Auch

Beim „Hannoverschen Anzeiger" hat er das Zeitungsmachen gelernt: Spiegel-Gründer Rudolf Augstein

Giovanni di Lorenzo, Chefredakteur des Berliner Tagesspiegel, hat seine Wurzeln hier. Der Moderator von „III nach Neun", der 1992 in München die Lichterketten gegen Fremdenhass und Gewalt initiierte, schrieb seine ersten Artikel nach dem Abitur an der Tellkampfschule für die Hannoversche Neue Presse.

Und wem diese Medien alle zu verstaubt sind, sei beruhigt: Chefredakteur von Focus-Online, dem meistgefragten deutschen Informationsdienst im Internet, ist Jörg Bueroße. Der kommt aus Hannover, klar.

Juwelen
In der Rathenaustraße fand der größte Juwelenraub der deutschen Geschichte statt. Er wurde nie aufgeklärt.

Die Täter kamen am 31. Oktober 1981 vor Geschäftsöffnung. Sie schlugen den Juwelier René Düe nieder, fesselten seine ebenfalls anwesende Mutter und flohen mit Juwelen im Wert von 13,8 Millionen Mark.

So berichtete der Juwelier es der Polizei. Aber die glaubte ihm nicht. Seine Versicherung setzte den berüchtigten Privatdetektiv Werner Mauss auf ihn an, dessen James-Bond-Allüren später sogar die Landesregierung ins Wanken brachten, und der lieferte „Beweise", die so überzeugend (und, wie sich später herausstellte, fingiert) waren, dass Düe 1984 wegen Vortäuschung eines Raubüberfalls zu sieben Jahren Gefängnis verurteilt wurde.

870 Tage saß er in Untersuchungshaft, dann hob der Bundesgerichtshof das Urteil auf, und in der Wiederholung des Verfahrens wurde der Juwelier im März 1989, siebeneinhalb Jahre nach dem Überfall, in allen Punkten freigesprochen und voll rehabilitiert.

Was so weit wie ein Sieg des Rechtsstaates aussieht, stellt sich aus Dües Sicht als das Gegenteil dar: Er ist trotz Freispruch und Rehabilitierung bankrott. Seine Schulden sind achtstellig, denn die Mannheimer Versicherung hat für den Schaden nie gezahlt. Auch das Land, dessen Polizei den Juwelier mit illegalen Aktionen verfolgt und geschäftlich ruiniert hat, zahlte am Ende nicht viel mehr als eine Haftentschädigung.

Heute gilt der Fall als abgeschlossen, obwohl die Täter nie gefasst und die geraubten Schmuckstücke nie gefunden wurden. Politische Konsequenzen gab es keine; die Versicherung war zufrieden; Werner Mauss kassierte 750 000 DM Erfolgsprämie plus 600 000 DM Spesen und stieg danach erst richtig ins Geheimagentengeschäft ein.

Nur auf Sylt sitzt ein ehemaliger Juwelier und versucht sich zu erinnern, was er früher, vor dem 31. Oktober 1981, über den Rechtsstaat gelernt hatte.

Kaffee
Ein kleiner Kaffeeröster in Limmer hat die Kaffeekultur über die Zeit gerettet. Jetzt boomt sie wieder.

Vor zehn Jahren lasen sich Artikel über die Kaffeerösterei Ulbrich wie Berichte aus einer längst vergangenen Zeit: Seit 1956 röstete da einer in seinem kleinen Lebensmittelladen in Limmer selbst Kaffee, verkaufte seine zehn Sorten auch weiter, als Arko und Tchibo das große Geschäft machten, war irgendwann der letzte kleine Kaffeeröster in Hannover und kippte immer noch zwei bis drei Zentner pro Woche in sein altes Ungetüm von Röstmaschine, Baujahr 1949.

Neben ihm gab es hier nur noch die Großrösterei Machwitz. Die hatte 1930 einen Laden am Kröpcke eröffnet, war nach dem Krieg aus Danzig ganz nach Hannover übergesiedelt, hatte später die Rösterei Eichhorn übernommen und floriert bis heute, weil sie sich auf die Belieferung der Gastronomie spezialisiert hat.

Bei Erhard Ulbrich aber schien es nur eine Frage der Zeit, wann nicht mehr genug Stammkunden kommen würden, um sich die Bohnen halbpfundweise in Tüten füllen zu lassen. Aber plötzlich ist aus dem Fossil ein Trendsetter geworden. Auf einmal boomen in der Stadt Coffee-Shops, bietet „La Crema" am Lister Platz 20 verschiedene Espresso-Sorten an, setzt die „Moca Coffeebar" im Tiedthof auf selbstgeröstetem Kaffee, und selbst Tchibo verkauft wieder losen Kaffee aus Blechkisten, die wie Kaffeesäcke angemalt sind. Plötzlich sind Alternativen zu Jacobs Krönung wieder gefragt.

Auch Ulbrichs Filiale in der Krausenstraße ist nicht mehr der alte Tante-Emma-Laden. Sohn Dirk und ein Kompagnon haben ihn neu zum Kaffeehaus gestylt: ein kleiner Feinkostladen mit Wein und Bröt-

40 Jahre lang erfolgreich dem Trend zur Massenware getrotzt: das „Stammgeschäft" der Kaffeerösterei Ulbrich in der Liepmannstraße.

chen und Kaffee natürlich, jede Tasse frisch gebrüht, immer noch zehn verschiedene Sorten, für Kuhmilch-Allergiker gibt es sogar Cappuccino mit Ziegenmilch.

Der Kaffee ist jedem anderen überlegen, weil er frisch geröstet ist, oft tagesfrisch. Dafür sorgt immer noch Vater Erhard in der Liepmannstraße. Man sollte ihm einen Orden verleihen.

Kali
Wo sich am Westrand von Hannover die weißen Kaliberge türmen, brach 1975 die Erde ein.

Die weißen Berge, die die Kalibergwerke rund um Hannover hinterlassen haben, sind nicht zu übersehen. Dass da unter der Erde mindestens genauso große Löcher sein müssen, ist nur wenigen bewusst. Im Schacht Siegmundshall in Bokeloh bei Wunstorf, der als letzter niedersächsischer Kalischacht noch in Betrieb ist, sind es 400 Kilometer unterirdischer Straßen.

Im Juli 1975 wurde diese Tatsache den Ronnenbergern gewaltsam bewusst gemacht. Da war das Bergwerk, das sich weit unter hannoversches Stadtgebiet schiebt, voll Wasser gelaufen, und die 400-köpfige Belegschaft hatte ihre Arbeit verloren – was schlimm genug war.

Am 24. Juli aber rissen in einigen Häusern in Benthe und Empelde plötzlich die Tapeten. Dann rissen die Mauern, Straßen sackten metertief weg, in Gärten klaffte die Erde, eine Fabrikhalle krachte über einem fünf Meter tiefen Krater zusammen. Tagelang blieb die Erde in Bewegung, 79 Häuser mussten evakuiert werden, in Badenstedt stürzte noch vier Monate später die Giebelwand eines Hauses ein. Die Erde war in das Bergwerk gerutscht. Die Trichter sind noch heute zu bestaunen.

Die weißen Berge sind leider nicht mit gerutscht. Die Abraumhalden der Bergwerke beherrschen die Landschaft weiter. Zumal auf ihnen nichts wächst. Auch nachträglich aufgetragenes Erdreich versalzt und lässt kein Grün hochkommen.

In Ronnenberg hat man versucht, aus der Not eine Tugend zu machen und „Kunst auf der Kalihalde" zu präsentieren, aber zumindest eine der drei Ronnenberger Halden wird nun doch abgetragen. Jeden Tag rollt ein Güterzug gen Wolfenbüttel, um mit dem Abraum einen alten Kalischacht in der Asse zu verfüllen. Zehn Jahre soll das dauern, wenn alles glattgeht.

Um das Zeug einfach zurück ins Bergwerk zu kippen, ist es leider zu spät. Das steht unter Wasser.

Kanal
Die Hindenburgschleuse wurde 1928 als größte und modernste Schleuse der Welt eingeweiht.

Seit 1848 war Hannover vom Wasser abgeschnitten. Mit der Einweihung der Eisenbahnlinien nach Minden und Bremen war die Schifffahrt auf der Leine, die früher Holz und Erze aus dem Harz gebracht, vor allem aber Waren mit Bremen ausgetauscht hatte, einfach eingeschlafen. Es waren ohnehin nicht die größten Schiffe, die dort fahren konnten.

Erst 1916 lief in Hannover wieder ein größeres Schiff ein: Der „Minden-Hannover-Kanal" war fertiggestellt und verband die Stadt mit der Weser und dem Ruhrgebiet.

Aber selbst im scheinbar pottebenen Norden von Hannover stellte der Kanalbau erhebliche technische Anforderungen. Westlich der Stadt fahren die Schiffe auf einer Brücke über die Leine – und im Osten ging es überhaupt nicht weiter. Schon um Sehnde zu erreichen, musste der Kanal 15 Meter Höhenunterschied überwinden.

Reichspräsident Paul von Hindenburg kam als Namenspatron persönlich zur Einweihung: Die Hindenburgschleuse machte den Wasserweg nach Osten frei.

Neun Jahre wurde in Anderten gebaut, bis das Wunderwerk eingeweiht werden konnte, das Schleppzüge von 225 Metern Länge in einem Gang die 15 Meter rauf oder runter hieven kann. Für die 250 000 Kubikmeter Beton, mit denen man das Niedersachsenstadion randvoll pumpen könnte, wurde an der Baustelle eine eigene kleine Betonfabrik errichtet. 1928 ging's von hier bis Peine, 1939 sogar bis nach Berlin.

Es war offenkundig eine weitsichtige Planung. Denn während in den letzten Jahren der gesamte Kanal zwischen Rheine und der Elbe verbreitert, also neu gebaut werden musste, reichte der Schleuse nach 50 Jahren eine gründliche Renovierung. Sie schafft den Verkehr immer noch, obwohl sie längst unter Denkmalschutz steht.

Die modernen Wunderwerke stehen jetzt weiter westlich. Mit den neuen Brücken, die die Kanalverbreiterung nötig machte, ist ein kleines Ingenieurmuseum entstanden: Jede einzelne wurde individuell gestaltet, die Podbi-Brücke von den Telemax-Architekten sogar mit einem abgeschlossenen Straßenbahn-Hochbahnsteig-Abteil das von weitem aussieht wie ein Stadttor.

Kapital
Der Gynäkologe Louis Kugelmann verhalf dem „Kapital" von Karl Marx zu einem überraschenden Erfolg in Hannover.

Einen ganzen Monat hielt sich Karl Marx im Frühjahr 1867 in Hannover auf. Er hinterließ schöne Sätze über die Stadt, lobende Beschreibungen der *„verschiedensten Parks, viel geschmackvoller angelegt als irgendwelche in London"*, aber auch den Seufzer, die gutbürgerlichen Vergnügungen hier hätten *„einen großen Nachteil – die Atmosphäre ist zum Bersten langweilig"*.

Aber Marx war nicht zum Spazierengehen nach Hannover gekommen. Er wollte arbeiten, wollte bei seinem Freund Louis Kugelmann die Druckfahnen des „Kapital",

1. Band, Korrektur lesen. Für Kugelmann, der als Arzt zwar gut beschäftigt, als Mitglied des Bundes der Kommunisten aber isoliert war im konservativen Hannover, war Marx' Besuch ein Höhepunkt.

Er verwöhnte den Freund, führte ihn herum, kümmerte sich um alles. Er diskutierte, verbesserte den Text des Kapital und schickte Marx zum besten hannoverschen Fotografen, Friedrich Karl Wunder, damit Verlag und Buchhandlungen ein vernünftiges Porträt für die Werbung hatten.

Als das Buch erschienen war, warb er selbst, vermittelte Rezensionen, schrieb „bürgerliche" Kritiken, von denen er eine im „Hannoverschen Courier" unterbringen konnte. Auf einem medizinischen Kongress verkündete Kugelmann ex cathedra, dass niemand über öffentliche Gesundheitspflege mitreden dürfe, der nicht Marx' Buch gelesen habe. Er redete mit den Stützen der Gesellschaft so lange, bis auch die Industrie- und Handelskammer ihr Exemplar bestellte und die konservative Polytechnische Schule auch. Offenbar half das, denn irgendwann traf ein Vermerk des Verlegers ein, in dem er gratulierte: In Hannover seien verhältnismäßig die meisten Exemplare des Kapital abgesetzt worden.

Nur Marx war nicht zufrieden, als er die Rezensionen las. Er bat Engels, Kugelmann doch „ein paar Instruktionen zu schreiben über die positiven Seiten, die er zu betonen hat. Sonst macht er Unsinn, da es hier nicht mit Enthusiasmus getan ist".

Karrieren
Das Ergebnis der Bundestagswahl 1998 hat den hannoverschen Anteil an der Bundesregierung radikal erhöht.

Aber auch schon vorher erwies sich Hannover als gutes Sprungbrett für politische Karrieren:

Heinrich Boge, 1981–1990 Chef des Bundeskriminalamtes, war von 1969–1978 Polizeipräsident in Hannover.

Birgit Breuel, Präsidentin der Treuhandanstalt und seit 1997 Expo-Chefin, war von 1978–1990 Wirtschafts- und Finanzministerin des Landes Niedersachsen.

Edelgard Bulmahn, SPD-Landesvorsitzende aus Linden, ist seit 1998 Bundesministerin für Bildung und Forschung.

Egon Franke, SPD-Landesvorsitzender und Bundestagsabgeordneter von 1951–1987, war von 1969–1982 Bundesminister für innerdeutsche Angelegenheiten.

Peter Frisch seit 1995 beim Innenministerium in Hannover, war von 1996–2000 Präsident des Bundesamtes für Verfassungsschutz.

Uwe-Karsten Heye seit 1998 Chef des Bundespresseamtes, war von 1990–1998 Sprecher der niedersächsischen Landesregierung in Hannover.

Johann Henschel, Rechtsanwalt in Hannover, war von 1983–1995 für die FDP Richter am Bundesverfassungsgericht.

Ernst Gottfried Mahrenholz, Schüler des Ratsgymnasiums, niedersächsischer Kultusminister 1974–1976, war von 1987–1994 Vizepräsident des Bundesverfassungsgerichts.

Eduard Pestel, Professor in Hannover, gab als Mitglied des Exekutivkomitees des „Club of Rome" die Studie „Die Grenzen des Wachstums" heraus, die ein Umdenken im Umweltschutz einleitete.

Karl-Otto Pöhl, Schüler der Tellkampfschule, war Staatssekretär von Bundesfinanzminister Helmut Schmidt und von 1980–1991 Präsident der Bundesbank.

Helmut Rohde, SPD-Bundestagsabgeordneter für Hannover von 1965–1987, war von 1974–1978 Bundesminister für Bildung und Wissenschaft.

Gerhard Schröder, niedersächsischer Ministerpräsident 1990–1998 und seitdem Bundeskanzler, wohnt auch noch immer in Hannover.

Rita Süssmuth, Bundestagspräsidentin (CDU) von 1988–1998, leitete von 1982–1985 das Institut „Frau und Gesellschaft" in Hannover, bevor sie Bundesministerin für Jugend, Familie und Gesundheit wurde.

Klaus Töpfer (CDU), Leiter des Umweltsekretariats der Vereinten Nationen, war 1978/79 Professor in Hannover und Direktor des Instituts für Raumforschung und Landesplanung.

Jürgen Trittin blieb auch als Sprecher des Bundesvorstandes der Grünen (1994–1998) in Hannover, bevor er Bundesumweltminister wurde.

Kekse

Kekse an die Front:
Mit patriotischer Werbung wurde Hermann Bahlsen zum Marktführer.

Die Geschäftsidee des Hermann Bahlsen (1859–1919) war gut. Er hatte eine Weile in London gearbeitet, und so gründete er 1889 in Hannover eine Fabrik für „Dauer-Cakes" nach englischer Art. Die verkauften sich prima. Besonders als Bahlsen begriff, dass er sein Ziel, aus dem Luxusartikel ein Volksnahrungsmittel zu machen, mit einem englischen Namen in Deutschland wohl kaum erreichen könne. Im Februar 1911 schrieb er seiner Frau, künftig „Keks" statt „Cakes" verkaufen zu wollen, und zwar im Singular wie im Plural: *„Kekse finde ich zu scheußlich!"*

Auch wenn sich der Plural mit -se nicht vermeiden ließ – für Neues war Bahlsen immer aufgeschlossen. Um die Jahrhundertwende ließ er mit 100 Glühbirnen die erste Leuchtreklame am Potsdamer Platz in Berlin installieren. Für sein Erfolgsprodukt, das damals noch „Leibniz-Cakes" hieß, führte er schon 1905 – als erster Industrieller in Europa und acht Jahre vor Henry Ford – das Fließband ein. An diesem Band wurden die Cakes in luftdichte Pappschachteln verpackt, in denen sie knusprig blieben. Die Packungen mit der ägyptischen Hieroglyphe „TET", die „ewig dauernd" bedeutet, machte Bahlsen zu seinem Markenzeichen.

Den Durchbruch aber brachte der Patriotismus als Werbemotiv. Schon vor dem Krieg warb Bahlsen systematisch um das Militär und mit ihm. Soldaten zierten Bahlsen-Plakate, im Krieg waren Bahlsen-Kekse auch im Feindesland in allen Feldkantinen und Marketendereien zu kaufen, den Daheimgebliebenen bot er die Kekse als Geschenk gleich in feldpostgerechter Verpackung an. Es gab Bahlsen-Feldpostkarten, eine betriebseigene Kriegszeitschrift wurde mit der „Leibniz-Feldpost" verschickt; 1916 schickte er als „Ostergabe" fünf Eisenbahnwaggons mit 275 000 Schachteln Keks an die Front.

Schon 1914 hatte Bahlsen einen „Heil- und Sieg-Keks" in feldgrauer Schachtel auf den Markt gebracht, und per Händlerinformation riet er vom beliebten „Albert-Keks" der Konkurrenz ab: Der sei nach dem englischen Prinzgemahl benannt und damit *„rein englischen Ursprungs".*

Bahlsens Marktanteil, der schon 1913 bei 60 Prozent gelegen hatte, stieg noch weiter, sodass er sich nun Höherem widmen konnte. Mitten im Krieg ließ er Pläne für einen Bahlsen-Stadtteil am Ende der Podbi zeichnen. Die „TET-Stadt" sollte eine Idealstadt um eine monumentale Fabrik werden, mit Parks und Kinderheim, Theater und Schwimmbad, großzügigen Alleen und Wohnungen für die Bahlsen-Beschäftigten.

Bahlsen starb, bevor die TET-Stadt gebaut werden konnte, und auch sein zweites Lieblingsprojekt, eine gigantische „Hindenburg-Ehrung" mit „Heldenhainen", Kriegersiedlungen und einer 100 Meter hohen „Säule der Kraft" blieb auf dem Papier. Das hätte auch Probleme gegeben. Das Nationaldenkmal sollte auf dem Kronsberg entstehen, genau auf dem Gelände der Weltausstellung Expo 2000.

Kinderheilanstalt

Ein Pokerspiel von IBM bescherte Hannover ein Kinderkrankenhaus in einer Traumlage.

Unter strengster Geheimhaltung war der Vertrag ausgearbeitet worden, der dem Rat im Januar 1970 zur Abstimmung zugeleitet wurde: Der IBM-Konzern wollte in Hannover ein Computerwerk bauen, das schon in der ersten Ausbaustufe 1 200 Menschen beschäftigen sollte.

Gegenleistung der Stadt: Sie sollte die Pferderennbahn, die sich damals auf der Bult befand, abreißen. Denn genau dort und nirgendwo anders wollte IBM bauen. Den

Abriss wollte IBM von der Stadt schriftlich haben – ohne sich selbst aber vertraglich zum Bau der Fabrik zu verpflichten.

Trotzdem ging die Stadt auf dieses Geschäft ein. Zu verlockend war die Aussicht auf 20 Millionen Mark Gewerbesteuereinnahmen – *„das bedeutet jedes Jahr die Errichtung eines neuen großen Krankenhauses oder den Bau eines Altenheimes sowie eines Freizeitheimes, eines Hallenbades und von vier Kindertagesstätten"*, hieß es in einer Pressemitteilung.

Am 10. August fand auf der Bult das letzte Rennen statt. Dann wurde in Langenhagen für 37,6 Millionen Mark eine neue Rennbahn gebaut; weitere sieben Millionen steckte die Stadt in den Abriss der alten und die Grundstückserschließung. Nur IBM tat nichts. Anderthalb Jahre lang. Bis ihr Sprecher im Juni 1971 der Stadt mitteilte, angesichts neuer, Platz sparender Fertigungstechnologien habe man für ein Werk in Hannover keinen Bedarf mehr. Sorry. Eine Entschädigung wurde nie gezalt.

Immerhin kam diese Pleite kranken Kindern zugute: Statt eines IBM-Werkes steht auf dem Traumgrundstück heute das neue Kinderkrankenhaus. Um die alte Kinderheilanstalt in der Ellernstraße aber, die nach dem Umzug leerstand, gab es neuen Streit.

Statt das Haus abzureißen, wie zunächst geplant, befürwortete schließlich auch die SPD das Umnutzungskonzept einer alternativen Investorengruppe, das so durchdacht war, dass es 1984 sogar mit einem Preis im Bundeswettbewerb „Familienwohnung und Familienheim" ausgezeichnet wurde.

Der Abriss fand trotzdem statt. Denn als der Rat den Umbau beschließen wollte, war ein SPD-Ratsherr mitsamt seiner alles entscheidenden Stimme gerade mal pinkeln gegangen. So war, als der Bundesbauminister ihr seinen Preis zuerkannte, die „Kinderheule" nur noch ein Haufen Schutt.

Kinderschützenfest
Mit den schäbigsten Häusern des alten Linden wurde auch ein Stück bester Sozialstruktur wegsaniert.

Nicht mal 100 Jahre alt wurden die Häuser, die ab 1870 an der Fanny- und Mathildenstraße, wo heute der „Victoria-Block" mit seinen orangenen Balkonen steht, für Weber aus Schlesien gebaut worden waren. Winzige Wohnungen von 35 Quadratmetern, gedacht für Junggesellen, bald bewohnt von ganzen Familien samt Großeltern. Plumpsklo auf dem dunklen, schmalen Hof, erst später bekam jedes Haus eine Wasserzapfstelle.

Es waren von Anfang an die schäbigsten Häuser in Linden-Nord. Aber von Anfang an gab es dort einen intensiven sozialen Zusammenhalt. Die Kinderschützenfeste der „Fannystraße" wurden zur Legende.

Immer wenn das „bürgerliche" Schützenfest vorbei war, zogen die Kinder aus der Fannystraße auf den Schützenplatz und sammelten ein, was noch brauchbar war: Plakate, Wimpel, Girlanden, Bierdeckel. Andere Trupps zogen durch die Geschäfte und sammelten Spenden für Kaffeetafel und Tombola; frische Birkenzweige holten die Erwachsenen von der Müllkippe.

Die Fäden zogen seit 1949 Anni und Fritz Röttger, die an ihrem Stadtteil und seinen Kindern hingen. „Schützenkönig" war Schorse Imcke, der Leierkastenmann, der das Fest jedes Jahr mit den Worten eröffnete: *„Seid lieb zueinander, amüsiert euch gut, zankt euch nicht. So und nun Musik."*

Und dann wurde drei Tage lang gefeiert. Ohne Verein und kommerzielle Buden, dafür mit Festumzug und Kaffeetafel auf dem geschmückten Hinterhof, mit Spielen und Ausflug zum „Naturheilverein Prießnitz" auf dem Lindener Berg. Dessen grünes Gelände war zum Sonntagsgarten aller Lindener geworden, die keinen Kleingarten hatten.

1965 fand das Kinderschützenfest zum letzten Mal statt. Im Jahr darauf wurden Kündigungen zugestellt; 1968 wich auch die Familie Ratzki, die ihre Wohnung bis zuletzt mit Beil und Barrikaden verteidigt hatte. Dann wurden Fanny- und Mathildenstraße dem Erdboden gleich gemacht. Die Familien wurden über die ganze Stadt zerstreut; ihr Zusammenhalt und ihre Feste existierten danach nicht mehr.

Nur den Naturheilverein Prießnitz auf dem Lindener Berg gibt es heute noch.

Kino
In Hannover wurden die Kinopaläste wiedererfunden – und machten ihren Schöpfer zum europäischen Kinokönig.

Im Apollo in Linden fing alles an. Als die Kinoblüte der Nachkriegszeit vorbei war, die Hannover zu 52 Kinos mit 29 706 Plätzen verholfen hatte, übernahm der Student Hans-Joachim Flebbe aus purem Spaß die Programmgestaltung im kränkelnden Apollo. Dem drohte, was die anderen Stadtteilkinos schon hinter sich hatten: Geschlossen war die Grenzburg an Vier Grenzen (heute Supermarkt), das Capitol am Schwarzen Bär (heute Musikhalle), die Esplanade an der Geibelstraße (heute Weinlager). Geschlossen waren die Kinos in Limmer, Misburg, Kleefeld, der Nordstadt.

Das Apollo war – und blieb – das letzte Stadtteilkino. Und Flebbe, der jedes Jahr für hervorragende Programmgestaltung ausgezeichnet wurde, wurde Kino-Unternehmer. Während andere Kinos schlossen, baute er neue am Raschplatz, rettete die Hochhauslichtspiele, kaufte Kinos in Hamburg, und weil er gegen den herrschenden Trend zum Schachtelkino auf schöne Säle und gute Programme setzte, war er irgendwann der größte Kinobetreiber in Deutschland.

Da war es Zeit für ein Denkmal zu Hause. 1991 eröffnete er in Hannover sein Kino, von dem er immer geträumt hatte. Mit perfekten Sälen, bester Technik, mit Plüsch und Popcorn und einem Foyer mit Wasserfall. Das Cinemaxx war der erste Kinopalast der neuen Generation, die sich bald über ganz Europa ausbreitete, und weil er nicht

Symbiose geglückt: Mit dem Cinemaxx wurde Hannover wieder zur Stadt mit dem kinofreudigsten Publikum.

am Stadtrand stand wie fast alle Epigonen, sondern mitten in der Stadt, wurde er auch der erfolgreichste.

Da lebten die goldenen fünfziger Jahre wieder auf, als die →Stars Stammgäste in Hannover waren, wo im Schnitt jeden Monat ein deutscher Film uraufgeführt wurde. Zum Beispiel „Des Teufels General" in den Weltspielen (heute Woolworth) und der erste deutsche Cinemascope-Film „Krach um Jolanthe" im Theater am Aegi.

Heute ist Flebbe Marktführer in Europa; in Hannover hat er die Konkurrenz, die mit dem Omniplex am Raschplatz drohte, einfach aufgekauft, und sein Schachtelkonzern ist nur noch schwer zu durchschauen.

Auch das Apollo gibt es immer noch. Das entstand 1908 aus einem Tanzsaal und ist das älteste Kino in Norddeutschland.

Kleiderordnung
Erst drei Jahrhunderte nach dem ersten „Ärgernis" löste der Rat das Problem um das „Entblößen des Busens".

Es war mehr eine Demonstration für die Medien als ein wirklicher Skandal, als die Ratsfrauen und -herren der Grün-Alternativen Bürgerliste 1982 in Punker-Outfit im Rat erschienen. Von der Ratssitzung ausgeschlossen wurden sie erst zwei Monate später, als sie in einer Debatte über die „Punker-Kartei", in der die hannoversche Polizei *„alle Erkenntnisse über sog. Punker"* sammelte, sich zusammen mit etlichen Punks mit Polizeigewalt von der Zuschauertribüne des Ratssaales räumen ließen.

Früher war man da strenger. Da lief im Februar 1850 *„durch die erstaunt auffahrende Residenz die Kunde, es habe ... der neuerwählte Bürgervorsteher Stechan sich nicht geniert, im Fries-Oberrock ins Bürgervorstehercollegium zu kommen".* Und da

Fries ein grober Wollstoff und Gottlieb Ludwig Stechan als erster Arbeiter im Rat sowieso ein Skandal war, habe, so schrieb das Hannoversche Volksblatt weiter, *„der Bürgervorsteher Peters, im Interesse des Anstands, den Antrag gestellt, die Bürgervorsteher sollten künftig nur im schwarzen Frack in den Sitzungen erscheinen, und dieser Antrag sei auch durchgegangen!"*

Geholfen hat das nicht mehr als frühere Kleiderordnungen. Da untersagte der Rat im Jahre 1656 den Frauen in der Stadt, lange, auf dem Boden schleifende Röcke und krause, fliegende Haare zu tragen. 1669 folgte ein Verbot des Schminkens und des Anlegens von schwarzseidenen Schönheitspflastern, und 1663 sah sich der Rat zu einem offiziellen Verbot veranlasst, den Busen zu entblößen, *„da das schon zu viel Ärgernis Anlass gegeben"* habe.

Diesen Ärger gab es 300 Jahre später immer noch, als an den Ricklinger Teichen das Nacktbaden in Mode kam. Diesmal jedoch erließ der Rat keine Kleiderordnung, als die Beschwerden empörter Kleingärtner eskalierten. Er stellte einfach an der Wiese des Anstoßes ein Schild „Nacktbadeteich" mit dem Wappen der Landeshauptstadt auf. Da verstummten die Proteste. Es war ja nichts Verbotenes mehr.

Kleister
Der Tapetenkleister ist eine Erfindung von Ferdinand Sichel, Tapezierersohn aus Hannover.

Sicher gibt es Erfindungen, die die Welt mehr bewegt haben. Aber nur wenige, die so unterschätzt werden. Dass Tapezier- und Malerarbeiten ein Heimwerkerhobby für Millionen geworden sind, wäre ohne Sichels Erfindung nicht möglich gewesen.

Vom Vater wusste er, welche Wissenschaft das Kochen von Tapetenkleister war. Und wie oft es daneben ging. Wurde der aus

Roggen- oder Gerstenmehl gekochte Kleister nicht sofort verarbeitet, so wurde er sauer, die Tapeten verfärbten sich oder platzten ab. Schlimmer noch beim Malerleim für Wandfarben: Der wurde aus tierischem Leim gekocht und musste auf die „vorgeseiften Flächen" noch warm aufgetragen werden. Sonst „verätzten" die Farben.

Sichel setzte Pflanzenstärke als Bindemittel ein. Daraus hergestellte Leime und Kleister ließen sich kalt verarbeiten, verdarben nicht, waren ergiebiger und klebten besser. Vor allem aber ließen sie sich gebrauchsfertig verkaufen. Und machten die 1896 in Limmer aufgebauten Sichel-Werke erst einmal konkurrenzlos.

Als die Konkurrenz 1920 aufgeholt hatte, löste der spätere Inhaber Friedrich Supf die zweite Revolution aus und entwickelte den ersten wasserlöslichen Tapetenkleister. Das Pulver zum Selbstanrühren, das heute selbstverständlich ist, war damals so umwälzend, dass es dem Werk in Limmer einen Marktanteil von 75 Prozent bescherte und über eine „Verkoopcentrale" in Holland bis in die spanischen und französischen Kolonien verkauft wurde.

100 Jahre nach ihrer Gründung steht die Sichel-Fabrik, die in ihren besten Zeiten 700 Menschen beschäftigte, immer noch am selben Platz, direkt am Stichkanal Linden des Mittellandkanals. Tapetenkleister wird dort nur noch abgefüllt, dafür sind erstaunliche Neuentwicklungen hinzugekommen: Nach dem ersten Sekundenkleber Europas stellte die nun zum Henkel-Konzern gehörige Firma 1965 den ersten ausgereiften „Gewebeklebstoff" vor – nicht für textiles, sondern für menschliches Gewebe. Chirurgen kleben damit, was sich nicht nähen lässt – einen Riss in der Leber zum Beispiel.

Knall
Die größte Explosionskatastrophe der letzten 50 Jahre tötete in Linden ein Dutzend Menschen.

An diesem Sonntag um fünf Minuten nach acht flog halb Hannover aus dem Bett. Der Knall war ohrenbetäubend, die Druckwelle deckte Dächer ab und zertrümmerte Fensterscheiben zu Tausenden. Einem Architekturstudenten in Ricklingen flog gleich die ganze Tür ins Zimmer. Neben der Hanomag sah es aus wie nach einem Bombenangriff: Am 22. Juni 1969 war auf dem Bahnhof Linden ein Eisenbahnwaggon mit Bundeswehr-Munition explodiert.

216 schwere Granaten für 175-mm-Kanonen hatte der Waggon geladen. Dessen Bremse war heißgelaufen, hatte den Holzboden entzündet, und der jagte die tödlichen Geschosse in die Luft. Unter den wie Draht verbogenen Eisenbahnschienen klaffte ein 15 Meter tiefer Krater, um ihn herum lagen die zerfetzten Leichen von acht Feuerwehrleuten und vier Eisenbahnern.

Es war eine Katastrophe mit Ansage: Wegen defekter Bremsschläuche hatte der Zug bereits mehrfach halten müssen; den Qualm hatte ein Streckenposten schon zehn Kilometer vor Linden bemerkt und gemeldet. Den zehn mal zwanzig Zentimeter kleinen Aufkleber aber, der auf die gefährliche Ladung hinwies, sah niemand. So fuhr der Zug weiter bis Linden, dort jagten Feuerwehrleute heran, um den Brand zu löschen. Vom Löschzug 4 überlebten nur zwei Mann.

Feuerwehrautos waren von Splittern durchlöchert, ringsum brannten Autos und Lagerhallen, eine Unterkunft für 80 spanische Arbeiter war restlos zerstört. Die Hanomag konnte erst am Mittwoch die Produktion wieder aufnehmen. 40 Menschen waren verletzt, der Sachschaden wurde später auf 40 Millionen Mark addiert.

„Die in den Waggons verladenen Munitionsteile waren ... absolut transportsicher", erklärte ein Sprecher der Bundeswehr an der Unglücksstelle.

Kommissbrot
Das erste Drei-Liter-Auto Deutschlands wurde in Linden gebaut – am ersten Auto-Fließband Europas.

Heute empfindet man dieses brotlaibförmige Auto als niedlich. Damals, auf der Berliner Automobilausstellung im Dezember 1924, war der „Hanomag 2/10 PS" eine Sensation: Er war der erste brauchbare Serien-Kleinwagen der Welt und mit 2 300 Mark inklusive Luxussteuer geradezu unglaublich billig. Ein erster „Volkswagen".

Nach der Demontage des Jahres 1919 war die Hanomag zu dieser Zeit längst wieder ein führendes Unternehmen. Neben Lokomotiven baute sie Heizkessel, Dampfmaschinen, Pumpmaschinen, Kläranlagen, Motorpflüge, Schiffsmotoren und Zugmaschinen.

Der 2/10, der bald auf den Namen „Kommissbrot" hörte, war ihr erster Pkw. Mit seinen gerade 2,75 Meter Länge wurde er gleich in vier Typvarianten geliefert, als offenes Sportcoupé, mit Faltdach, festem Dach und Kastenaufbau für Handwerker. Und da seine Ingenieure sich vorher in Detroit umgeschaut hatten, wurde er als erstes Auto in Europa am Fließband gebaut.

Obwohl der 2/10 mit seinem Ein-Zylinder-Motor gerade 60 Stundenkilometer schaffte, hängte er manchen Vier-Zylinder ab. Die ADAC-Harzrundfahrt 1926 beendete er als Sieger aller Klassen; Hanomag-Werksfahrer Hellmuth Butenuth wurde 1927 mit 18 Siegen der erfolgreichste Fahrer Deutschlands. Bei Bergrennen bewährte sich eine „Rallye-Version", der ein hannoverscher Korbmacher eine Karosserie auf Peddigrohr – wie ein Kinderwagen – verpasst hatte.

Dem Kommissbrot folgte eine breite Palette von Autos made in Linden. Sie hießen Garant, Kurier, Rekord; 1936 kam für die neuen Autobahnen ein Stromlinien-Pkw namens „Autobahn" auf den Markt.

Ein Jahr später wurde Hanomag-Werksfahrer Huschke von Hanstein, der später Rennleiter bei Porsche war, Klassensieger der Afrika-Rallye; 1939 stellte ein Hanomag-Diesel vier Weltrekorde auf; dann baute die Firma Schützenpanzer und nahm die Pkw-Produktion nie wieder auf.

Ein Rekord aber bleibt der Hanomag bis heute: Nicht der VW-Lupo von 1998, sondern das Kommissbrot war 1924 mit einem *„Betriebsstoff-Verbrauch von nur 3 Kilogramm"* das erste Drei-Liter-Auto Deutschlands.

Konkurrenz
Gegen die neue Sucht des „Konditerns" kamen Hannovers Bäcker und Wirte auch mit unlauteren Mitteln nicht an.

Glaubt man, was Theodor von Kobbe über die Jahre um 1815 aufgeschrieben hat, dann muss eine Konditorei in Hannover damals eine Goldgrube gewesen sein: *„In München vertrinkt man den ganzen Verstand in Bier, in Hamburg verfrisst man ihn durch schwere Fleischmassen, in Baden-Baden verspielt man ihn am Roulette, in Elberfeld verbetet man ihn, in Paris opfert man denselben der Wollust, aber in Hannover, ja in Hannover – es ist schauderhaft zu sagen, aber wahr – verschlickert man ihn am Kuchen."*

Schon 1798, als Hannover gerade 16 000 Einwohner hatte, gab es in der Altstadt zehn Konditoren, die sich gegenseitig das Leben schwer machten. Die erfolgreichsten, Paulo Bernhard und Johann Robby, beide aus

Haben als einzige der großen Innenstadt-Konditoreien die Kaffeehaustradition über die Zeit gerettet: die Holländischen Kakaostuben in der Ständehausstraße.

der Schweiz, hatten ihre Lokale in der Leinstraße gegenüber dem Leineschloss. Da meldete eines Tages der Polizeikommissar Woempner der Regierung die „Sitten-Verderbniß", dass auch „Schüler und Lehrlinge solche Häuser besuchen" und dort „zur Verschwendung, zur Nascherey, zum Genuß hitziger Getränke und zu Annahmung eines ungeziemenden Tons" verleitet würden, „wovon sich der Staat in der Folge, gewiß nicht viel Gutes, noch weniger Vortheil und Nutzen zu versprechen hat".

Die Bäckerzunft hatte Woempner vorgeschickt, und als die Regierung nicht reagierte, griff sie zu härteren Mitteln. Drei Monate später klagte Robby, es werde „ein höchst kränkendes Gerücht allhier von boshaften Verläumdern wider mich verbreitet, daß ich bei der K. Landesregierung um die Concession zur Anlagung eines Bordels nachgesucht hätte".

Als auch das seine Kundschaft nicht verschreckte, beschwerte sich die Bäckerzunft schließlich offiziell, Robby habe „theils ungahre und unverdauliche" Kuchen verkauft und außerdem solche, für deren Herstellung allein die Bäcker das Privileg hätten.

Aber es war zu spät. Auch der Hof war längst der neuen Sucht verfallen: Robby wurde nicht gemaßregelt, sein Sohn Johann-Georg wurde sogar Hofkonditor. Dessen Sohn Georg verlegte das Café 1869 ins neue Zentrum, wo es als Café Kröpcke schließlich zum Markenzeichen hannoverscher Lebensart wurde (→Namensprobleme II).

Kunst

**In den zwanziger Jahren
war Hannover eine der großen Kunst-
metropolen Deutschlands.**

*„Wir haben gegenüber den sogenannten
Kunststädten den Vorteil"*, sagte Kurt Schwitters, *„daß wir nicht an veraltete Traditio-
nen gebunden sind."*

Und Hannover hatte Sophie Küppers.
Die konnte 1916 endlich Paul-Ernst Küppers
heiraten, weil der in diesem Jahr einen vernünftig bezahlten Job bekommen hatte: Er
wurde Leiter der neuen Kestner-Gesellschaft, die frischen Wind in Hannovers Aus-
stellungsbetrieb bringen wollte.

Das gelingt ihr bis heute. Damals stellte
sie Emil Nolde, August Macke und Paul
Klee aus, lange bevor diese berühmt waren.
Diese Arbeit ging ungebrochen auch weiter,
als Paul-Ernst Küppers 1922 starb: Sophie
Küppers versicherte man damals, sie wäre
die neue Leiterin der Kestner-Gesellschaft
geworden – wenn sie nur ein Mann gewesen wäre. So wurde die Kunsthistorikerin
wieder nur Assistentin des neuen Leiters.

Das wurde bald Alexander Dorner, der
im Landesmuseum eine der ersten öffentlichen Sammlungen moderner Kunst an-
legte und dafür neue Präsentationsformen
suchte. Als eines Tages Kurt Schwitters mit
dem Russen El Lissitzky bei Sophie Küppers
vorbeikam, um dessen Aquarelle zu emp-
fehlen, war die Suche beendet: Sie war
begeistert, El Lissitzky baute für Dorner das
„Kabinett der Abstrakten", das später die Nazis zerstörten und dessen Rekonstruktion
heute im Sprengel-Museum steht. Und dann
wurde aus Sophie Frau Lissitzky-Küppers.

Es war die hohe Zeit der modernen
Kunst, die in Hannover mit allen Richtun-
gen vertreten war. Schwitters, der Dadaist
und →Merz-Künstler, um den sich „die abstrakten Hannover" scharten; der Konstruk-

tivist El Lissitzky und die „Neue Sachlich-
keit", in der Grethe Jürgens eine neue, ge-
genständliche Sichtweise entdeckte. Dorner
kaufte als erster Museumsdirektor ein Bild
von Mondrian, Justus Bier richtete ein „Museum für das vorbildliche Serienprodukt" ein,
und die Kestner-Gesellschaft stellte noch
1935 und 36 „Entartete" wie Erich Heckel
und Franz Marc aus.

Als die Nazis die Kestner-Gesellschaft
1936 schlossen, war Küppers schon mit El
Lissitzky nach Russland gegangen. Als sie
1978 in Novosibirsk starb, machte sich die
Kestner-Gesellschaft gerade daran, Andy
Warhol zu seiner ersten großen Ausstellung
nach Europa zu holen.

Leichtathletik

**In den sechziger Jahren
setzten die Frauen von Hannover 96
die Maßstäbe im Sprint.**

In den Endläufen über 4x100 Meter bei
den Olympischen Spielen in Rom 1960 war
Hannover gleich zweimal vertreten: mit
Jutta Heine vom DHC Hannover und Walter
Mahlendorf von Hannover 96.

Die Frauenstaffel gewann Silber, und
Jutta Heine, die auch schon über 200 Meter
Zweite geworden war, wurde ein Star. Aber
Walter Mahlendorf? Den kennt heute kaum
noch jemand. Dabei hatte er Gold gewon-
nen.

In einem dramatischen Rennen war
die deutsche Staffel mit Bernd Cullmann,
100-Meter-Weltrekordler Armin Hary, Mahlendorf und Hürdensprinter Martin Lauer
gleichauf mit der US-Staffel durchs Ziel gelaufen. Zehn Minuten lang herrschte Rat-
losigkeit im Zielraum – dann kam das über-
raschende Urteil: Die USA wurden wegen
eines Wechselfehlers disqualifiziert. Die
Deutschen hatten mit 39,5 Sekunden den
Weltrekord eingestellt – wie schon im Vor-
lauf.

Hannover 96 war damals eine feste Größe im Sprint. Auch Jutta Heine wechselte nach den Olympischen Spielen dorthin. Mit ihr stellte 96 einen deutschen Rekord für Vereinsstaffeln auf; 1962 wurden Heine und Erika Fisch Vize-Europameisterinnen.

Die deutsche Meisterschaft 1964 gewann die Staffel aus Hannover mit einer Sportlerin, der man Sprintqualitäten kaum zutraute: Liesel Westermann, die drei Jahre später als erste Frau der Welt den Diskus weiter als 60 Meter warf. Ihrem Vereinskollegen Hans Hoffmeister, der sich 1928 in die Diskus-Weltrekordliste eingetragen hatte, hatten noch 48,77 Meter gereicht.

Den vorerst letzten Titel für Hannover 96 bei einer Deutschen Leichtathletik-Meisterschaft gewann 1970 Hildegard Janze über 800 Meter. Danach verließ sie den Verein und wurde – nun als Hildegard Falck – für Wolfsburg Weltrekordlerin und Olympiasiegerin.

Die nächste, die wieder Titel nach Hannover hätte holen können, wurde förmlich vergrault. Als Grit Breuer 1997 sensationell Weltmeisterin mit der 4 x 400-Meter-Frauenstaffel wurde, da wohnte sie zwar noch in Garbsen. Den Umzug nach Magdeburg aber hatte sie längst gebucht.

Jetzt sind mal die Männer dran. Thorsten Heide vom TKH wurde 1997 Deutscher Meister im Weitsprung, und Ralf Eggert von 96 ein Jahr später sogar Studentenweltmeister. Im Triathlon.

Leichte Muse
Das größte und schnellste Varieté-Theater Deutschlands stand zwei Jahre lang am Aegi: der Alu-Palast.

Es war schlicht unglaublich, zumal in der kriegszerstörten Stadt, die noch überwiegend aus Trümmern bestand: Als am 18. August 1947 in Laatzen die erste Export-Messe mit den berühmten →Fischbrötchen

eröffnet wurde, ging zeitgleich am Aegi die Revue „Liebesexpress" mit Ufa-Star Willy Fritsch über die Bühne.

Welche Bühne? Hannoveraner, die zehn Tage lang nicht mehr in dieser Ecke der Stadt gewesen waren, waren verwirrt. Die Bühne war der „Alu-Palast", und der stand dort, wo heute das Theater am Aegi steht, erbaut in nicht mehr als zehn Tagen! Dabei war *„Deutschlands größtes transportables Varieté-Theater"* kein Zelt, keine Baracke, sondern ein stattliches Haus, 48 Meter lang, zwölf Meter hoch, mit 1.305 Sitzplätzen – mehr als das Opernhaus heute hat. Komplett aus Aluminium gebaut als – die Werbung schwelgte in Superlativen – *„erster Leichtmetall-Großbau der Welt".*

Ein Artist namens Alex Guidos, der den Fingerstand auf einer Straßenlaterne beherrschte, hatte ihn bei der Kranbaufirma August Hagmann in der Südstadt in Auftrag gegeben. Die Pläne brachte er von der Zeppelinwerft Wilhelmshaven mit, das Material – Flugzeugschrott – war relativ leicht zu beschaffen. Die Feuerwehr leuchtete nachts die Baustelle aus, damit rund um die Uhr gearbeitet werden konnte. Man wollte den Messegästen ja etwas bieten.

Zwei Jahre lang bot *„das führende Varieté Deutschlands"* täglich zwei Vorführungen, aber Guidos' Traum, mit dem Palast durch Deutschland zu touren, erfüllte sich nicht. 1949 ließ er das Monstrum demontieren und in Hamburg wieder aufbauen – und war wenige Monate später pleite. Der Alu-Palast wurde 1951 verschrottet.

Mit dem Nachfolger ließ man sich etwas mehr Zeit: Das Theater am Aegi wurde ganz konventionell gebaut und 1953 – natürlich rechtzeitig zur Messe – als größtes und modernstes Kino (!) der Bundesrepublik eröffnet. Dafür steht es noch heute – einem Großbrand im Jahre 1964 zum Trotz.

Leiden
Die Ahnfrau der Kestner-Dynastie kannte ganz Europa: Charlotte Kestner war „Werthers Lotte".

Sie trug ein simples weißes Kleid mit blassroten Schleifen an Arm und Brust, und als sie ihren Geschwistern Brot gegeben, Handschuhe und Fächer geholt und sich zum Ausgehen bereit gemacht hatte, war es um Goethe bereits geschehen.

Ihr verdankte Goethe seinen literarischen Durchbruch: Charlotte Kestner, Ahnfrau der hannoverschen Kestner-Dynastie, war „Werthers Lotte".

An diesem 9. Juni 1772 begann, worüber bald halb Europa Tränen vergoss. Johann Wolfgang Goethe war zu Besuch bei seinem Freund Johann Christian Kestner in Wetzlar, und weil der an diesem Abend verhindert war, hatte er Goethe gebeten, die ihm „versprochene" Charlotte Buff zum Ball im Jägerhaus Volpertshausen auszuführen.

Sie kamen erst morgens zurück, und von da an wusste der 23-jährige Goethe *„weder dass Tag noch dass Nacht ist, und die ganze Welt verliert sich um mich her"*. Drei Monate lavierte er zwischen Verliebtheit in Lotte und Loyalität gegenüber Kestner, dann floh er nach Weimar und schrieb sich den ganzen Frust von der Seele.

Das Ergebnis, „Die Leiden des jungen Werther", wurde zum europäischen Buchereignis und machte Goethe zum Starautor. Nur „Lotte" und „Albert" waren sauer, weil sie in dem Roman allzu leicht zu identifizieren waren.

Immerhin: Die Hochzeitsringe durfte Goethe noch kaufen, als Charlotte Buff ihren Kestner heiratete. Dann ging sie mit ihm nach Hannover und wurde dort zur Ahnfrau einer Familie, die das Kulturleben der Stadt geprägt hat wie keine andere.

Ihr Sohn August verdiente als Diplomat in Rom so gut, dass er zahlreiche deutsche Künstler fördern und eine Sammlung altertümlicher Kunst anlegen konnte, die sein Neffe Hermann 1884 der Stadt schenkte. Das Geld für den Bau des „Kestner-Museums", dessen Grundstock die Sammlung bis heute bildet, spendierte er gleich dazu.

Auch als 1916 hannoversche Honoratioren einen neuen Ausstellungsverein gründeten, weil der alte Kunstverein zu wenig für die moderne Kunst tat, beriefen sie sich auf ihn: Die „Kestner-Gesellschaft" gilt bis heute als eine der besten Adressen für moderne Kunst in Deutschland.

Goethe kam nie nach Hannover. 42 Jahre später fuhr Charlotte nach Weimar, um ihn wiederzusehen. Was wohl recht frustrierend ablief. Ihrem Sohn August schrieb sie danach: *„Ich habe heute eine neue Bekanntschaft von einem alten Mann gemacht."*

Lessinghetze

Theodor Lessing, Mitbegründer der Volkshochschule, wurde von reaktionären Studenten in den Tod gehetzt.

Ein Tabu gab es im Hannover der zwanziger Jahre: Hindenburg war sakrosankt. 1911 schon hatte der General (1847–1934) die Stadt zu seinem Ruhesitz erwählt, war von hier mit 67 Jahren in den Ersten Weltkrieg gezogen und als Held zurückgekehrt, „im Felde unbesiegt". Hindenburg war der Inbegriff der guten, alten Zeit. Wer ihn kritisierte, kriegte Ärger. Tödlichen Ärger.

Dabei hatte Theodor Lessing (1872–1933), Philosphieprofessor an der Technischen Hochschule, Hindenburg durchaus als „klare, wahre, redliche und verlässliche Natur" charakterisiert, als er 1925 im Prager Tageblatt eine Vorschau auf die Reichspräsidentenwahl schrieb, zu der Hindenburg kandidierte. Aber auch als den „unpolitischsten aller Menschen", als ein „repräsentatives Symbol, ein Fragezeichen, ein Zero". Und hatte dann prophetisch gewarnt, „dass hinter einem Zero immer ein künftiger Nero verborgen steht".

Das reichte. Lessing, schon wegen seiner Kommentare zu Haarmanns → Hinrichtung im Schussfeld, wurde zum Hauptfeind der hannoverschen Studenten aufgebaut, die damals reaktionärer waren als irgendwo anders im Deutschen Reich: Studenten der TH schossen beim Kapp-Putsch auf Arbeiter; sie fuhren ins Ruhrgebiet, um mit Reichswehrwaffen die „Rote Ruhrarmee" zu liquidieren, und 1919 beschlossen sie, alle jüdischen Studenten auszuschließen. Jetzt ging es gegen den Juden Lessing: „Wir lehnen jeden Unterricht von Fremdblütigen ab. Wer deutschen Blutes ist, kann nur von deutschen Männern unterrichtet werden", schrieb die Niederdeutsche Zeitung.

Am 3. Mai 1926 wurde erstmals eine seiner Vorlesungen verhindert, Lessing wurde mit Dreck beworfen, in der Stadt belästigt, am 31. Mai kamen 700 Studenten mit Knüppeln in die Vorlesung und brüllten Lessing mit Sprechchören „Lessing raus! Juden raus!" nieder. Als danach die halbe Hochschule nach Braunschweig fuhr und drohte, dorthin abzuwandern, falls Lessing nicht verschwinde, forderte auch Oberbürgermeister Arthur Menge seine Abberufung.

Aber Lessing weigerte sich, weil er „die Geistes- und Lehrfreiheit in allen Universitäten bedroht" sah. Eine Woche später wurde er beurlaubt. Er durfte nie wieder unterrichten.

Am 31. August 1933, nachdem der „Zero" Hindenburg den „Nero" Hitler zum Reichskanzler ernannt hatte, wurde Lessing im Exil in Marienbad von Nazis durch das Fenster seines Arbeitszimmers erschossen.

Linden

Noch vor 80 Jahren war Linden eine eigenständige Stadt. Nur die Steuereinnahmen flossen nach Hannover.

Es war nicht ganz das, was Linden gewollt hatte, als ihm am 1. April 1885 die Stadtrechte verliehen wurden. Lieber wäre das „Dorf" Linden, mit 25 000 Einwohnern längst eines der bedeutendsten Industriezentren Preußens, Teil von Hannover geworden. Hannover aber war mit der alten Arbeitsteilung zufrieden: für Linden die Probleme, für Hannover das Geld.

Seit der Gründung der Hanomag im Jahre 1835 ging das so. Weil Hannover sich die dreckige Industrie möglichst lange vom Leib halten wollte, ballten sich in Linden bald die Fabriken und die elenden Arbeiterquartiere – die Fabrikanten aber wohnten auf der „schönen" Seite der Ihme und zahlten auch ihre Steuern in Hannover.

Zusammengewachsen waren beide Städte spätestens, als 1890 die Spinnereibrücke fertig war. Aber eine Eingemeindung lehnte Hannover weiter ab. Warum sich Lindener Probleme aufhalsen, wenn man das Lindener Geld auch so bekommen konnte? In Linden bekam die SPD bei Wahlen Dreiviertel-Mehrheiten, in Linden lag die Sterblichkeit 70 Prozent höher als in Hannover. Schlimm genug, dass der Dreck aus den Lindener Schornsteinen über die Leine geweht kam.

Noch 1920, als die neue SPD-Mehrheit in Hannover die Eingemeindung beschloss, argumentierte der ehemalige Stadtdirektor Heinrich Tramm dagegen an: Die Kanalisation in Linden sei völlig unzureichend; die kommunalen Einrichtungen seien ärmlich; die hohe Arbeitslosigkeit in Linden werde Hannovers Stadtfinanzen belasten – und als Gegenleistung bekomme man nicht mal vernünftige Steuereinnahmen.

40 Jahre später konnte man Linden plötzlich gar nicht schnell genug bekommen. Da war Hannover, als 1961 der Bau der Berliner Mauer den Zustrom von DDR-Flüchtlingen abrupt stoppte, die erste westdeutsche Großstadt mit sinkender Einwohnerzahl. Und das bedeutete sinkende Steuereinnahmen. Um aber neue, betuchte Familien anzulocken, brauchte man Linden, dessen innenstadtnahe Lage – so argumentierte die Stadtverwaltung ganz offen – für die Arbeiterbevölkerung viel zu schade sei.

Also riss die Stadt die Fabriken am Ihme-Ufer ab, siedelte die Ärmsten der Armen um (→Kinderschützenfest) und ließ das Ihme-Zentrum bauen. Das war damals geplant als *„Brückenkopf der City in Linden"*, mit Luxuswohnungen, eigenem Schwimmbad, Bootshafen und Luxusservice, um das alte Arbeiterviertel „aufzuwerten".

Seither muss ständig das Ihme-Zentrum aufgewertet werden.

Literatur
Gegen Ende des 18. Jahrhundert mischten die Jungs von der Marktkirche die Literatur- und Theaterszene auf.

Natürlich waren Goethe und Schiller die unumstrittenen Größen dieser Zeit. Aber was wäre aus Schillers Räubern geworden, wenn nicht August Wilhelm Iffland in der Mannheimer Uraufführung den Franz Moor so fulminant gespielt hätte, dass das Stück schon deshalb eine Sensation wurde?

Iffland, 1759 im Leibnizhaus geboren, hatte Hannover verlassen, weil seine Eltern nicht wollten, dass er Schauspieler wurde. Da hätten sie fast eine der ganz großen Figuren des Theaters dieser Zeit verhindert. Iffland brachte es zum Direktor der Königlichen Schauspiele in Berlin, seine Inszenierungen waren populärer, weil lebensnäher als die von Goethe, und seine eigenen Theaterstücke, insgesamt mehr als 60, wurden damals häufiger gespielt als die von Goethe und Schiller.

Zwischen beiden stand Karl Philipp Moritz. Der war in Hannover mit Iffland befreundet gewesen und half dem Dichterfürsten später, seine „Iphigenie" in Verse zu setzen. Sein eigenes Buch „Anton Reiser" wiederum, eines der wichtigsten Werke des Sturm und Drang, das einen beklemmenden Einblick in das Leben der einfachen Leute im Hannover der Jahre um 1770 gibt, war für Arno Schmidt *„ein Buch, wie es kein anderes Volk der Erde besitzt"*.

Als es erschien, machten sich gerade zwei Nachbarn Ifflands daran, die Literaturszene aufzumischen. August Wilhelm und Friedrich Schlegel, Söhne des Marktkirchenpastors, spielten zentrale Rollen in der frühen, der „Jenaer" Romantik. Während Friedrich als Gründervater der Literaturwissenschaft gilt, prägt August Wilhelm als Übersetzer von Shakespeare, Cervantes und Calderón die deutsche Rezeption fremdsprachiger Literatur bis heute. Friedrichs

Freundin Caroline (1763–1809), die später August Wilhelm heiratete, wurde zum geistigen Mittelpunkt des Jenaer Kreises und nahm als eine der ersten Frauen den Kampf für die Gleichberechtigung auf.

Nach Hannover zurückgekommen sind sie alle nicht mehr.

Lokalpolitik
Als Journalist war Hermann Löns für seine lokalpolitischen Glossen gefürchtet.

„Hannoversch wollen wir sein", war sein journalistisches Programm – das schloss beißende Kritik an der Lokalpolitik der Kaiserzeit ein. Zum Beispiel am 4. April 1909, als Hermann Löns im „Hannoverschen Tageblatt" einen Rundumschlag landete:

„Wir haben viele Dinge, die andere nicht haben, z.B. 1. Zwei bis siebzehn Rathäuser, das reine Pavillonsystem, wie man es jetzt auch für die Schulen einrichten will; 2. die meisten Rathaustürme; 3. die höchsten Schulgelder und 4. die niedrigst dotierten Rennen und das schlechteste Rennprogramm; dafür aber 5. eine Rennbahn mit einer Etatüberschreitung, die sich sehen lassen kann; 6. ein 5 000-Marks-Herz für Messina; 7. ein 500-Marks-Herz für die Altmark; 8. die schlechteste Bildergalerie; 9. die besten Lüttjelagen; 10. einen Bürgervorsteherworthalter, was uns keine Stadt nachmacht, schon weil man anderswo für solche Kilometertitel keine Zeit hat; 11. monumentale Bedürfnisanstalten und Anleihen; 12. immer noch keinen Verein für Luftschifffahrt; 13. dagegen eine Radfahrsteuer; 14. einen Stadtwald, in dem die Villen wild wachsen; 15. desgleichen die Warnungstafeln, und 16. den Stacheldraht; 17. plump vertrauliche Sitzungen, in denen alles Wichtige; und 18. höchstöffentliche, in denen die Fünfzigpfennigartikel beraten werden; 19. einen Ausgleichsfonds und infolgedessen; 20. andauernd Steuererhöhungen; 21. ein Bismarckdenkmal, das wie ein Kalibohrturm aussieht; 22. aber keinen Stammebrunnen; 23. dagegen die Bauchtänzerin; 24. hingegen keinen Böcklin, obwohl wir ihn billig kriegen konnten; 25. dafür aber einen Paparghys; und 26. ein Überlandstraßenbahnsystem mit einer Exkneipe am Schwanzzipfel; 27. die Aussicht, zwei Häfen zu bekommen, den einen in Engelbostel, den anderen im Warmbüchenmoor; 28. eine Umgehungs- und Landschaftsverbummfiedelungsbahn; 29. eine blaue Gesinnung; 30. eine rote Reichstagsvertretung, aber kohlrabenpechtintenstiebelwichsschwarze Finanzverhältnisse und schließlich: Zu alle dem den Schnabel zu halten, was uns nicht schwer fällt, denn das Gegenteil hat ja doch keinen Zweck.

Folglich tun wir es. Wer es aber nicht tut, der fällt als taktlos auf."

Luftfahrt
Der erste Motorflug der Welt gelang Karl Jatho auf der Vahrenwalder Heide – vier Monate vor den Brüdern Wright.

Auch wenn die Lexika hartnäckig an diesem Irrtum festhalten: Die Brüder Frank und Orville Wright waren nicht die ersten. Als sie am 17. Dezember 1903 in den USA zum „ersten Motorflug der Welt" abhoben, da war der entscheidende Tagebucheintrag des Hannoveraners Karl Jatho schon vier Monate alt: *„Der erste Luftsprung bei ganz stillem Wetter. 18 Meter, dreiviertel Meter Höhe, große Freude."*

Karl Jatho (1873–1933) war am 18. August 1903 geflogen, ohne Zweifel, das haben später mehrere Zeugen eidesstattlich versichert. Aber er hatte ein Problem: Er war im Hauptberuf Beamter der Stadt Hannover, und als solchem war ihm jede Nebentätigkeit verboten, die ihn von der dienstlichen Tätigkeit hätte ablenken können. So behielt er seinen Erfolg für sich und ging am nächsten Tag wieder seinem Dienst als Stadtinspektor nach.

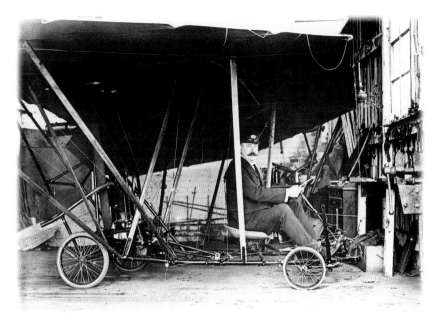

So wackelig sie aussah – sie flog: Mit dieser Eigenkonstruktion gelang Karl Jatho im August 1903 der erste Motorflug der Welt.

Schon 1896 hatte Jatho, den man damals in Hannover besser als Kunstradfahrer und Konstrukteur abenteuerlicher →Fahrräder kannte, seinen ersten Gleitflieger gebaut und dann sieben Jahre lang nach einem Motor gesucht, der leicht genug für seine Zwecke war. Er hatte mit Benz und mit Daimler korrespondiert und am 5. August 1903 endlich von einer Berliner Firma einen Ein-Zylinder-Motor mit 12 PS, 64 Kilo schwer, bekommen. Schon der zweite Versuch klappte: Die „Jatho I" erhob sich von der Vahrenwalder Heide, wo er zwischen Heidekraut und Gebüsch auf dem Standort-Manövergelände des X. Armeekorps die erste Start- und Landebahn der Welt hatte anlegen dürfen.

Um die Pionierleistung der Wrights dennoch zu retten, wurde später oft behauptet, Jatho sei gar nicht „richtig" geflogen. Was denn sonst? Zwar ging der Flug der Wrights weiter als Jathos, 50 statt 18 Meter, aber das entscheidende Problem hatten die Amerikaner da noch gar nicht gelöst: Ihr Flugzeug konnte nur mit Hilfe eines Katapults starten – Jatho startete aus eigener Kraft.

Wie viel er vom Fliegen verstand, bewies er in den Jahren danach mit einem Dutzend weiterer Flugzeuge und etlichen Erfindungen: Seine Flieger hatten als erste statt Kufen ein richtiges Fahrwerk (mit Conti-Fahrradreifen), er erfand das Prinzip der „Landeklappen" und den gegenläufigen Propeller, mit dem noch sehr viel später die russischen Militärmaschinen flogen.

1911 baute er die „Jatho IX", die bereits einen Passagier mitnehmen konnte; 1912 startete er mit seiner „Stahltaube" zum ersten Rundflug über Hannover. Sie galt als der beste Eindecker vor dem Ersten Weltkrieg.

Als aber 1912 das Heer eine Fliegertruppe aufstellte, da lieferten andere. Die Hannoversche Waggonfabrik im benachbarten Linden schickte 1917 täglich fünf ihrer „Schwarzen Hannoveraner" an die Front. Jatho meldete damals sogar ein Patent auf ein unbemanntes, ferngesteuertes Flugzeug an, aber seine „Hannoverschen Flugzeugwerke" gingen leer aus und mussten schon 1914 mangels Aufträgen Konkurs anmelden.

Männerberufe
Beim Schleifen männlicher Bastionen haben Hannover und die Hannoveranerinnen sich einen Namen gemacht.

Die erste Erwähnung in einem historischen Dokument verdankt Hannover einer Frau. Genauer, einem Mädchen aus Hannover, das am Grab des heiligen Bernward in Hildesheim von einem Augenleiden geheilt wurde und so im Jahre 1150 Erwähnung in den „Miracula Sancti Bernwardi" fand.

Ein solcher Einstieg in die Geschichte verpflichtet. Als 1981 in Hannover das bundesweit erste „Institut für Frauenforschung" mit Rita Süssmuth als Direktorin eröffnet wurde, konnte es bereits auf eine Tradition der Eroberung von Männerberufen durch Frauen zurückblicken.

Die begann gleich nach Kriegsende, als Hannover die erste Regierungspräsidentin der deutschen Verfassungsgeschichte bekam: Theanolte Bähnisch, die vor ihrer Hochzeit einfach Thea Nolte hieß und in den zwanziger Jahren die erste Juristin im preußischen Staatsdienst gewesen war. Hannah Arendt, 1906 am Lindener Markt geboren, wurde 1958 die erste Professorin an der renommierten University of Princeton und brach als Faschismusforscherin eindrucksvoll in die Männerdomäne Politikwissenschaften ein, während Lenelotte von Bothmer 1980 Schlagzeilen machte, weil sie es gewagt hatte, als erste Frau im Deutschen Bundestag eine Rede in Hosen zu halten!

Zu der Zeit war Julia Dingworth-Nussek längst Präsidentin der Landeszentralbank in Hannover, Birgit Breuel wurde die erste Wirtschaftsministerin in Niedersachsen, und die Erfolge der Grünen beschleunigten die Erosion der Männerbastionen noch: Die Hannoveranerin Helga Oltrogge ging 1990 als erste Chefin eines deutschen Landgerichts nach Celle; Lea Rosh wurde ein Jahr später als erste Frau an die Spitze eines deutschen Funkhauses berufen; Margot Käßmann

ist zwar nicht die erste, aber eine überzeugende Bischöfin, die den patriarchalischen Stil ihrer Vorgänger ganz schnell vergessen ließ.

Und wer immer es als Fortschritt begreift, dass es hierzulande nun auch aktiv kämpfende Soldatinnen geben darf: Die Hannoveranerin Tanja Kreil hat sich dieses Recht im Jahre 2000 vor dem Europäischen Gerichtshof erkämpft. Die erste Soldatin aus Hannover konnte sie allerdings nicht mehr werden: Beta Seebeck war schon in den Freiheitskriegen gegen Napoleon dabei – als Mann verkleidet.

Mäzene
Osterglocken, Busstopps und Museum: Das Mäzenatentum hat wieder Auftrieb bekommen in Hannover.

Gern genommen hätte die Stadt das Planetarium ja schon, als die Firma Zeiss ihr diese neue Erfindung im Jahre 1924 zum Kauf anbot. Aber wovon bezahlen?

Als August Madsack davon hörte, der gerade über den Neubauplänen für seinen „Hannoverschen Anzeiger" brütete, war die Sache schnell klar: Madsack kaufte das Instrumentarium und baute die erforderliche Kuppel als Wahrzeichen und Werbegag auf sein Anzeigerhochhaus; einen Stock tiefer gab es bis 1966 ein Terrassencafé.

Damit hatte Hannover ein Planetarium wie sonst keine Stadt, mitten im Zentrum. Vorführungen gab es mehrmals täglich, Schulen hatten freien Eintritt, die Verluste trug der Verlag. Nur als die Stadt auch noch Steuern auf dieses Minusgeschäft erheben wollte, reagierte Madsack etwas unwirsch.

Solch Mäzenatentum kam mit der Zeit ein wenig aus der Mode. Die Üstra stieß diese Tradition wieder an, als sie 1994 ihre neun verrückten Busstopps aufstellte, entworfen von internationalen Designern, bezahlt von hannoverschen Firmen und bestaunt in der ganzen Welt.

Andere zogen nach. Glasbaufirmen bezahlten die Wiederherstellung der Jugendstil-Glaskuppeln im Neuen Rathaus, für die der Verwaltung das Geld fehlte; VW und Cinemaxx schenkten Hannover das Regenwaldhaus im →Berggarten. Auch die Osterglocken, die im Frühjahr zu Zehntausenden auf allen Rasenflächen der Stadt blühen, sind privater Initiative zu verdanken: Hanns Adrian, Stadtbaurat von 1973–1995, hatte sich die Pflanzaktion zu seinem Ausscheiden aus dem Amt gewünscht, an Stelle der obligatorischen Abschiedsgeschenke.

Maschsee
Der folgenreichste und schönste Eingriff in das Stadtbild im letzten Jahrhundert wurde schon 1932 beschlossen.

Es war ein gelungener Propagandatrick, als die Nazis im Jahre 1936 Hannover den Maschsee „schenkten". Für die Stadt war der Maschsee, was im Reich die Autobahnen waren: lange ausgereifte Projekte, die sich das neue Regime an den Hut steckte.

Den ersten Plan für einen See in der Leineaue hatte schon 1904 eine selbsternannte Maschsee-Kommission vorgelegt – was weni-

Eine von neun: Busstopp vor dem Sprengel-Museum, Design von Heike Mühlhaus, gesponsert von H. Bahlsens Keksfabrik.

Das Verlagshaus Madsack war nicht nur mit dem Busstopp vor dem Anzeigerhochhaus und der Stadtbahnhaltestelle in Bemerode dabei. Es sponsorte das neue Pressezentrum im Rathaus, schenkte der Stadt zwei Brunnen für den Ernst-August-Platz und machte den viel bewunderten Umbau der alten Schwimmhalle an der Goseriede zur neuen Kunsthalle für die Kestner-Gesellschaft möglich: Das Gebäude, das der Verlag eigentlich zum Ausbau seines Medienzentrums erworben hatte, vermietete er für einen Freundschaftspreis.

ger mit der Verschönerung der Stadt als mit der Notwendigkeit einer Hochwasserregulierung zu tun hatte: Damals wurden in Linden und in der Calenberger Neustadt jedes Frühjahr Häuser unter Wasser gesetzt (→Wasserkrieg), Flussbadeanstalten wurden fortgerissen; 1926 musste sogar das Schützenfest abgebrochen werden, weil die Flut die Festzelte wegzureißen drohte.

Wo jetzt der See ist, war damals nichts als eine feuchte Wiese. Überschwemmungsgebiet. Wenn im Herbst das Heu geerntet und der Rest von den Hammeln der Fleischer-

Das ganze Seebecken wurde von Hand ausgeschachtet: Bauarbeiten am Maschsee 1935, im Hintergrund die Bismarckschule.

innung abgeweidet war, wurde sie zur allgemeinen Benutzung freigegeben, zum Drachensteigen, und anschließend geflutet. Schlittschuhlaufen konnte man dort schon damals.

Nach 1904 folgten immer neue Pläne; der erste ausgereifte sah 1926 einen Riesen-Maschsee vor, mit dem Schützenplatz als Insel. Nur wie man die 17,5 Millionen Mark für das Ausschachten finanzieren sollte, das wusste niemand, und so beschloss das Bürgervorsteherkollegium im Jahre 1930, doch keinen See, sondern einen Park mit Freibad in den Maschwiesen anzulegen.

Bis dahin war niemand auf die geniale Idee gekommen, die Leine nicht *durch* den See zu führen, sondern den See zwei Meter höher zu legen. Das hatte gleich drei Vorteile: Man konnte den See mit Grundwasser speisen statt mit dem schon damals recht dreckigen Wasser der Leine; man brauchte eine halbe Million Lkw-Ladungen Erdreich weniger auszuschachten, und mit dem restlichen Aushub wurden Deiche gebaut.

Genau so wurde der Plan 1932 in Auftrag gegeben – aber erst 1934 umgesetzt: Die Möglichkeit, Arbeitslose zum Sozialhilfesatz zur Arbeit abzukommandieren, schufen erst die Nazis. Am 21. Mai 1936 wurde der See eingeweiht – und wenige Jahre später wieder komplett mit Latten, Draht und Grünzeug abgedeckt. Um den britischen Bomberpiloten die Orientierung zu erschweren.

Merz
Mit Dadaismus und Merz-Kunst machte Kurt Schwitters in Hannover die „Stillosigkeit" zum Kunst-Prinzip.

„Was ist Seelenmargarine?" war der Titel der *„ersten großen Merz-Matinee am 30. Dez. 1923 im Tivoli, 10½ Vormittags"* in Hannover. Kurt Schwitters (1887–1948) und Raoul Hausmann provozierten mit „Dada" und „Merz". Was heute große Kunstbegriffe der zwanziger Jahre sind, hinterließ das Publikum damals ratlos. Über die Matinee hieß es in einem Zeitungsbericht:

„... nahm Schwitters das Wort zu einer Begrüßung und Einleitung. Er stellte den Unterschied klar zwischen DADA und Merz – welche Kluft trennen diese Begriffe! – sprach die schmächlich betrogene Hoffnung aus, in seinen Hörern DADA zu wecken, und gab sich selbst das Versprechen, auf alle Fälle sich zu freuen, komme oder komme nicht, was da wolle ... Kaum war der Beifall verrauscht, erschien Herr Raoul Hausmann, stellte sich artig vor ... legte Mantel, Hut und Stock ab und tätigte das Manifest der Urlaute, in dem unanständig viel die Rede war von Margarine und Seele. Dann zog er auch noch den Rock aus und tanzte zu den Klängen eines Rag-time seinen Wang-Wang. Und nun ging es Schlag auf Schlag: Bald war Kuwitter auf der Bühne, bald im Rang oder Parkett. Man hörte Lautgedichte ohne Sinn, dramatische Szenen in der Art des jungen Holländers Jan van Mehan (Hans Havemann) ‚Es fiel ein Reif in der Frühlingsnacht', melodramatisch zu der Melodie ‚Guter Mond, du gehst' usw. Raoul Hausmann brüllte zwischendurch seine Gedichte und tanzte wild mit einer Grazie, zu der seine polizeiwidrige Visage zwar in keinem Gegensatze stand, doch sehr gut passte. Er tanzte so, wie Ringelnatz dichtet. Dank der quasi wissenschaftlichen Anteilnahme des Publikums ... kam das Ende überraschend schnell. War in der Pause es den vereinten Bemühungen vieler schöner Frauen gelungen, aus Schwitters treublauen Augen sanft quellende Tränen im Keime zu ersticken, war alle Anstrengung jetzt umsonst. ‚Es ist zu kalt', meinte der Erfinder des Merz. Und dann gingen wir Schlittschuhlaufen."

Messe
Für die Messen in Hannover ist selbst das größte Messegelände der Welt zu klein.

„Dies", sagte der britische Messebeauftragte Pierre de L. Dyson-Skinner im August 1947, als im Neuen Rathaus die erste Exportmesse eröffnet wurde, *„dies ist der Anfang einer Weltmesse."*

Wahrscheinlich wollte er bewusst ein wenig übertreiben, um den Hannoveranern Mut zu machen. Tatsächlich aber untertrieb er. Denn die → „Fischbrötchen-Messe" war der Anfang *zahlreicher* Weltmessen.

Weil der Andrang auf das hannoversche Messegelände bis heute noch zunimmt, war es mit einer Messe bald nicht mehr getan. Das mit einem halben Quadratkilometer Hallenfläche größte Messegelände der Welt erwies sich immer wieder als zu klein, sodass nach und nach ein halbes Dutzend Branchen mit eigenständigen Veranstaltungen von der Hannover-Messe abgekoppelt werden mussten.

Zuletzt bekam die Computerbranche 1986 mit der CeBIT ihre eigene Messe. Die hat inzwischen die Industriemesse als größte Messe der Welt überflügelt und musste selbst schon wieder geteilt werden.

Da halfen alle Rekorde nichts: Trotz des größten Parkplatzes der Welt (50 000 Stellplätze), der größten Messehalle der Welt (zwölf Fußballfelder groß) und eines eigenen ICE-Bahnhofs liegt die Schallmauer bei rund 150 000 Gästen am Tag. Zusammen mit den 75 000 Beschäftigten auf den Ständen ist das Messegelände dann die drittgrößte Stadt Niedersachsens. Die bringt heute pro Jahr fast so viel Kaufkraft nach Hannover, wie alle Industriebeschäftigten der Stadt zusammen verdienen.

Neuerdings hat sie auch architektonisch viel zu bieten. Neben dem raumschiffgleichen Tagungs-Centrum Messe und der größten freitragenden Messehalle der Welt reihen sich neue Hallen mit eleganten Schleppdächern auf, weitgehend natürlich belichtet und belüftet. Skywalks bringen Gäste von Bahnhof und Parkplätzen zu den Messetoren, und die Messe AG ließ sich vom Münchner Thomas Herzog, dem Star des ökologischen Bauens in Deutschland, ein Hochhaus bauen. Das brach mit seinen 112 Metern zwar keinen Welt-, aber einen denkwürdigen Rekord: Es war höher als die Kuppel des Rathauses – als erstes Gebäude in Hannover in den 86 Jahren seit dessen Einweihung.

Michel
**Der „deutsche Michel",
bekannt mit Schlafmütze und Nachthemd,
ist in Hannover begraben.**

Viel weiß man nicht von jenem Johann Elias Michael von Obentraut, der 1574 im Hunsrück geboren wurde, als Oberst im Heer des Vaters von Hannovers Kurfürstin Sophie mit „kühnen Handstreichen" von sich reden machte und schließlich im Dreißigjährigen Krieg die Protestanten gegen die kaiserlichen Truppen unter Tilly führte.

Er war ein Draufgänger, ein Held, bei Nienburg siegte er 1625 gegen die kaiserlichen Truppen, zog dann nach Wunstorf und wurde in Seelze bei einem Gefecht auf dem Acker des Bauern Rindfleisch getötet.

Sein Leichnam wurde monatelang durch die Gegend transportiert, in der hannoverschen Aegidienkirche einbalsamiert, bis er nach zweieinhalb Jahren endlich sein Grab in der Marktkirche erhielt. An der Hannoverschen Straße in Seelze, wo er starb, wurde 1629 ein Denkmal aufgestellt, das als das erste Kriegerdenkmal in Deutschland gilt.

Und wieso kennt niemand diesen General in seiner Rüstung, von der (angebliche) Teile bis heute in der Marktkirche aufbewahrt werden? Obentraut war in Seelze im Schlaf überrascht worden und halbangezogen ins Gefecht geeilt. Als er getötet wurde, soll er keinen Helm und nur einen Stiefel getragen haben. Seither trägt der „deutsche Michel", der zu Lebzeiten für seine Ritterlichkeit berühmt war, Schlafmütze und Nachthemd. Sagt man. Aber dafür gibt es auch noch ganz andere Erklärungen.

Mitbestimmung
**Otto Brenner, der bedeutendste
Gewerkschaftsvorsitzende der Nachkriegs-
zeit, hatte bei der Hanomag gelernt.**

Als 1998 der stellvertretende IG-Metall-Vorsitzende Walter Riester Arbeitsminister wurde, wählte die Gewerkschaft den hannoverschen IG-Metall-Bezirksleiter Jürgen Peters zu seinem Nachfolger. Und das heißt nach den Regeln der IG Metall: Peters ist der künftige Vorsitzende.

Das sind große Schuhe, die er sich da angezogen hat. Denn schon einmal kam ein IG-Metall-Vorsitzender aus Hannover. Otto Brenner (1907–1972) hatte dieses Amt ab 1952 inne. In seiner Zeit setzte die Industriegewerkschaft Metall die 45-Stunden-Woche durch, den freien Samstag, die volle Lohnfortzahlung bei Krankheit; 1967 wurde die Arbeitszeit sogar auf 40 Stunden verkürzt. Als Brenner nach 20 Jahren im Amt starb, hatte er die Republik verändert.

Dabei war er eher ein Verlegenheitskandidat gewesen, als sein Vorgänger 1952 überraschend DGB-Vorsitzender wurde und plötzlich ein neuer IG-Metall-Vorsitzender gebraucht wurde. Damals saß Brenner für die SPD im Landtag und hatte in seiner Geburtsstadt Hannover die IG Metall aufgebaut, ausgehend von der Hanomag. Dort hatte er sich in den zwanziger Jahren zum Elektromonteur qualifiziert.

Hannovers Beitrag zum Wirtschaftswunder: Mit Otto Brenner setzte die IG Metall kürzere Arbeitszeiten durch.

Schon damals war er SPD-Mitglied gewesen, hatte sich aus Enttäuschung über den Kurs seiner Partei aber der Sozialistischen Arbeiterpartei angeschlossen, der auch Willy Brandt angehörte. 1933 war er dort in führender Funktion und hörte auch nach dem 30. Januar nicht auf, Flugblätter gegen die Nazis zu verbreiten.

Genauso wie sein Bruder Kurt. Beide wurden im August 1933 wegen solcher Flugblätter verhaftet; Kurt kam nach wochenlanger Untersuchungshaft wieder frei. *„Otto hat damals alles auf sich genommen und gesagt, er hätte es alleine getan"*, berichtete Kurts Verlobte Käte später. Otto wurde wegen „Vorbereitung zum Hochverrat" zu zwei Jahren Gefängnis verurteilt.

Später arbeitet er wieder bei der Hanomag. Dort hat auch Jürgen Peters seine Lehre gemacht.

Monopoly
Wohl kein Konzern in Deutschland wurde in den letzten Jahren so radikal umgebaut wie die Preussag.

Gegründet wurde sie 1924, um den staatlichen Bergwerken und Hütten in der Wirtschaftskrise mehr Handlungsspielraum zu geben. Die waren fast alle defizitär, und die „Preußische Kraftwerks- und Hütten-Aktiengesellschaft" (Preussag) war von Anfang an als Zuschussbetrieb konzipiert. Als sie 1999 ihren 75. Geburtstag feierte, war aus dem Rohstoffunternehmen der größte Reisekonzern Europas geworden.

Sieht man von der missglückten Verwandlung des Sarstedter Pralinenmachers Most in eine Telefonshop-Kette und von Mannesmann ab, dessen Umbau in einer feindlichen Übernahme endete, so dürfte kein Konzern in Deutschland einen so radikalen Wandel hinter sich haben wie die Preussag.

Der begann nicht erst mit dem Kauf des Touristik-Unternehmens Hapag-Lloyd 1997. Die Preussag, 1945 von Berlin nach Hannover verlegt, war 1959 bundesweit bekannt geworden, als sie als erster Staatsbetrieb in Deutschland mit Hilfe von „Volksaktien" privatisiert wurde. Unter dem Motto „Vermögensbildung in Arbeitnehmerhand" wurden lange vor dem Börsenboom der neunziger Jahre 220 000 kleine Leute (Höchsteinkommen: 16 000 DM im Jahr, Höchstzuteilung: fünf Aktien à 100 DM) zu Kleinaktionären.

Dann begann die Achterbahnfahrt: Die Preussag stieg ins Verkehrswesen ein, baute Kesselwagen und Container, kaufte Odol und Dr. Best Zahnbürsten, suchte Rohstoffe im Meer, erwarb die Mehrheit an Minimax-Feuerlöschern und kaufte 1989 die Mehrheit an der Salzgitter AG. Auf der anderen Seite stellte sie die Erzförderung im Rammelsberg ein, verkaufte ihre Konsumgütersparte wieder, verkaufte die Howaldtswerke –

Deutsche Werft, verkaufte ihren Anlagenbau und verkaufte nach nur neun Jahren auch die Salzgitter Stahl wieder.

Zuletzt sammelte die Preussag Beteiligungen an Reiseunternehmen, soviel sie nur kriegen konnte: TUI (→Traumschiff), Hapag-Lloyd, Thomas Cook, First Reisebüros… 1999 beschäftigte sie weltweit 66 000 Menschen und machte den höchsten Gewinn der Konzerngeschichte. Zumindest unter diesem Aspekt scheint sich der Umbau gelohnt zu haben.

Motorenöl
Die älteste Auto-Öl-Marke der Welt heißt Autol. Entwickelt wurde sie von Moebius & Sohn in Hannover.

Riesenumsätze ließ dieses Produkt nicht erwarten, für das der Uhrmachermeister Hermann Moebius 1855 die Firma H. Moebius & Sohn gründete: Uhrenöl, hergestellt aus Ochsenfüßen, benötigten selbst Uhrmacher allenfalls tröpfchenweise.

Aber es erforderte höchste Qualität, und das hannoversche Öl war so gut, dass die Schweizer Uhrmacher kein anderes wollten und Moebius bald ein Zweigwerk in Basel aufmachen konnte.

Mit dem so erworbenen Know-how konnte er auch Carl Benz ein hochwertiges Öl liefern, als der 1890 ein neues Schmiermittel für seine Motoren suchte. Grundstoff war übrigens Erdöl, das im Wietzer Bruch bei Celle gefördert wurde.

Aber auch damit war zunächst nicht viel Umsatz zu machen, obwohl bald alle Autofirmen Moebius' Öle für ihre Fahrzeuge empfahlen: Als seine Marke „Autol" 1901 als erstes Motorenöl der Welt durch einen Eintrag beim Kaiserlichen Patentamt Berlin international geschützt wurde, gab es auf dieser Welt gerade 12 000 Automobile.

Und als es mehr wurden, da kam Autol als reine Ölfirma gegen die Produkte der Tankstellenkonzerne nicht an. Ein ganzes Jahrhundert ist die Marke jetzt alt; wer je ein altes Auto gefahren hat, der kennt „Autol Desolite", das als Benzinzusatz wahre Wunderleistungen aus alten Motoren herauszukitzeln verspricht. Auch den Firmennamen gibt es noch – in Würzburg, als Unterbezeichnung der Schmiermittelsparte des Tankstellenkonzerns Agip.

Die eigentliche Pionierleistung aber fand erst in den letzten Jahren so richtig Nachahmer: Mit der Idee, ein frei erfundenes Kunstwort zum Markennamen zu machen und international schützen zu lassen, gehörten die Hannoveraner Moebius & Sohn zu den Wegbereitern des modernen Marketing.

Namensproblem I
Die Herkunft des Namens Hannover ist bis heute nicht geklärt: „Hohes Ufer"? „Schilfufer"? Oder „Engelbostel-Ufer"?

Seit über Hannover Bücher geschrieben werden, steht eines fest: Hannover – früher Honovere – bedeutet „Hohes Ufer". Am hohen Ufer, hochwassergeschützt, wurde einst die Stadt gegründet, und daher hat sie ihren Namen. Sagt man.

Das Problem ist nur: Das Leineufer im Bereich der Altstadt war gar nicht hoch.

Die Burgstraße, an der sich die älteste Keimzelle der Stadt befindet, lag um das Jahr 1000 nicht mal drei Meter über dem mittleren Leinespiegel, wie der Historiker Helmut Plath detailliert nachgewiesen hat. Warum aber, fragte Plath zu Recht, hätte man gerade diesen Ort „hohes Ufer" nennen sollen, wenn das Ufer gegenüber, wo damals die Burg Lauenrode stand, und das Lindener Leineufer genauso hoch waren? Ortsnamen haben üblicherweise Unterscheidungskraft. Die heutige Straße „Am hohen Ufer" heißt erst seit wenigen Jahrzehnten so.

Als Alternativen hat Plath alles untersucht und geprüft, was Germanistik und Lautverschiebungen hergeben: Hannover als „Hahnenufer" oder „Ufer des Hagan" (Eigenname) hält er für wenig wahrscheinlich. Eine weitere Möglichkeit sollte man nicht aus historischen Gründen, wohl aber um des hannoverschen Selbstbewusstseins willen ausscheiden. Oder könnte es sein, dass Hannover ursprünglich „Handelinga-overe" hieß und damit nichts weiter gewesen wäre als ein am Leineufer gelegener Ortsteil von „Hendelinge-burstelle", wie das viel ältere und damals viel bedeutendere Engelbostel in alten Quellen heißt?

Letzte Möglichkeit: Han ist das alte niederdeutsche Wort für Schilf, Hannover also die Anhöhe, das „Ufer am Schilf".

Eine Entscheidung zwischen diesen fünf Möglichkeiten mochte Plath nicht treffen – für die wahrscheinlichsten hielt er „Engelbostel-Ufer" und „Ufer am Schilf". Zumal letztere Deutung nicht nur ein hübsches Bild abgibt, sondern auch mit den topographischen Gegebenheiten übereinstimmen würde. Im Unterschied zum Hohen Ufer.

Namensproblem II
Hannovers zentraler Platz bekam erst vor 50 Jahren einen Namen: „Kröpcke". Wie das Café. Nicht umgekehrt.

Früher hat dieser Platz nie einen Namen gehabt. Wozu auch? Er war ja nie ein Platz gewesen, eine Kreuzung nur, wenn auch die verkehrsreichste der ganzen Stadt, die 1960 die erste Verkehrsampel Hannovers bekam,

Erst als es nicht mehr stand, bekam der Platz vor dem Cafè seinen Namen: Das alte Cafè Kröpcke mit Georgstraße und Opernhaus (hinten links).

hochmodern, von einem Polizeibeamten per Hand bedient. Aber da hatte der Platz, der keiner war, seinen merkwürdigen Namen schon. Nicht „Kröpcke-Platz" oder „Platz am Kröpcke", wie es unter anderen Umständen vielleicht nahe gelegen hätte, sondern kurz und knapp: Kröpcke.

Wer das verstehen will, muss wissen, dass es dort, wo heute das Mövenpick steht, schon seit 1869 ein Café gab. Das hieß nach seinem Besitzer zunächst Café Robby (→Konkurrenz), wurde später vom Oberkellner Wilhelm Kröpcke übernommen und in den zwanziger Jahren als „Café Kröpcke" berühmt, obwohl es da schon einem Emil Pfefferle gehörte. Als Literaten- und Künstlercafé (mit Stehgeiger) kannte man „das Kröpcke" in ganz Deutschland, und ein Hannover ohne Café Kröpcke war schlicht nicht vorstellbar.

So dachte man auch 1947, als die erste Hannover-Messe vorbereitet wurde, und weil das schöne Caféhaus mit seiner orientalischen Anmutung zerbombt war, baute man an seiner Stelle erstmal ein Zelt auf – mit einem Schild dran: „Café Kröpcke".

Das aber war nicht ganz legal. Denn der Name gehörte der Familie Kröpcke, und die wollte ihn für ein Café, das ihr nicht gehörte, nicht mehr hergeben. Der Ehre aber, dem zentralen Platz der Stadt ihren Namen geben zu dürfen, konnte sie sich nicht verweigern. So wurde der Platz ganz offiziell „Kröpcke" getauft, und der moderne Caféneubau, der 1948 auf den alten Fundamenten eröffnet (und schon 25 Jahre später für den U-Bahn-Bau wieder abgerissen) wurde, durfte „Café *am* Kröpcke" heißen.

Womit wohl hinreichend erklärt wäre, warum der Kröpcke so und nicht anders heißt: „Café am Kröpckeplatz" hätte einfach zu blöd geklungen.

New York
Der beliebten Debatte „Hannover – Großstadt oder Provinz" gab Arno Schmidt eine neue Wendung.

Für Ministerpräsident Sigmar Gabriel ist New York *„die einzige Großstadt, die mir wirklich gefällt"*. Davon konnte Arno Schmidt noch nichts wissen, als er in Bargfeld in der Heide seine einzelgängerischen Bücher schrieb. Trotzdem kommentierte er Gabriels Vorliebe schon 1966 im „Trommler beim Zaren":

„Ich selbst hab' ja nichts erlebt – was mir übrigens gar nichts ausmacht; ich bin nicht Narrs genug, einen Weltreisenden zu beneiden, dazu hab' ich zuviel im Seydlitz gelesen oder im Großen Brehm. Und was heißt schon New York? Großstadt ist Großstadt; ich war oft genug in Hannover; ich kenn's, wenn morgens tausend Henkelmänner mit ihren Kännchen aus dem Hauptbahnhof geschwindschreiten, in Fächerformation, hinein ins Vergoldete Zeitalter ..."

Nolde
Den Anstoß zum Sprengel-Museum gab 1937 die Nazi-Hetzausstellung „Entartete Kunst".

Sie sollte abstoßen, sollte Entsetzen hervorrufen. Für ihre Ausstellung „Entartete Kunst" hatten die Nazis Hunderte moderner Kunstwerke konfisziert, in der Abteilung 3 zeigten sie Kurt Schwitters unter der Überschrift „vollkommener Wahnsinn".

Beim hannoverschen Schokoladenfabrikanten Bernhard Sprengel aber, der sich die Ausstellung 1937 auf seiner Hochzeitsreise in München ansah, ging das Konzept nicht auf. Die „entarteten" Bilder, vor allem die von Emil Nolde, begeisterten ihn so, dass er noch in München in einer Galerie zwei Nolde-Aquarelle erstand. Es waren die beiden ersten einer Sammlung, die er später zu einer der wertvollsten Sammlungen moderner Kunst ausbaute.

Vieles, was heute von Nolde in Museen hängt, ist Sprengel zu verdanken. Während die Nazis die unvorstellbare Zahl von 1052 Nolde-Bildern beschlagnahmten, rettete Sprengel fast die gleiche Zahl. Viele kaufte er, womit er dem mit Malverbot belegten Nolde überleben half, die meisten lagerte er einfach in seiner Schokoladenfabrik ein und bewahrte sie so vor dem Vandalismus der Nazis. So kam auch Hannovers erste Kunstausstellung nach dem Krieg auf diesem Fabrikgelände zustande.

Als Sprengel 70 Jahre alt war, schenkte er seine auf über 600 Werke angewachsene Sammlung der Stadt Hannover. Und obwohl er noch 2,5 Millionen Mark für den Museumsbau am Maschsee drauflegte, wehrte sich der Rat gegen jeden „Personenkult". Es bedurfte mehrerer Jahre und eines hartnäckigen Volksmundes, bis das „Kunstmuseum Hannover mit Sammlung Sprengel", wie es zunächst getauft worden war, endlich auch offiziell „Sprengel Museum" hieß.

Mit dessen Fertigstellung hatte offenbar auch die Fabrik ihre Schuldigkeit getan, deren Gewinne die Sammlung finanziert hatten. 1980, ein Jahr nach der Einweihung des Museums, wurde die Schokoladenproduktion in der Schaufelder Straße eingestellt.

NSDAP
Politiker und Industrielle aus Hannover halfen dem Hitler-Faschismus an die Macht.

Alfred Hugenberg fühlte sich zum „Volkstumskampf" berufen. Schon um 1900, als Direktor einer Raiffeisengenossenschaft in Posen, widmete sich der Industrielle aus Hannover der Unterdrückung der polnischen Bevölkerung. Später heizte sein Pressekon-

zern die antidemokratische Stimmung an; er selbst organisierte 1931 die Harzburger Front der Rechten gegen die Weimarer Republik.

In Hannover unterstützten ihn Ewald Hecker, Präsident der Industrie- und Handelskammer und Chef der Döhrener Wolle, und Pelikan-Inhaber Fritz Beindorff, der 1940 Ehrenbürger von Hannover wurde. Beide gehörten zu den 19 Industriellen, Bankiers und Großgrundbesitzern, die Ende 1932 an Reichspräsident von Hindenburg appellierten, Hitler zum Reichskanzler zu machen.

In Hannover war schon im Juli 1921 eine NSDAP-Gruppe gegründet worden – vermutlich die erste außerhalb Bayerns. Aber auch andere arbeiteten vor. Oberbürgermeister Arthur Menge von der Welfenpartei hatte in der Stadtverwaltung bereits so aufgeräumt, dass die Nazis 1933 nur noch vier Prozent der städtischen Bediensteten entließen. Menge selbst blieb bis zum Ende seiner regulären Amtszeit 1937 im Amt.

Gauleiter Bernhard Rust aus Hannover stieg 1933 zum Reichskultusminister auf, Adolf Hitler wurde Ehrenbürger, Mussolini bekam von der Stadt ein Reitpferd geschenkt, das Landesmuseum richtete eine „rassekundliche Abteilung" ein, und 1939 wurde in der Waldstraße 47 das erste und einzige „Parteimuseum der NSDAP" in Deutschland eröffnet. Das Haus stellte die Stadt mietfrei zur Verfügung, Hannovers Firmen wurden fast ausnahmslos Mitglied im Förderverein, der Besuch der Sonderausstellungen „Freiheitskampf in Österreich und Sudetenland" oder „Kriegshetzer England" war für Schulklassen Pflicht.

Nach dem Krieg gehörte Museumsleiter Gustav Lauterbach zum Vorstand des Niedersächsischen Heimatbundes, und der Prozess gegen NSDAP-Gauleiter Hartmann Lauterbacher, der Hannover 1941 „judenfrei" gemacht hatte, endete mit Freispruch. Der hatte 1945, fünf Tage vor dem Einmarsch der US-Truppen, zum *„fanatischen Einsatz"* gegen die vorrückenden *„Anglo-Amerikaner und die ihnen folgenden Juden, Neger, Zuchthäusler und Gangster"* aufgerufen – und hatte sich anschließend mit einem Tross von vier Autos, alle bis unter das Dach vollgepackt, in den Harz abgesetzt.

Odyssee
Die Alte Mühle im Hermann-Löns-Park wurde in ihrem 500-jährigen Leben schon sechsmal abgebrochen. Mindestens.

Da steht sie nun im Park, nicht weit vom Annateich, die Alte Mühle, ehrwürdig zwischen hohen Bäumen.

Zwischen Bäumen? Eine Windmühle? Das ist schwer vorstellbar. Tatsächlich steht sie hier erst seit 1938, als der Hermann-Löns-Park neu angelegt wurde. Kein anderes Bauwerk in Hannover hat schon so viel von der Stadt gesehen wie diese Mühle.

Im Jahre 1618 tauchte sie in der Stadtchronik auf. Da wurde sie – vermutlich schon weit über 100 Jahre alt – zum ersten Mal abgebrochen. Gestanden hatte sie etwa dort, wo später das Kloster zum Leineschloss ausgebaut wurde.

Erst 1701 wurde sie wieder aufgebaut, dieselbe Mühle, an der heutigen Kreuzung Osterstraße/Friedrichswall, und 100 Jahre später, als die Stadt zum Aegi erweitert wurde, auf den „Windmühlenberg" versetzt. Dort gibt es heute zwar noch die Windmühlenstraße, aber den Berg beseitigte man 1843 für den Bau des Opernhauses. Diesmal schaffte man die Mühle zum Emmerberge, dann zum Engesohder Berg. Als dort 1864 der Engesohder Friedhof angelegt wurde, verlor sich ihre Spur.

Irgendwie muss sie in den Raum Celle gelangt sein, denn dort wurde sie in den dreißiger Jahren wieder entdeckt, zurückgekauft, zum sechsten Male abgebrochen und im Brachland zwischen Eilenriede und Tiergarten wieder aufgebaut. Das war so sumpfig, dass es sich weder als Acker noch als Bauland eignete, und so machte man einen Park daraus, in dem die Mühle nun ihren Lebensabend fristen darf. Zwischen Bäumen. Mahlen muss sie ja nicht mehr.

Ökologisches Bauen
Zum ersten Mal in der Welt wurde am Kronsberg ein ganzer Stadtteil auf dem Stand der Umweltschutztechnik gebaut.

Dass Null-Energie-Häuser technisch machbar sind, ist zur Genüge bewiesen. Im großen Maßstab gebaut werden aber nicht mal Niedrigenergiehäuser. Außer auf dem Kronsberg. Da wurde zur Expo 2000 zum ersten Mal praktisch bewiesen, dass es auch ökonomisch funktioniert, wenn man einen kompletten neuen Stadtteil nach dem Stand der Umwelttechnik baut.

Da geht es um mehr als nur Wärmedämmung. Nachhaltige Stadtentwicklung im Sinne der Agenda 21 bedeutet: Am Kronsberg sind mit flächensparendem Bauen abwechslungsreiche Nachbarschaften entstanden, die dank neuer Förderkonzepte von Anfang an sozial vernünftig gemischt sind. Es sind alles Niedrigenergiehäuser, manche kommen sogar ohne aktives Heizungssystem aus, manche werden mit Sonnenenergie beheizt. Bei den anderen liegt der Kohlendioxid-Ausstoß dank Blockheizkraftwerken 60 Prozent unter der normaler Siedlungen. Die Bauträger haben sich verpflichtet, nur umweltschonende Baustoffe einzusetzen; der Bodenaushub wurde vor Ort zur Landschaftsgestaltung genutzt, das Regenwasser versickert, eine Umweltagentur sorgt für ein vorbildliches Abfallkonzept. Stadtbahn-Anschluss und Car-Sharing machen das eigene Auto eigentlich überflüssig.

Wer kritisiert, dass das alles nicht weit genug geht, hat Recht. *Technisch* wäre noch mehr machbar gewesen. Aber der Kronsberg dient einem anderen Ziel. Er beweist, dass sich nachhaltiges Bauen auch für ganz normale Menschen im Maßstab eines ganzen Stadtteils für 15 000 Menschen rechnet.

Knapp die Hälfte der 6 000 Häuser war zur Expo fertig, alle Straßen sind Alleen, jeder Block hat seinen grünen Innenhof, jedes Quartier seinen Quartierpark. Die Felder nebenan wurden renaturiert, auf dem Kamm des Kronsbergs wächst ein neuer Wald, es gibt natürlich einen Anwaltsplaner und eine Agentur für Jugendarbeit und ein „Habitat-Quartier", das eigens für eine multikulturelle Nachbarschaft geplant wurde.

Wer kritisiert, dass das alles nicht weit genug geht, hat Recht. Auf einer Bauausstellung wäre viel mutigere Architektur denkbar gewesen. Aber der Kronsberg dient einem anderen Ziel. Hier ging es um einen neuen Stadtteil zum Leben, den man anderswo einfach nachmachen kann.

Das macht ihn so ungewöhnlich.

Opernhaus
Das Opernhaus, 1852 als größtes in Deutschland eingeweiht, besticht heute mit modernster Bühnentechnik.

Dass Hannover eine eigene Oper bekam, war eigentlich nur eine Sparmaßnahme. Denn Herzog Ernst August liebte die Oper und den Karneval, weshalb er jedes Jahr für Monate mit dem ganzen Hofstaat nach Venedig reiste. Da bauten ihm seine Beamten schließlich ein eigenes Theater im Leineschloss, weil das billiger war. Das wurde

Ökologisch, praktisch, gut:
die Kronsbergsiedlung, bevor die Bäume gepflanzt wurden.
Vorn die dvg (→ Büro der Zukunft).

1689 eröffnet, und auch die Karnevalsfeiern fanden fortan dort statt, 1693 dauerten sie sechs Wochen, mit täglichen Maskenbällen, Opern oder Glücksspiel nach Wahl für Fürsten aus ganz Europa.

Dieses Theater wurde auch noch bespielt, als Ernst Augusts Nachfolger als Könige von England in London residierten. Die königliche Loge wurde mehr als ein Jahrhundert lang beleuchtet, ohne dass sie je benutzt wurde, und auch der Rest macht Ludwig Börne frösteln: *„Der Eingang ins Theater, die langen, gepflasterten, düster beleuchteten Gänge machen glauben, man käme in eine Kaserne"*, notierte er 1828. *„Das Haus wird nicht geheizt, im strengsten Winter nicht. Wie die zarten adeligen Weiber dies aushalten, ist unbegreiflich. Welche Todesstille, welcher Winterfrost im bürgerlich hannöverischen Zuschauervolke. Zwischen den Akten glaubt man in der Kirche zu sein."*

Das änderte sich, als Vizekönig Adolf Friedrich von Cambridge 1830 Heinrich Marschner als Hofkapellmeister holte und König Ernst August, seit 1837 in Hannover, ein neues Opernhaus bauen ließ. Nach dem Entwurf von Hofbaumeister Laves 1852 eröffnet, war es mit 1 800 Plätzen und eigenen Königsräumen nicht nur das größte Theater in Deutschland, sondern wurde von der Baugeschichte auch gleichrangig neben die Semper-Oper in Dresden und Schinkels Schauspielhaus in Berlin gestellt.

Im Krieg niedergebrannt, wurde es schon 1950 wieder aufgebaut. Einweihungsfeiern gab es seither gleich drei: 1950 nach dem Wiederaufbau, 1985 nach einem grundlegenden Umbau und 1998 nach einer kompletten Erneuerung der gesamten Bühne. Seither ist das Opernhaus Hannover das erste der Welt, das über eine vollständig computergesteuerte Bühnentechnik verfügt.

Ordnung
Wie eine Kommunikationsförderungsmaßnahme des Ordnungsamtes an der Kröpcke-Uhr die Kommunikation unterband.

Als im Jahre 1885 die Kröpcke-Uhr aufgestellt wurde, bekam Ernst August auf seinem Denkmalsockel vor dem Bahnhof Konkurrenz. Wem es bei ihm unterm Schwanz zu abgelegen war, traf sich fortan an der Uhr mit der eingebauten Wettersäule.

Wer nicht oder erst später kommen konnte oder seine Flamme verpasst hatte, hinterließ einfach eine Nachricht auf der Litfasssäule, die gleich nebenan stand und deren Plakate ständig übersät waren mit entsprechenden Zetteln und hingekritzelten Notizen. Was das Ordnungsamt im Prinzip ja durchaus sinnvoll fand, wenn es denn nicht so unordentlich gewesen wäre. Die Nachrichten waren doch auch kaum zu finden!

So wurde in den zwanziger Jahren, um diesem Missstand abzuhelfen, ein Beamter beauftragt, ein Blanko-Plakat mit Linien und Spalten für Absender, Empfänger, Ort, Zeit und Nachricht zu versehen; dann wurde das Plakat säuberlich auf die Litfasssäule geklebt – und kaum genutzt. Derart in behördlicherseits akzeptierte Formen gezwungen, schlief diese Art der Kommunikation einfach ein.

Warum hat eigentlich niemand an eine Litfasssäule gedacht, als 1977 die heutige Kröpcke-Uhr als Ersatz für die alte, verrostete aufgestellt wurde?

Partnerschaft
Als erste Stadt in Europa wurde Hannover 1983 Partnerstadt des von Atombomben zerstörten Hiroshima.

In der Ruine der Aegidienkirche hängt eine ungewöhnlich geformte Glocke. Sie kommt aus Japan. Sie ist ein Abguss der Friedensglocke von Hiroshima, jener Stadt, die wie keine andere zum Symbol für den

Irrsinn von Kriegen geworden ist. Seit 1968 hat Hannover den Kontakt mit Hiroshima gesucht und gepflegt, 1983 wurde eine offizielle Partnerschaft daraus, die viele Spuren hinterlassen hat. Es gibt einen Hannover-Garten in Hiroshima und einen Hiroshima-Gedenkhain auf der Bult – vor allem aber gibt es gemeinsame Aktionen zur Abschaffung aller Atomwaffen.

Sieben Städtepartnerschaften ist Hannover eingegangen, und alle sieben waren zunächst hoch politisch. Waren Versuche, politische Differenzen mit menschlichen Kontakten zu überwinden.

Der erste Anstoß kam von außen. 1947 zur ersten Messe fuhr eine Delegation aus dem englischen Bristol nach Hannover. Ihre Good-Will-Mission war eine Sensation für beide Seiten, die sich lange nur als Feinde und später als Besatzer und Besetzte gekannt hatten. Diese Engländer aber wollten einen neuen Anfang, wollten das Leben in Hannover kennen lernen und bestanden darauf, bei normalen Familien zu wohnen. Vor allem die Not der Kinder, die sie dort erlebten, hinterließ solchen Eindruck, dass im nächsten Winter an der Leine 200 Säcke mit Kinderkleidern, Schuhen und Süßigkeiten eintrafen, gesammelt in Bristol für die Kinder von Hannover.

Die Aussöhnung zwischen Deutschland und Frankreich war das Motiv für die Partnerschaften mit Perpignan 1960 und mit Rouen 1966; die Beziehung zu Blantyre in Malawi wurde 1967 als praktische Entwicklungshilfe aufgenommen. Der Vertrag mit Poznan in Polen, 1979 unterzeichnet, war schon seit 1972 als kommunaler Beitrag zur neuen Ostpolitik vorbereitet worden. Drei Jahre vor der Auflösung der DDR wurde auch Leipzig, das Messezentrum Ost, Partnerstadt des Messezentrums West, Hannover.

Auf Politikertourismus blieb keine dieser Partnerschaften beschränkt. Als sich im Jahre 1987 die Oberhäupter von 117 Städten aus 34 Staaten zu ihrer „Weltkonferenz der Bürgermeister für Frieden durch Städtesolidarität" treffen wollten, da taten sie das natürlich in Hannover.

Personalunion
123 Jahre lang regierten die Welfen Hannover von London aus wie eine englische Kolonie.

Es war ein kompliziertes Erbrecht, ein verwickelter Stammbaum und der Ausschluss der Katholiken von der Regierung in England, die dazu führten, dass Hannovers Kurfürstin Sophie im Jahre 1701 die Nachricht bekam, sie stehe in London auf der Erbfolge-Rangliste auf Platz 1. Es dauerte dann zwar noch 13 Jahre, Sophie starb derweil, aber im Jahre 1714 war es so weit: Hannovers Kurfürst Georg Ludwig bestieg als Georg I. den englischen Thron.

Mit einer Union hatte das, was dann folgte, freilich wenig zu tun. Die Welfen verstanden sich in erster Linie als Könige von England. Georg III., nach dem die Georgstraße benannt ist, kam in seiner langen Regierungszeit von 1760–1820 nicht ein einziges Mal nach Hannover, dessen Kurfürst und König er immerhin war.

Statt dessen behandelten sie ihr Zweitreich wie eine Kolonie, als Absatzgebiet für britische Waren vor allem, das keine eigene industrielle Entwicklung brauchte. Importzölle zu erheben verboten die Welfen ihrem eigenen Reich. Erst Jahrzehnte nach Beginn der Industrialisierung in England wurde hier in einer Lindener Fabrik, der Hanomag, die erste Dampfmaschine aufgestellt; Hannovers → Gasbeleuchtung übernahm eine englische Gesellschaft.

Dafür halfen die Welfen der Demokratie auf die Beine, wenn auch unfreiwillig. Die „Hanoverians", so erzählen britische Diplomaten gern hinter vorgehaltener Hand, seien in London so mit ihren Intrigen und Mätressen beschäftigt gewesen, dass das Bürgertum das Regieren schon aus Selbstschutz habe selbst übernehmen müssen.

In Hannover war es 1837 mit den schüchternen Ansätzen zur Demokratie vorbei. Weil die neue englische Königin Victoria als Frau nicht Königin von Hannover werden durfte, zog hier Ernst August ins Leineschloss ein, setzte als erstes das Staatsgrundgesetz außer Kraft und ließ alle, die dagegen aufmuckten, verfolgen. Die „Göttinger Sieben" verloren ihre Professorenstellen und wurden ausgewiesen, Hannovers Stadtdirektor Wilhelm Rumann ließ er zu acht Wochen Gefängnis verurteilen.

Nur einer erinnerte sich später noch dieser Zeiten. Als 1945 der Krieg vorbei war, schrieb Ex-Oberbürgermeister Arthur Menge einen Brief an den englischen König und bat, Hannover aus dem Deutschen Reich auszugliedern. Das alte Königreich solle Teil des British Empire werden – mit Welfenprinz Ernst August als Vizekönig.

Pogromnacht
Ein verzweifelter 17-Jähriger aus Hannover lieferte den Nazis den Vorwand für die Reichspogromnacht.

Seit 1994 steht es da am Opernplatz, das Mahnmal, das bis heute keinen Namen hat und die Debatte um das Holocaust-Mahnmal in Berlin auslöste. Steht da, wo es viele nicht haben wollten und wo es besser nicht stehen könnte. Es hat die Namen der aus Hannover deportierten Jüdinnen und Juden dorthin zurückgebracht, wo sie hingehören: mitten in das Leben der Stadt.

Fast 2000 Namen stehen auf dem Mahnmal. Einer davon ist Herschel Grünspan. Er wurde in Hannover geboren und ging hier zur Schule, bevor er 1935 zu Verwandten nach Brüssel und dann nach Paris ging. Als er im November 1938 erfuhr, dass seine Eltern und Geschwister aus Hannover deportiert worden waren, kaufte er sich eine

Gegenpol für die Alltagshektik der Innenstadt: Mahnmal von Michelangelo Pistoletto für die aus Hannover deportierten Jüdinnen und Juden.

Pistole, fuhr in die deutsche Botschaft und erschoss dort den Legationssekretär Ernst von Rath, zu dem man ihn zufällig geführt hatte.

Es war die Verzweiflungstat eines 17-Jährigen, der gar nicht wusste, auf wen er da zielte. Für die Nazis war es der lange gesuchte Vorwand für den offenen Terror gegen die Juden. Am Abend des Tages, an dem von Rath starb, brannten im ganzen Reich die Synagogen, wurden Geschäfte geplündert, Zehntausende von Juden verhaftet und andere auf offener Straße erschlagen. Es war die Pogromnacht des 9. November 1938.

Sie war lange vorbereitet. In Hannover wurden in dieser Nacht 94 jüdische Geschäfte und 27 Wohnungen zerstört, die jüdische Friedhofskapelle in Bothfeld wurde niedergebrannt, die Synagoge in der Bergstraße von einem SS-Kommando in Brand gesteckt und später gesprengt. Die Entschädigung der Brandversicherung kassierte der Staat; die Trümmerräumung stellten die Nazis der jüdischen Gemeinde in Rechnung. Am nächsten Tag wurden wieder 275 Juden aus Hannover in das KZ Buchenwald deportiert.

Herschel Grünspan saß in dieser Nacht in Untersuchungshaft in Frankreich. Aber das war nicht sicherer. Über ihn steht auf dem Mahnmal: Jahrgang 1921, verschollen.

Präzisionsarbeit
An der hannoverschen Universität wird der kleinste Motor der Welt gebaut. Und noch Verrückteres.

Wieviel ein Millimeter ist, das weiß man ungefähr. Dass auch ein Milliardstel Millimeter noch messbar sein muss, das ahnt man vielleicht. Aber was ist, wenn sich der Umfang der Erde um einen Milliardstel Millimeter verändert?

Wer jetzt noch behauptet, eine solche Veränderung messen zu können, auch wenn sie nur eine hundertstel Sekunde dauert, der muss nicht verrückt sein. Vermutlich ist

er Mitarbeiter des Instituts für Atom- und Molekülphysik der Universität. Das ist bundesweit führend in der Gravitationswellenforschung und hat 1998 bei Sarstedt mit dem Bau eines Gravitationswellendetektors begonnen, der als erster in der Welt genau diese Messung vornehmen soll.

Es geht um Gravitationswellen, deren Existenz Albert Einstein in der Relativitätstheorie vorausgesagt hat, die aber bisher nie nachgewiesen wurden. Wie denn auch? Wenn es sie wirklich gibt, verändern sie den Umfang der Erde … (siehe oben).

Gemessen wird die vermutete Veränderung an kilometerlangen Laserstrahlen. Wobei das Hauptproblem nicht die Messung selbst ist. Sondern die Schaffung von Bedingungen, die sicher stellen, dass die Verkürzung des Laserstrahls nicht von einem vorbeifliegenden Schmetterling herrührt.

Was derweil das Institut für Elektrische Maschinen und Antriebe der Universität geschafft hat, mutet da schon wieder erholsam groß an: Dort wurde ein Elektromotor gebaut, der 1,9 Millimeter Durchmesser hat, inklusive Getriebe ein Zehntelgramm wiegt und als erster Mikromotor der Welt tatsächlich Arbeit verrichten kann. In der Chirurgie zum Beispiel, so hofft man.

Wer auch diesen Maßen ungläubig gegenübersteht, mag sich an das Institut für Photogrammetrie und Ingenieurvermessungen wenden. Das ist auf Kontrollen spezialisiert. Denn es ist keineswegs so, dass die Wissenschaft der amerikanischen Raumfähre Endeavour einfach glaubt, die kürzlich die Erde vom Weltraum aus neu vermessen hat: Was Endeavour an Daten mitbrachte, das wurde von den Vermessungsingenieuren vom Schneiderberg am Boden erstmal nachgemessen. Erst mit ihrem O.K. sind die Daten frei für das neue dreidimensionale Modell der Erdoberfläche.

Presselandschaft
„Der Spiegel", 1947 in Hannover gegründet, war die Erfindung eines englischen Presseoffiziers.

John Chaloner war es langweilig. Der Presseoffizier der britischen Besatzungstruppen in Hannover musste beruflich all die (wenigen) Zeitungen lesen, die 1946 mit britischer Lizenz erscheinen durften. Und die gefielen ihm überhaupt nicht.

Geburtsstätte der Magazine „Spiegel" und „Stern": das Anzeigerhochhaus am Steintor.

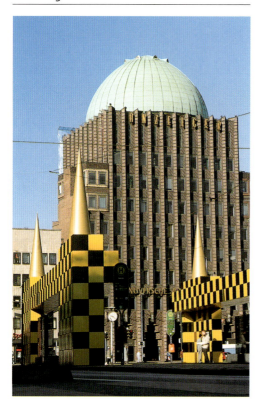

Chaloner träumte von einem Magazin wie der amerikanischen „Time" oder der britischen „News Review", in Stil und Inhalt orientiert an den Interessen derer, die das Blatt lasen, nicht der Journalisten oder gar der offiziellen Stellen.

Da kam der Verlegersohn durch, denn zu den Aufgaben eines Besatzungsoffiziers dürfte es wohl kaum gehört haben, Deutschen zu zeigen, wie man gute Zeitungen macht. Chaloner aber tat genau das: Er klebte eine Art Probenummer zusammen, und als sein Freund Harry Bohrer, jüdischer Emigrant und britischer Stabsfeldwebel, genauso begeistert war wie er, beschlossen sie, das Magazin herauszubringen.

Bohrer wurde Chefredakteur; die Redaktion rekrutierten sie unter deutschen Journalisten, von denen einer Rudolf Augstein hieß, ein Hannoveraner und Ex-Volontär vom Hannoverschen Anzeiger. Die erste Ausgabe von „Die Woche" lag am 16. November 1946 an den Kiosken – und war noch am selben Tag vergriffen.

Das Problem war nur: Das Blatt, das ohne Lizenz in Verantwortung der Militärregierung erschien, war den Briten zu frech. Am 21. Dezember untersagten sie das weitere Erscheinen. Also beantragten drei Redakteure – darunter Augstein – eine Lizenz für ein neues Magazin, das „Der Spiegel" heißen sollte. Dessen erste Ausgabe erschien am 4. Januar 1947 – in exakt der gleichen Aufmachung wie „Die Woche", die John Chaloner entworfen hatte.

Im Anzeigerhochhaus, wo die Redaktion saß, arbeitete damals auch Henri Nannen. Der brachte zunächst die FDP-nahe „Abendpost" heraus, gründete 1948 eine Jugendillustrierte namens „Zickzack" und benannte sie wenig später in „Stern" um: Die beiden erfolgreichsten deutschen Zeitschriften wurden in Hannover gegründet.

Der Stern ging schon 1949 nach Hamburg, und als ihm 1952 der Spiegel folgte, hatte sich auch die übrige Presselandschaft in Hannover erheblich verändert. Die Hannoversche Presse (heute NP), die 1946 die erste und mit 27 Bezirksausgaben und 330 000 Auflage mit Abstand die größte Tageszeitung in Niedersachsen gewesen war, hatte als stramme SPD-Parteizeitung schon über die Hälfte ihrer Auflage verloren. Bereits 1963 wurde sie von der konservativen Hannoverschen Allgemeinen überholt, die erst 1949 zugelassen worden war.

Presseschelte
Die Typhusepidemie von 1926 war für Oberbürgermeister Menge eine Erfindung der Presse.

Am 22. August stand der erste Bericht in einer Zeitung: Das Trinkwasser in Hannover schmeckte eigenartig faulig. In den nächsten Tagen erkrankten Tausende an Brechdurchfall. Im veralteten Ricklinger Wasserwerk, wo man die Ursache des Übels vermutete, wurde daraufhin das Wasser stärker gechlort; die Zeitungen warnten davor, nicht abgekochtes Wasser zu trinken.

Am 28. August aber war die Gefahr vorüber: Das städtische Presseamt teilte mit, nach dem Ergebnis bakteriologischer Untersuchungen sei das Wasser keimfrei, und auch der Regierungspräsident gab bekannt, man könne das Wasser wieder unbedenklich genießen. Zehn Tage später wurden in Hannover 774 Typhusfälle gezählt.

Als es am 20. September 1 728 Kranke und bereits 73 Todesopfer waren, gab der Magistrat zum ersten Mal eine amtliche Warnung vor verseuchtem Trinkwasser heraus. Erst jetzt veranlasste er Maßnahmen, um Kranke zu versorgen und die Seuche zu bekämpfen – und erklärte zugleich beruhigend, die Epidemie (die er bis dahin stets bestritten hatte) flaue schon wieder ab. Im Dezember wurden 282 Tote gezählt.

Dass die Ursache der Epidemie nicht nur im Wasserwerk Ricklingen lag, sondern auch in den katastrophalen Wohnverhältnissen in Linden, Ricklingen und der Altstadt, lag auf der Hand. In Linden waren damals immer noch nicht alle Wohnungen an die Kanalisation angeschlossen; Fäkalien versickerten genau dort im Boden, wo das Trinkwasser aus Brunnen geholt werden musste.

Dennoch lehnte der Magistrat, der damals vom rechten „Ordnungsblock" gestellt wurde, alle Anträge von SPD und KPD auf Erstattung von Arzt- und Beerdigungskosten, auf Überwachung des Trinkwassers und den Ausbau der Kanalisation ab. Auch ein städtisches Gesundheitsamt hielt Oberbürgermeister Arthur Menge weiterhin für überflüssig.

Für die hannoverschen Unternehmen allerdings verlangte er Steuersenkungen und Staatsaufträge. Denn durch die Epidemie habe der Ruf der Stadt als Wirtschafts- und Kongressstandort stark gelitten.

Zum Problem, so Menge, seien die Typhusfälle erst durch die „Sensationslust der Presse" geworden.

Preußen
Drei Jahrzehnte litten Welfenanhänger in Hannover unter preußischen Denkmälern. Bis die Nazis kamen.

Sie waren ja selber schuld. Sechseinhalb Jahrhunderte, nachdem die Weltgeschichte mit Kaiser Otto IV. zum letzten Mal Notiz von den Welfen genommen hatte, wollte Georg V. endlich wieder Zeichen setzen. Als Stadtdirektor Hermann Rasch den König am 16. Juni 1866 inständig bat, im Krieg zwischen Preußen und Österreich neutral zu bleiben, nahm der die Heldenpose ein: *„Als Christ, Monarch und Welf' kann ich nicht anders handeln"*, verkündete er und schickte sein Heer nach Langensalza. Zwei Wochen später war es geschlagen, Georg war im Exil und Hannover preußische Provinz.

Als wäre das nicht Demütigung genug gewesen, mussten die Welfentreuen mit ansehen, wie bald auch preußisches Denken um sich griff. 1904 stellten völkische Studenten dem preußischen Usurpator Bismarck eine Bismarcksäule auf die Maschwiesen; 1907 folgte im Maschpark ein Ehrenmal für Rudolf von Bennigsen, einen der wichtigsten Opponenten Georgs V. Und als das Neue Rathaus fertig war, da standen rechts und links der Freitreppe in der Halle zwei lebensgroße Bronzestatuen: die Kaiser Wilhelm I. und Wilhelm II. – Preußen!

Erst die Nazis schafften da Abhilfe. Die holten zwar 1933 die beiden Kaiser wieder aus dem Keller, wohin die SPD sie 1922 verbannt hatte, und verbrannten Bücher an der Bismarcksäule. Aber dann wurde genau dort der →Maschsee angelegt, die Bismarcksäule verschwand ersatzlos, und später schmolzen die Nazis die Kaiser und Rudolf von Bennigsen zur Waffenproduktion ein, wie auch ein gigantisches Kriegerdenkmal, das am Neuen Haus gestanden hatte. Das war jedenfalls sinnvoller, als dafür Kirchenglocken zu nehmen.

Da war Hannover wieder preußenfrei – fast: Der granitene Sockel des Bennigsen-Denkmals überstand den Krieg. Aber nicht die Nachkriegszeit. Er wurde 1951 zu Straßenkantsteinen verarbeitet.

Privatpost
**Die „Privat-Stadtpost-Expedition Mercur"
war vor 100 Jahren in Hannover
erfolgreicher als die Reichspost.**

Ihre Fahrräder sind blau statt gelb, sie kommen nachmittags statt morgens und bringen meist Post vom selben Tag. Die ist mit „Citipost" gestempelt: Ende der neunziger Jahre war Hannover eine der ersten Städte, in der eine private Firma das Briefmonopol der Post durchbrach.

Besser gesagt: das Monopol der Deutschen Post. Denn die Reichspost musste sich in Hannover schon vor 100 Jahren mit pri-

vater Konkurrenz herumschlagen. Die hieß Mercur und war so erfolgreich, dass am Ende das Postgesetz geändert wurde. Das hatte das Postmonopol nämlich nur für verschlossene Briefe festgeschrieben, die von Ort zu Ort befördert wurden. Offene Briefe, Postkarten und Sendungen innerhalb der Stadt fielen somit nicht unter das Monopol – und genau diese Gesetzeslücke nutzte ab 1886 die „Privat-Stadtpost-Expedition Mercur".

Ihr Werbeargument war das Porto. Der Brief kostete zweieinhalb Pfennig (statt fünf bei der Reichspost), die Drucksache einen (statt drei). Und dieses Argument zog: 1898 waren in Hannover 102 Mercur-Briefträger unterwegs; Mercur-Briefmarken gab es in 650 Geschäften in der ganzen Stadt, und von den rot-weiß gestreiften Mercur-Briefkästen gab es am Ende 314. Das waren 90 mehr, als die Reichspost hatte.

Mercur-Inhaber Selly Hein machte prächtige Gewinne, schräg gegenüber der Hauptpost ließ er sich ein eigenes Postgebäude bauen, und seine Ideen verhießen weitere Umsatzsteigerungen. Mercur stellte Ortseilbriefe per Fahrrad zu und richtete auf dem Schützenfest ein Sonderpostamt ein. Dort konnten Schützenvereine ihren Mitgliedern postlagernd mitteilen, in welchem Zelt sie gerade feierten.

Das Ergebnis waren über 20 000 Mercur-Briefsendungen pro Tag. Aber was heute als Überlegenheit des privaten Unternehmertums gefeiert würde, durfte damals nicht sein. Zum 1.4.1900 dehnte der Reichstag das Postmonopol auch auf den Ortsbereich aus.

Zwar musste die Reichspost hohe Entschädigungen zahlen, aber Mercur gab es von da an nicht mehr. Einfach so, per Gesetz.

Produkte
Auch vertraute Produkte wie das Vanillecremepulver mussten erst einmal erfunden werden. Oft in Hannover.

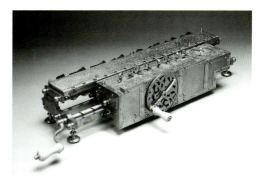

Noch eine Innovation aus Hannover: Gottfried Wilhelm Leibniz baute die erste Rechenmaschine, die multiplizieren und dividieren konnte.

Den Begriff „Feinkost"
erfand Heinz Appel (1884–1962). Die dazugehörige Kolonialwarenhandlung und spätere Feinkostfabrik in der Nordstadt hatte sein Vater Heinrich Wilhelm Appel gegründet.

Die Klebefolie „Acella",
in den sechziger Jahren fast so verbreitet wie das unverzichtbare „Decofix", stellte die Benecke-Kaliko-AG her, die 1718 als „Wachstuchmacherey vor dem Steinthor" gegründet worden war.

Das Gas für die Olympische Flamme
in Berlin kam 1936 ebenso von der Deurag-Nerag in Misburg wie das Füllgas für das Luftschiff „Graf Zeppelin".

Fabrikmäßig hergestellte Geschäftsbücher
machten ab 1845 die Firma König & Ebhardt weltbekannt. Bis dahin hatten Lehrlinge die Buchhaltungsbogen von Hand liniiren und dann zum Buchbinder bringen müssen.

Deutschlands älteste Backpulverfabrik,
Meine & Liebig in der Nordstadt, verkaufte Back- und Puddingpulver schon 1872, 19 Jahre vor Dr. Oetker.

Das Vanillecremepulver
erfand der Drogist August Rischkopf in Hannover. Später folgte „Kaetofix", das revolutionäre Pulver zur Herstellung von Käsekuchen.

Den ersten Selbstbedienungs-Drogeriemarkt
in Deutschland eröffnete Dirk Rossmann 1972 in der Jacobistraße am Lister Platz. Aus diesem Laden wurde später die erste deutsche Drogeriekette.

Jeder sechste Schraubverschluss,
mit dem irgendwo in der Welt Milchflaschen, Marmeladen- oder Rollmopsgläser verschlossen werden, wird bei Schmalbach-Lubeca am Nordhafen produziert.

Deutschlands größter Buchladen
ist Schmorl & von Seefeld in der Bahnhofstraße. Kein anderes Einzelgeschäft hat mehr Beschäftigte und macht einen höheren Umsatz.

Schleifpapier
stellte 1864 Siegmund Oppenheim als erster Fabrikant auf dem Kontinent her – in Hainholz, wo die „Vereinigten Schmirgel- und Maschinen-Fabriken AG" (VSM) heute immer noch produzieren.

Die Druckmaschinen
für die „Prawda", die Parteizeitung der KPdSU, lieferte die Maschinenfabrik Wohlenberg aus Brink-Hafen nach Moskau.

Radsport
Mit dem bestdotierten Radrennen von Deutschland machte Hermann Löns Hannover zur Radsport-Hochburg.

Wenn sich Grischa Niermann den Traum aller Radsportler erfüllt und im Jahr 2000 die Tour de France mitfährt, dann ist er nicht der erste Hannoveraner dort. Karl Heide fuhr die Tour der Leiden schon 1935, 36 und 38 mit. Über seine Platzierungen ist leider nichts mehr herauszubekommen.

Vermutlich waren sie gut. Denn Hannover war eine Radsporthochburg, seit im Jahre 1903 die Radrennbahn am Pferdeturm mit neuem Belag und stärker überhöhten Kurven zu einer der schnellsten Bahnen Europas geworden war. Schon im August schraubte der Münchner Thaddäus Robl dort den Stundenweltrekord für Steher (im Windschatten eines Motorrades) auf 80,663 Kilometer.

Der deutsche Radsportstar war damals Willy Arend, der 1897 den ersten Weltmeistertitel überhaupt nach Hannover holte. Arend fuhr als Profi in ganz Europa für Siegprämien bis zu 8 000 Goldmark und vermarktete sich sehr modern: Er kultivierte den Frauenhelden und trug nach den Rennen Gehrock und Zylinder, was ihm in Paris den Ehrennamen „Grande Allemagne" eintrug.

Im selben Jahr fand zum ersten Mal der „Große Preis von Hannover" statt, der nach einem Spendenaufruf des Chefredakteurs des Hannoverschen Anzeigers, Hermann Löns, das bestdotierte Rennen Deutschlands wurde. Die gesamte europäische Elite war am Start, was man schon daran sehen kann, dass Willy Arend nur Dritter wurde. Dieses Rennen stand von da an in einer Reihe mit den großen Rennen von Paris und Wien.

„*Das Radfahren zu mehren muss das Ziel jedes Menschen sein, der es ernst mit der Vervollkommnung der Bevölkerung in gesundheitlicher Beziehung meint*", schrieb Löns. Zumal man mit Radsport noch etwas werden konnte damals. Adolf Davids, 1886 Hochrad-Europameister, brachte es zum Direktor der Excelsior-Gummiwerke, der deutsche Dreirad(!)meister Willy Tischbein sogar zum Conti-Generaldirektor. Die meisten aber wurden schon damals Fahrradhändler, wie Erich Möller, Steher-Weltmeister von 1930, der für seine Räder mit dem einprägsamen Slogan warb: „*In Hannover bist du schneller mit 'nem Rad von Erich Möller*".

Raketen
Die erste Flüssigkeitsrakete der Welt hob auf der Vahrenwalder Heide ab – zur Postbeförderung.

Sicher, an einen Flug zum Mond habe er schon gedacht, sagte Albert Püllenberg (1913–1991) später, aber vorerst arbeitete er an bescheideneren Zielen: Der Hannoveraner wollte die Nordseeinseln per Rakete mit Post versorgen. Das war erstmal nichts

Die Großstadt im Grünen: Nur eine einzige Straßenkreuzung unterbricht das Grün, das sich vom Rathaus bis in die freie Landschaft zieht.

als ein Hobby, und nur wenige nahmen davon Notiz, als am 19. September 1934 seine VR1 auf der Vahrenwalder Heide zum ersten Mal nicht schon vor dem Start explodierte.

In 60 Meter Höhe explodierte sie dann doch, weil der mit einem nassen Scheuerlappen gekühlte Motor versagte. Aber wenigstens die Philatelisten hatten ihre Sensation. Die 30 Postkarten an Bord der Rakete, von einem Postboten am Waldrand gefunden und per Motorrad zur Hauptpost gebracht, sind heute ein wertvolles Sammlerobjekt.

Neben Berlin, wo Wernher von Braun experimentierte, besaß Hannover damals mit der Vahrenwalder Heide den einzigen „Raketenflugplatz" Deutschlands. Auch Konrad Dannenberg hatte hier 1928 seine erste Rakete gezündet, gesponsort mit kostenlosem Material von der Firma Wohlenberg.

Dannenberg gehörte später zu den wichtigsten Mitarbeitern Wernher von Brauns. Er hatte in Peenemünde die „Wunderwaffen" V1 und V2 mit entwickelt und war 1945 zusammen mit von Braun und 175 weiteren deutschen Technikern und Wissenschaftlern in die USA geholt worden. Dort koordinierte er zuletzt das gesamte technische Mondflugprogramm der NASA.

Auch Püllenberg wurde 1940 nach Peenemünde geholt. Dass ihm eine Karriere wie Dannenberg versagt blieb, hatte nichts mit seiner Qualifikation zu tun. Sondern damit, dass er etwas gegen die militärische Nutzung der Raketentechnik hatte. Und das verschwieg er nicht.

Zwar machte er 1952 noch einmal mit einer Postrakete auf sich aufmerksam, aber als 1963 die erste in der Bundesrepublik entwickelte Dreistufen-Rakete gestartet wurde, war Püllenberg schon fast vergessen. Zu Unrecht. Seine VR1 war vermutlich die erste Flüssigkeitsrakete der Welt.

Rathaus
Hannovers meistfotografiertes Gebäude sollte werden wie der Berliner Reichstag. Nur höher.

Dass man sich so einig ist, dass Hannover ein wunderschönes Rathaus hat, das war nicht immer so. Die SPD-Zeitung „Volkswille" war gleich nach der Einweihung 1913 über die *„Ausgeburt eines einzig dastehenden kommunalen Größenwahns"* hergezogen; die Zeitschrift „Kunst und Künstler" sprach von einer *„ins Kolossaische gesteigerten Albernheit"*.

Stadtbaurat Rudolf Hillebrecht lehnte 1950 sogar die Bitte der englischen Stadt Brighton um eine Abbildung des Gebäudes für ihren eigenen Rathausneubau ab. Dieses *„Musterbeispiel für wilhelmischen Eklek-*

tizismus", so Hillebrecht, sei auch in Grundriss und Raumprogramm so unglücklich angelegt, dass Brighton der beste Dienst erwiesen sei, wenn *"wir von diesem Rathaus keine Abbildung zur Verfügung stellen"*.

Dabei war Heinrich Tramm, der damalige Stadtdirektor, so stolz gewesen auf seinen Palast, der bewusst nicht den damals üblichen Turm bekam, sondern eine Kuppel – wie der Berliner Reichstag, nur höher! Im Jahre 1901 schon hatte man angefangen, 6000 Buchenstämme in die feuchte Maschwiese zu rammen, die zu weich war, um allein einen solchen Bau zu tragen. Zwischendurch hatte man den Architekten gewechselt, weil der Baukommission der erste, Hermann Eggert, zu unmodern war, als es nach sieben Jahren Bauzeit an den Innenausbau ging.

So wurde das Rathaus stilistisch ein Zwitter: Historismus in der Fassade, Jugendstil im Innern. Auch äußerlich ist der Prachtbau ein Unikum. Als eines der ganz wenigen Gebäude dieser Funktion hat er nicht eine Eingangs- und eine Rückseite, sondern – zum Maschteich und zur Stadt – zwei gleichwertige Schmuckfassaden.

Zwölf Jahre wurde gebaut, die Baukosten stiegen am Ende um mehr als 100 Prozent. Trotzdem informierte Heinrich Tramm den zur Einweihung angereisten Kaiser Wilhelm II. am 20. Juli 1913 stolz mit dem berühmt gewordenen Satz: *"Zehn Millionen Mark, und alles bar bezahlt, Majestät."*

Die Folgen spürte noch Rudolf Hillebrecht beim Wiederaufbau nach 1945. Denn um diese Barzahlung zu ermöglichen, hatte die Stadt so viele Grundstücke aus ihrem Besitz verkauft, dass sie bei späteren Planungen in der Innenstadt vom Wohlwollen der Grundbesitzer abhängig war.

Ein wunderschönes Haus ist es trotzdem geworden. Zumal heute, wo es von innen und außen restauriert ist. Wo Hannover doch sonst kein vernünftiges Schloss hat!

Raubmord
Wegen 19 Morden wurde Jasper Hanebuth im Februar 1653 hingerichtet. Ob er sie wirklich begangen hat, ist ungewiss.

Es war die Zeit des Dreißigjährigen Krieges, als alle Gesetze der Moral und der Menschlichkeit außer Kraft gesetzt waren. Als Söldner sich ihren Lohn durch Raub und Mord verdienen mussten, als Dörfer zu Hunderten niedergebrannt wurden und Menschen zu Zehntausenden verhungerten.

Jasper Hanebuth kannte kaum anderes als diesen Krieg. Als er begann, war Hanebuth, in Groß-Buchholz geboren, elf Jahre alt. Eine Schule lernte er nie kennen, er war Knecht, diente in der schwedischen Armee, lebte von Pferdehandel. Mit 18 heiratete er Dorothea Meiers, mit 25 brannte sein Haus ab, mit 34 floh er vor der schwedischen Armee nach Hannover. Die stand bereits zum dritten Mal vor der Stadt und raubte die Dörfer in der Umgebung aus; in Kirchrode verhungerte ein Sechstel der Bevölkerung. In Hannover starben Hanebuths Frau und seine Zwillingstöchter, gerade zwei Jahre alt; sein Haus in Groß-Buchholz wurde erneut *"jemerlich eingeäschert"*. Er wurde Bürger von Hannover, heiratete ein zweites Mal – und hat danach keine Spuren mehr hinterlassen.

Bis zum 15. November 1652. Da wurde Jasper Hanebuth als Pferdedieb verhaftet und am nächsten Tag, wie damals üblich, *"peinlich befragt"*. Doch bevor die Folter noch richtig angefangen hatte, so wird berichtet, habe er laut aufgeschrieen und ohne zu zögern 19 Morde und 10 Raubüberfälle gestanden, von denen bis dahin offenbar kein einziger bekannt gewesen war. Aber am „Geständnis" eines Raubmörders waren Zweifel nicht angebracht: Am 4. Februar 1653 wurde er vor dem Steintor auf das Rad geflochten und hingerichtet.

Später hieß es, das weiße Kreuz, nach dem der Weißekreuzplatz benannt ist, sei eine Erinnerung an diese Hinrichtung. Die Stadt hat in den sechziger Jahren eine Straße beim Steuerndieb nach dem angeblichen Raubmörder benannt.

Raucher
Schon vor 300 Jahren schwankte Hannover zwischen den Gefahren des Rauchens und seinem ökonomischen Nutzen.

Der Vorstoß der Fluggesellschaft British Airways, sich als modern und gesundheitsbewusst zu profilieren, kam 1988 noch zu früh. Ihren Versuch, die Strecke Hannover – Berlin mit Nichtraucherflügen zu bedienen, musste sie nach massiven Protesten von Großkunden schon nach vier Wochen wieder abbrechen.

Die Leute wollten es so wenig einsehen wie 300 Jahre zuvor, als Rudolph Ludwig Hoppe über *„die von Holland stammende Sitte des Tabackrauchens"* berichtete, die in Hannover allerlei Gefahren heraufbeschwor: *„Freilich ward dadurch vielen Familien ein Erwerbszweig eröffnet, jedoch erwuchs auch mancher Schaden in Folge der überhandnehmenden Gewohnheit. So brannten in Folge von Unvorsichtigkeit beim Tabackrauchen drei Häuser an der Brückstraße ab. Es ward daher bald darauf das Tabackrauchen in mancher Hinsicht durch strenge Verordnungen beschränkt, z.B. das Rauchen auf der Straße etc. – Anfangs wurde sogar auf der Kanzel gegen den 'neuen Unfug des Tabackrauchens' gepredigt, und man nannte das Kraut ein Strategem des Teufels, das die besten Köpfe verdüstere; aber die Leute schmauchten fort und kehrten sich wenig an die Anathemen des lieblichen Betäubungsmittels."*

Recycling
Ein Titanenfuß von Hitlers Lieblingsbildhauer Arno Breker dient in der Altstadt als Kneipentisch.

Die winzige Altstadtkneipe am Holzmarkt heißt nach dem Fuß, der „Barfuß" draußen auf dem Bürgersteig steht. Es ist ein gewaltiger Fuß aus Granit, kurz über dem Knöchel abgesägt, so dass er gerade die richtige Höhe hat, um Bierglas und Ellenbogen bequem zu platzieren.

Der Fuß ist von Arno Breker. Ursprünglich war er Teil einer heldischen Gigantengruppe, die Hitlers Lieblingsbildhauer halbfertig in einem Steinbruch im Fichtelgebirge hatte stehen lassen. Als der hannoversche Künstler Jürgen Breuste sie dort entdeckte, wurden die Kolosse gerade stückweise verscherbelt. Breuste erwarb einen Fuß, schaffte ihn nach Hannover und führte ihn seiner neuen Bestimmung zu.

Es ist nicht der einzige Rest Nazi-Kunst in Hannover. Am Maschsee stehen an der Löwen-Bastion zwei Breker-Löwen, der Hammer-Mann vor der Hanomag steht dort seit 1941, und an der Säule am Maschsee kann man noch heute das Weihe-Gedicht von den „werkfrohen Händen" und dem „Segen der Arbeit" von 1937 lesen. Das Hakenkreuz über der Inschrift hat man nach 1945 herausgeschlagen. Der Inhalt ist geblieben.

Da leuchtet ein Kneipentisch mehr ein. Zumal wenn Breuste ihn aufstellt. Der hat am Raschplatz, wo früher das Gerichtsgefängnis stand, ein Mahnmal für die dort ermordeten Widerstandskämpfer gestaltet.

Regenbogenpresse
Nicht erst seit Caroline von Monaco versorgen die hannoverschen Welfen die Yellow Press mit Traumgeschichten.

Die Geschichte aus der Abteilung Drama und Unglück spielte schon vor 300 Jahren, als Sophie Dorothea (1666–1726) „nach schwierigen Verhandlungen" den hannoverschen Kurprinzen Georg Ludwig heiratete. Nach der Hochzeit war es wohl noch schwieriger, denn Sophie Dorothea verliebte sich in den Obersten Christoph von Königsmarck, bis der plötzlich verschwand. Er ward nie wieder gesehen, weder lebendig noch tot.

Historiker konnten Folgendes rekonstruieren: Königsmarck hatte sein Haus am 1. Juli 1694 verlassen. Zeugen sahen, wie er das Leineschloss betrat und dort von vier Männern überfallen wurde. Einer von ihnen, Graf Montalban, erhielt später 15000 Taler von der kurfürstlichen Kammerkasse. Heute wäre das etwa eine Million Mark.

Mehr weiß man nicht. Dass der Auftraggeber gar nicht Georg Ludwig war, sondern die Gräfin Platen, die Mätresse von Georg Ludwigs Vater, die sich vom Oberst verschmäht fühlte, das war nur ein Gerücht.

Georg Ludwig ließ sich scheiden und verbannte Sophie Dorothea auf Schloss Ahlden. Sie durfte ihre Kinder bis zu ihrem Tod nach 32 Jahren nicht mehr sehen. Ihr Sohn Georg II. wurde König von England; Tochter Sophie Dorothea heiratete Friedrich Wilhelm und wurde Königin von Preußen.

Und als sie gestorben waren, da kam aus Hannover eine neue Geschichte aus der Abteilung Rührung und Glück: das Märchen von der Prinzen-Doppelhochzeit.

Es war 100 Jahre später, da heirateten die Preußen-Prinzen Ludwig und Friedrich Wilhelm die anmutigen Schwestern Luise und Friederike von Mecklenburg-Strelitz, Töchter des Gouverneurs von Hannover, geboren im Alten Palais.

Die eine, Luise, wurde preußische Königin und Mutter des deutschen Kaisers, die andere, Friederike war schon mit 18 Jahren Witwe mit drei Kindern, heiratete *„unglücklich in die Provinz"*, ließ sich scheiden und wurde als Frau von Ernst August endlich auch Königin. Von Hannover.

Und weil auch sie irgendwann gestorben sind, schuf der Bildhauer Gottfried von Schadow für den preußischen Hof das Königinnendenkmal. Eine Kopie davon steht an der Eilenriede, dort wo die Yorckstraße auf die Hohenzollernstraße stößt.

Reitsport
In den dreißiger Jahren war Vahrenwald eine Hochburg, die den Reitsport in der ganzen Welt dominierte.

Mit der berühmten Pferdezucht hat das wenig zu tun. Die „Hannoveraner", die 1992 bei den Olympischen Spielen in Barcelona 13 Medaillen gewannen, haben ihre Heimat vor allem in Verden und Celle.

Dieses Reitsportzentrum war mehr ein Geschenk, das Hannover ein wenig mit seinem neuen Status als preußische Provinz versöhnen sollte: 1867, ein Jahr nach der Annexion, wurde das Königliche Militär-Reit-Institut nach Hannover verlegt und bekam eine Kaserne in Vahrenwald, in deren Ställen an der Dragonerstraße heute die Bar Acanto und das Restaurant Basil servieren. Als später das Militär an Pferden nicht mehr so interessiert war, gründete man in Vahrenwald einen Spring-, Military- und Rennstall, der seinen größten Coup 1936 in Berlin landete:

Da traten die Hannoveraner bei allen sechs olympischen Reiterwettbewerben an – und siegten sechsmal. Im Springreiten, in der Dressur und in der Military kamen sowohl die Einzel- als auch die Mannschaftssieger aus Hannover. Für den Rest der Welt war keine einzige Goldmedaille übrig.

Danach wurde die Kavallerieschule, die im 19. Jahrhundert einer der größten Arbeitgeber der Stadt gewesen war, nach Döberitz bei Berlin verlegt. Aber Hannover hatte ja immer noch seine Pferderennbahn, hat heute das Reitturnier auf der Messe, und eine weitere Pferdesportart hat sich neuerdings im Norden der Stadt etabliert.

Dort findet im Dörfchen Maspe alle zwei Jahre das anspruchvollste deutsche Poloturnier auf dem unbestritten schönsten Poloplatz der Republik statt. Davon gibt es ohnehin nicht so viele: Ein Polo-Platz ist achtmal so groß wie ein Fußballfeld.

Dass der dortige Verein noch nicht die ganz großen Spieler besitzt, macht nichts. Denn anders als bei den Wettkämpfen der Kavallerieschule treten bei dieser Sportart nicht Vereine oder Nationen gegeneinander an. Die Mannschaften werden vor jedem Turnier neu zusammengemischt, sodass alle in etwa gleich spielstark sind. Auch die, in der Prinz Charles mitspielt.

Reklame
Schon früh begriffen hannoversche Unternehmen Reklame als Kunst und setzten Künstler in der Werbung ein.

Ist das noch ein Gleiten oder schon ein Träumen?
Der Motor summt nur leise durch das Schweigen
Das sonnengoldig schlummert in den Bäumen
In denen Drosseln Maienlieder geigen
Und die von weißen Blüten überschäumen
Wie ein beglänzter, lichter Frühlingsreigen.

Wie Kissen federn weich die Contireifen
Durch dieses Zaubermärchen sanft den Wagen
Die Hand kann überall nach Blüten greifen
Und in den Augen lockt ein schelmisch Fragen
Wer möchte mit mir durch die Lande schweifen
Und Duft und Lenzesfreude heimwärts tragen?

Es waren Continental-Autoreifen, denen Erich Maria Remarque dieses lyrische Werk widmete, das im Mai 1925 im „Echo Continental" erschien. Schon damals brachte Kunst nur selten genug zum Leben ein, und Remarque, der später mit dem Anti-Kriegsroman „Im Westen nichts Neues" den Top-Bestseller der ersten Jahrhunderthälfte schrieb, war nicht der einzige, der seinen Lebensunterhalt mit Werbung verdiente.

Bahlsen und Pelikan ließen Plakate und Verpackungen von aktuellen Künstlern gestalten; Kurt Schwitters (→Merz), der als technischer Zeichner bei den Eisenwerken Wülfel gearbeitet hatte, entwarf ein „Corporate Design" für die Stadtverwaltung und Bieretiketten für Herrenhäuser, und Hermann Löns, der Vielschreiber, lieferte Fest- und Jubiläumsschriften an das erste deutsche Versandhaus August Stukenbrok in Einbeck und an Pelikan.

Auch der Dichter des Aufschreis *„Vater, mein Vater! Ich werde nicht Soldat, dieweil man bei der Infanterie nicht Maggi-Suppen hat"* wurde enttarnt. Es war Frank Wedekind (1864–1918) aus der Großen Aegidienstraße, der nach seiner Tätigkeit als Reklamechef der Firma Maggi mit seinen Lulu-Dramen zum literarischen Provokateur wurde und die Jahrhundertwende wegen Majestätsbeleidigung in Festungshaft verbrachte.

Rennen
Das alljährliche Eilenriederennen war „das schönste und berühmteste" Rennen um die deutsche Motorradmeisterschaft.

Als die Stoppuhren bei 1:55,8 Minuten stehenblieben, waren die Zeitnehmer ratlos: Ihre Umrechnungstabellen fingen erst bei 2:00 Minuten an. Von Hand wurde dann eine Durchschnittsgeschwindigkeit von 149,2 Stundenkilometern für die Rekordrunde errechnet.

Das war 1955, aber unvorstellbar ist dieses Tempo bis heute. Denn Ernst Riedelbauch hatte es mit seinem 250er-BMW-Motorrad nicht auf der Autobahn erzielt, sondern in der Eilenriede, wo seit 1924 auf dem 4,8 Kilometer langen Dreieckskurs zwischen Steuerndieb, Lister Turm und Zoo jedes Jahr das Eilenriederennen stattfand. 150 000 Zuschauer kamen im besten Jahr, die ganze nordöstliche Eilenriede war eingezäunt, und Reporter gerieten ins Schwärmen über den Benzingeruch, der über dem Fahrerlager im Stadtwald lag.

nover seine ersten Parkuhren und Fußgängerampeln bekam und die Conti den ersten schlauchlosen Reifen präsentierte, kamen nur noch 80 000 Zuschauer. Und als im sel-

Mit 150 Stundenkilometern durch den Stadtwald: Dreißig Jahre lang wurde am Steuerndieb das Eilenriederennen gestartet.

Angeregt hatten das Rennen in der Metropole der deutschen Reifenindustrie die Gummifirmen Conti und Excelsior, deren Produkte in der Berichterstattung auch angemessen erwähnt wurden. 1928 gab es beim Training einen Toten; 1929 starb erst der Holländer Baar, dann fuhr der Stuttgarter Messerschmidt gegen einen Baum, was der Hannoversche Anzeiger mit drei Zeilen würdigte: „*Auch der Sturzhelm konnte den unglücklichen Fahrer nicht vor dem Schlimmsten bewahren; er blieb mit schwerem Schädelbruch auf dem sportlichen Feld der Ehre.*" Das Rennen ging weiter.

Später sorgte die Firma Esso für Aufsehen, als sie beim ersten Nachkriegsrennen 1950 den Privatfahrern als früher Sponsor eine komplette Werkstatt in der Eilenriede aufbaute – für unglaubliche 200 000 Mark. Aber das Interesse ließ nach. 1955, als Han-

ben Jahr in Le Mans ein Formel-1-Wagen mit 260 Stundenkilometer ins Publikum flog, explodierte und 85 Menschen tötete, da erhielt der ADAC für weitere Rennen keine Genehmigung mehr.

Es war zu gefährlich geworden. Das Wort „Umweltschutz" wurde erst später erfunden.

Revolution I
Die bürgerliche Revolution des Jahres 1848 beschränkte sich in Hannover auf zwölf „Wünsche" an den König.

„Unsere drückendste Fessel ist gefallen", verkündete die „Hannoversche Morgenzeitung" am 18. März 1848, „das entwürdigende Joch der Censur ist abgeworfen. Zum ersten Mal im Leben und zuerst in unsrer zehnjährigen journalistischen Tätigkeit sprechen wir zu unseren Lesern ein unüberwachtes Wort."

Hannover hatte endlich Pressefreiheit. Viel mehr aber auch nicht. Die März-Revolution hatte sich im Wesentlichen darauf beschränkt, dass Hannovers Bürger zwölf Wünsche an den König formulierten. Dazu gehörten neben der *„Sofortigen Entfesselung der Presse"* die Vereins- und Versammlungsfreiheit, die Einführung von Schwurgerichten, Volksbewaffnung und Verkleinerung des Heeres, Trennung von Justiz und Verwaltung, eine neue Gewerbeordnung, Beschränkung der Polizeigewalt, Religionsfreiheit und gleiche politische Rechte für alle, die das Bürgerrecht besaßen.

Rund 2 000 Bürger brachten diese Resolution am 17. März – gegen den Widerstand des Magistrats – in einem großen Aufzug zum Leineschloss. Aber König Ernst August ließ mitteilen, er sei krank und könne niemanden empfangen. Als die Leute trotzdem nicht gingen, ließ er seinen Beschluss verkünden, *„die Censur von heute an aufzuheben"*, gab einigen weiteren Forderungen nach und versprach in Bezug auf die anderen die *„erforderlichen Erwägungen und Verhandlungen"*.

Aber auch das reichte der Menge nicht. Erst als am Friederikenplatz Militär mit scharfer Munition aufmarschierte, beendeten Hannovers Bürger ihre Revolution. Und als es am nächsten Tag bei der Hanomag in Linden unruhig wurde (dort fand im selben Jahr der erste Fabrikarbeiterstreik der Stadtgeschichte statt), wussten die bürgerlichen Revolutionäre, wohin sie gehörten:

Sie gründeten eine Bürgerwehr, hefteten sich als Erkennungszeichen eine gelbweiße Binde – die Farbe der eben noch bekämpften Welfen – an den Hut und sperrten das Calenberger Tor *„gegen das Eindringen des Lindener Mobs"* ab.

Revolution II

Fast hätte ein Hannoveraner Preußen regiert: Robert Leinert sollte 1921 Ministerpräsident werden.

„Urplötzlich", berichtete die SPD-Zeitung „Volkswille" am 9. November 1918, *„ist gestern in den frühen Morgenstunden in Hannover eine neue Ordnung eingetreten."* Als ein preußischer Hauptmann auf dem Bahnhof die revolutionären Urlaubspässe durchreisender Soldaten nicht anerkennen wollte, stürmten diese die hannoverschen Kasernen, Arbeiter verließen die Fabriken: Die Novemberrevolution hatte Hannover erreicht – zwei Tage früher als andere Städte.

Ein Arbeiter- und Soldatenrat versuchte erfolgreich, *„in dieses Chaos Ordnung zu bringen"*, erinnerte sich Robert Leinert nicht ohne Stolz, denn *„als am 9. November 1918 im übrigen Deutschland die revolutionäre Bewegung einsetzte, konnte hier bereits wieder der Zugverkehr aufgenommen werden"*.

Vier Tage nach dieser ordentlichen Revolution wurde Robert Leinert Oberbürgermeister. Und diesen Job machte der gelernte Maler und ehemalige Gewerkschaftssekretär so gut, dass er wenig später Vorsitzender des Zentralrates der „Deutschen Sozialistischen Republik" wurde. Er nahm an den Friedensverhandlungen in Versailles teil (und stimmte gegen den Versailler Vertrag); der Preußische Landtag wählte ihn zum Präsidenten, und als die SPD nach Verlusten bei der Wahl 1921 einen neuen Preußischen Ministerpräsidenten suchte, sollte Leinert der Nachfolger von Otto Braun werden.

Aber Leinert blieb in Hannover, brachte die längst fällige Eingemeindung →Lindens auf den Weg – und ließ sich anschließend aus dem Amt tricksen: Der rechte „Ordnungsblock", der 1924 die Mehrheit im Rat (der damals „Bürgervorsteherkollegium" hieß) erreicht hatte, strich die Stelle des Oberbürgermeisters einfach „aus Ersparnisgründen". Die Nazis strichen ihm 1933 auch die Pension, verfolgten ihn und sperrten ihn ein, bis er 1940 nach schwerer Krankheit starb.

Roter Punkt
Ihren größten Erfolg erzielt die Studentenbewegung in Hannover: Sie erzwang ein innovatives Nahverkehrskonzept.

Damals berichtete sogar die Peking-Rundschau von *„Kampf der werktätigen Massen"* in Hannover. Eine Woche lang war Ausnahmezustand in der Stadt. Die Üstra, damals noch im Besitz der Preußenelektra, hatte zum 1. Juni 1969 die Preise erhöht.

Am 7. Juni gab es eine erste Demonstration, am 9. Juni wurden die Straßenbahnen blockiert, die alle noch oberirdisch über Steintor und Aegi fuhren. Am 10. Juni verhaftete die Polizei über 100 Protestierende, am 11. Juni zählte die tägliche Demonstration schon über 10 000 Köpfe.

Dann versuchten Stadt und Üstra es auf die radikale Tour: Sie ließen ab 12. Juni einfach keine Bahn und keinen Bus mehr fahren. Aber das Kalkül, die Bevölkerung so gegen die Studentinnen und Studenten aufbringen zu können, ging nicht auf. Es geschah im Gegenteil, was niemand für möglich gehalten hätte: Die Bevölkerung organisierte sich ihren Nahverkehr selbst. Ein roter Punkt an der Windschutzscheibe bedeutete: Ich nehme Leute mit; aus Üstra-Haltestellen wurden Autohaltestellen, an denen junge Leute per Megafon die Fahrtziele der haltenden Autos ausriefen; und auf den Kreuzungen regelten Langhaarige den Verkehr, denn auch die Verkehrspolizei war aus der Stadt zurückgezogen worden.

Der Rote Punkt funktionierte besser als die Üstra: In den Großbetrieben kamen weniger Leute zu spät als an normalen Tagen, am Ende trugen vier von fünf Autos in Hannover den Roten Punkt, und auch die 200 000 Teilnehmer des Schlesiertreffens kamen am 14. Juni auf diese Weise pünktlich zum Messegelände. Nur die Taxifahrer fanden das gar nicht witzig: Niemand wollte mehr ein Taxi.

Acht Tage lang lebte Hannover prima ohne Straßenbahnen, acht Tage lang war Fête in der Stadt, denn natürlich schien die ganze Zeit die Sonne, und das Steintor war noch ein Rasenplatz. Dann beschloss der Rat, die Preise noch unter das alte Niveau zu senken, die Üstra zu kommunalisieren und einen Großraumverband Hannover zu gründen.

Das waren die Grundlagen dafür, dass Hannover heute eine bundesweit vorbildliche →Stadtbahn hat. Eigentlich hätte die Stadt sich ruhig mal bedanken können.

Rugby
Hannovers Überlegenheit im Rugby ist unbeschreiblich. Oft ist die deutsche Meisterschaft eine Stadtmeisterschaft.

Doch, es wurden auch schon andere Vereine Deutscher Rugby-Meister. Neuenheim etwa, Heidelberg und Frankfurt. Aber ein Endspiel um eine Deutsche Meisterschaft, an dem keine Mannschaft aus Hannover beteiligt war, das hat es in der Geschichte des Deutschen Rugby-Verbandes (der natürlich in Hannover sitzt) bis heute nicht gegeben. Von den bisherigen 79 Endspielen gewannen hannoversche Vereine 58.

So richtig zu erklären ist das nicht, mit der alten Bindung Hannovers an England hat es wohl nichts zu tun. Rugby kam erst später, das Braunschweiger Martino-Katharineum will 1874 das erste Fußballspiel – so hieß der Sport damals – auf dem Kontinent ausgetragen haben. Zudem machten die vielen englischen Schüler, die damals der niedrigeren Lebenshaltungskosten wegen auf Internate in Deutschland geschickt wurden, das raue Spiel hier bekannt.

Mit dem heutigen Fußball, der später aus dem Rugby entstand, konnte die ältere Sportart nicht mithalten. Hannover 96, zunächst ebenfalls ein Rugby-Club, wurde erst zum dominierenden Verein in Hannover, als es 1901 auf Fußball umstieg. Besonders Gymnasiasten traten damals bei.

Rugby dagegen war in Hannover Arbeitersport, anders als in Heidelberg, dessen Uni regelmäßig deutscher Hochschulmeister wird. An der Leine waren die Studenten vom DFV (heute DSV), der 1878 als erster Rasensportverein in Deutschland gegründet wurde, immer ein bisschen außen vor. Auch die Kommerzialisierung ging am Rugby vorbei, und immer noch sind Hannovers Vereine Stadtteilvereine. In der Liste der Deutschen Meister finden sich neben dem FV 1897 Linden der SV Odin aus der Nordstadt, VfR und Schwalbe Döhren, DRC und SV 1908 Ricklingen, Germania List, der Verein für Volkssport aus Hainholz.

Unter den 15 meistberufenen Nationalspielern ist mit Peter Heller aus Handschuhsheim nur ein einziger Nicht-Hannoveraner. Die besten kommen aus Linden. Dort hat alleine Victoria schon 20 Deutsche Meistertitel gesammelt.

Rundfunk
Die Chance, die wichtigste Radiostation für Norddeutschland zu werden, schlug Hannover gleich zweimal aus.

Im Prinzip wäre Rundfunk schon viel früher möglich gewesen. Mit dem Mikrofon und der drahtlosen Telegrafie waren die beiden grundlegenden Techniken schon seit Jahrzehnten bekannt. Aber das „Rundfunkempfangsverbot für Privatpersonen" wurde erst im April 1923 aufgehoben.

Ab Oktober wurde in Berlin die „Radio-Stunde" ausgestrahlt, und auch in Hannover, so meldete der Hannoversche Anzeiger am

22. Dezember, könne binnen eines Monats ein Rundfunksender in Betrieb gehen. Das Café Continental eröffnete sogar eine „Rundfunk-Versuchsstation", aber die Stadtverwaltung scheute das Risiko. Sie wollte erstmal die Erfahrungen anderer Städte abwarten. So übertrug die „Nordische Rundfunk Aktiengesellschaft" ihre erste Sendung am 2. Mai 1925 aus Hamburg; der hannoversche „Nebensender" der NORAG nahm seinen Betrieb am 16. Dezember in der Hanomag auf. Die Rundfunkgebühr betrug zwei Mark – unverändert bis 1969!

Gesendet wurde zunächst nur eine Stunde am Tag – inklusive Werbung, die eine Zeit lang die Schlagersängerin Claire Waldoff (*„Wer schmeißt denn da mit Lehm?"*) sprach. Empfangsgeräte verkaufte vom ersten Tag an das Eisenwarengeschäft Oskar Winter, das in der Arndtstraße die „OWIN Radioapparatefabrik GmbH" gegründet hatte.

Zwei Premieren gab es dann doch noch. Am 24. April 1925 ging in Hannover die erste Wahlrede über den Äther: Der 77-jährige Paul von Hindenburg bewarb sich für das Amt des Reichspräsidenten – und fragte am Ende in das noch eingeschaltete Mikrofon: *„Was muss ich'n jetzt noch machen?"* Sechs Tage später übertrug die NORAG die Walpurgisfeier live vom Brocken – es war die erste Rundfunk-Live-Reportage Europas.

1946 war der Sender Hannover zwar als erster in Norden wieder betriebsbereit; sein Programm wurde zunächst auch von Hamburg übernommen. Aber dann hatte die Stadt Angst vor zu hohen Kosten – und der Nordwestdeutsche Rundfunk baute wieder Hamburg zur Zentrale aus. Dass Hannover 1951 am Maschsee das modernste Funkhaus Europas bekam, reichte da als Trost kaum aus.

Sauberkeit

**Heinrich Heine beeindruckte
in Hannover vor allem die Sauberkeit:
Er ließ sich erstmal die Stiefel putzen.**

1843 war Heinrich Heine unterwegs von Paris nach Hamburg, um Stoff für sein Buch „Deutschland. Ein Wintermärchen" zu sammeln. Auch sein kurzer Aufenthalt in Hannover, wo seine Großeltern gelebt hatten, ergab ein paar Strophen:

*Ich kam nach Hannover um Mittagszeit,
Und ließ mir die Stiefel putzen.
Ich ging sogleich die Stadt zu besehn,
Ich reise gern mit Nutzen.*

*Mein Gott! Da sieht es sauber aus!
Der Kot liegt nicht auf den Gassen!
Viel Prachtgebäude sah ich dort,
Sehr imponierende Massen.*

*Besonders gefiel mir ein großer Platz,
Umgeben von stattlichen Häusern;
Dort wohnt der König, dort steht sein Palast,
Er ist von schönem Äußern.*

*(Nämlich der Palast.) Vor dem Portal
Zu jeder Seite ein Schildhaus.
Rotröcke mit Flinten hielten dort Wacht,
Sie sehen drohend und wild aus.*

*Mein Cicerone sprach: „Hier wohnt
Der Ernst Augustus, ein alter,
Hochtoryscher Lord, ein Edelmann,
Sehr rüstig für sein Alter.*

*Idyllisch sicher haust er hier,
Denn besser als alle Trabanten
Beschützet ihn der mangelnde Mut
Von unseren lieben Bekannten.*

*Ich seh ihn zuweilen, er klagt alsdann,
Wie gar langweilig das Amt sei.
Das Königsamt, wozu er jetzt
Hier in Hannover verdammt sei.*

*An großbritannisches Leben gewöhnt,
Sei es ihm hier zu enge,
Ihn plage der Spleen, er fürchte schier,
Dass er sich mal erhänge."*

Der „Cicerone", der Heine hier über Ernst August ins Bild setzt, war der Hannoveraner Johann Heinrich Detmold. Er wurde nach der Revolution 1848 Reichsjustizminister und hatte mit dem König ganz andere Erfahrungen gemacht: Weil er mit einer Denkschrift beim Frankfurter Bundestag gegen die Aufhebung der Staatsgrundgesetzes durch Ernst-August (→ Personalunion) protestiert hatte, hatte der ihn zu sechs Wochen Gefängnis verurteilen lassen.

Schallplatte

**Mit der Erfindung des Grammophons
durch Emil Berliner wurde Hannover zur
Hauptstadt der Schallplatte.**

Es war nicht die erste Erfindung des Emil Berliner (1851–1929, → Familienunternehmen), aber wohl die folgenreichste. Im Jahre 1887 meldete der ausgewanderte Hannoveraner in Washington und in Deutschland das Grammophon zum Patent an.

Es war eine typische Berliner-Erfindung: Er hatte sich den sperrigen Phonographen vorgenommen, auf den Thomas Alva Edison das Patent besaß, und daraus ein alltagstaugliches Gerät entwickelt. Statt Edisons nur einmal benutzbarer Walze setzte Berliner eine Schallplatte ein, die billiger herzustellen, einfacher zu transportieren und beliebig oft abzuspielen war.

In den USA allerdings herrschte Edison. Als Berliner seine Erfindung dort nicht los wurde, kehrte er nach Deutschland zurück und gründete in Hannover eine Schallplattenfabrik, die als „Deutsche Grammophon" internationales Renommee erwarb. Sie verschmolz später mit Polydor zum größten Musikkonzern der Welt, wurde 1998 vom Seagram-Konzern übernommen und mit der „Universal"-Film- und Musikgruppe vereinigt.

Aber das besagt nicht viel. Denn auch die großen Konkurrenzkonzerne EMI, MCA/Decca und RCA/Victor gehen auf

Ein Hannoveraner machte die Musik konservierbar: Emil Berliners Markenzeichen „Nipper".

Gründungen von Emil Berliner in England, Kanada und den USA zurück. Sein Markenzeichen kannte damals die ganze Welt: Es war Nipper, der kleine Hund, der im Grammophontrichter „His Master's Voice" lauschte.

Da war es nur konsequent, dass auch die Fortentwicklungen der Schelllackplatte aus Hannover kamen. Telefunken stellte hier 1958 als Weltsensation die Stereoschallplatte vor, dann war wieder „die Grammophon" an der Reihe: 1956 nahm ihr Werk in der Podbi als weltweit erstes die Massenproduktion von MusiCassetten auf; 1982 hatte auch die Serienproduktion von CDs ihre Weltpremiere in Hannover. Das neue Werk in Langenhagen war zur Jahrhundertwende mit einer Kapazität von 800 000 CDs am Tag das größte CD-Presswerk Europas.

Und wer meint, das seien einfach viel zu viel Schallplatten – bitte sehr: 1993 eröffnete Polygram in Langenhagen die erste CD-Recycling-Anlage der Welt.

Schlösser
Das im Krieg zerstörte Herrenhäuser Schloss wurde nie wieder aufgebaut. Aus gutem Grund.

Am 18. Oktober 1943 pflügten englische Bomben den Großen Garten in Herrenhausen förmlich um; das einstige Schloss der englischen Könige brannte bis auf die Grundmauern ab. Seither hat es an Forderungen nicht gefehlt, das Schloss wiederaufzubauen. Ministerpräsident Ernst Albrecht (CDU) etwa wünschte sich einen adäquaten

an unsere höhern Schulgebäude", schrieb er nach Paris, „*an unsere Klöster von zweitem Range, an die Sitze unserer Landjunker von mittelmäßigem Reichtum in den Provinzen. Wenn es dreißig Meilen um Paris stünde, so würde sein Besitzer schon längst geeilt haben, es dem guten Geschmack oder seiner Eitelkeit aufzuopfern.*"

Daran konnte auch Hofbaumeister Laves wenig ändern, der sich im 19. Jahrhundert mühte, durch neue Umbauten aus dem alten Landhaus, das die Welfen 1665 in der

Trotz Umbau durch Hofbaumeister Laves mittelmäßig geblieben: das Schloss der Welfen in Herrenhausen.

Rahmen für seine feudalen Neigungen; die Expo-Gesellschaft hätte das Schloss gern als repräsentativen Empfangsraum gehabt.

Nun mag man streiten, ob sich Geschichte zurückbauen lässt, ob neue Architektur wirklich unfähig ist, Verlorenes zu ersetzen. Dass diese Debatte in Hannover immer recht schnell beendet war, lag nicht zuletzt am Herrenhäuser Schloss selbst.

Über das hatte sich schon Monsieur Mangourit recht abfällig geäußert, der im Jahre 1803 seiner Regierung Bericht über die Verhältnisse im französisch gewordenen Hannover erstattete. Das Schloss *„erinnert*

Nähe von Coldingen abgebrochen und hier wieder aufgebaut hatten, doch noch ein richtiges Schloss zu machen. Vergeblich. Der hannoversche Architekturführer von 1882 fand für das Schloss ganze vier Worte: „*Von geringem architektonischen Werthe*".

Da behilft man sich besser mit Vorhandenem. Wie die Post, die Anfang der neunziger Jahre das erhalten gebliebene Galeriegebäude mit der Erläuterung „Schloss Herrenhausen" auf einer Briefmarke abbildete. Ein Kalenderverlag hatte es Jahre zuvor sogar geschafft, ein Foto des Neuen Rathauses mit der Zeile „Das Schloss in Hannover" zu versehen. Sieht ja auch so aus.

Schnellseher
Lange vor der ersten Film-Vorführung 1895 in Berlin wurden in Hannover „Schnellseher" entwickelt.

Das, was wir Kino nennen, interessierte Ernst Kohlrausch nur aus einem Grund: Der engagierte Turner, der von 1875–1916 Lehrer am Kaiser-Wilhelm-Gymnasium war, wollte das Turnen verbessern. Dazu suchte er Möglichkeiten, Bewegungsabläufe in ihren einzelnen Phasen zu erfassen.

Damals kam gerade die „Augenblicksphotographie" auf, die mit kurzen Belichtungszeiten bewegte Objekte abbilden konnte. Deren Meister war Otto Anschütz aus Berlin, der 1886 für das Kriegsministerium am hannoverschen Militär-Reit-Institut (→Reitsport) Bewegungsstudien von Pferden aufnahm. Sein „Film" bestand aus 24 Bildern, deren jedes von einer eigenen Kamera aufgenommen wurde – elektrisch ausgelöst im Abstand von drei bis zwölf hundertstel Sekunden. Später gelang es ihm sogar, diese Aufnahmen als bewegte Bilder zu projizieren. Sein „Schnellseher" stand damals als Münzautomat in vielen Städten.

Aber Anschütz' Technik war kompliziert: Er musste für jede Aufnahmeserie 24 Kameras aufbauen und justieren. Als Alternative konstruierte Kohlrausch einen Apparat, auf dem alle Kameras auf einem großen Rad (mit Handkurbel) montiert waren. Es war die erste derartige Apparatur, die alle Aufnahmen aus derselben Perspektive machte. Zum Beispiel die Serienaufnahme „Salto rückwärts vom Ein-Meter-Brett", die Turnpädagogen in Begeisterung versetzte.

Um den mannshohen Apparat für Lehrer erschwinglich zu machen, baute Kohlrausch ihn aus Holz. Die Kameraverschlüsse waren aus Pappe; ein späteres Modell kam mit nur vier Objektiven für 25 Aufnahmen aus. Das photochemische Laboratorium der Technischen Hochschule Berlin zollte ihm 1894 höchstes Lob, da mit seinem Apparat Serienbilder auch der machen könne, *„der die hohen Kosten einer Apparatenbatterie nebst Zubehör nicht zu erschwingen vermag"*.

Kohlrausch baute auch Projektionsapparate für seine Bilder. Dass sie funktionierten, dafür gibt es Hinweise, aber keine Belege. Sein Problem war: Er verstand sich gar nicht als Erfinder – er wollte das Turnen fördern. So war es der Cinematograph der Gebrüder Lumière, der zur Weltsensation wurde. Kohlrausch kennt man heute nur noch als Turnpädagogen.

Schützenfest
Das größte Schützenfest der Welt findet in Hannover statt.
Das lässt sich präzise beweisen.

Sechs Tage waren die Olympischen Spiele 1996 in Atlanta schon im Gang, sechs quälende Tage ohne Goldmedaille für Deutschland – da erlöste ein Schütze die ungeduldigen Sportfans: Christian Klees von der Schützengemeinschaft Linden 04 gewann das erste Gold für Deutschland und siegte im Kleinkaliberschießen mit neuem Weltrekord.

Doch, Schießen ist Sport, kein Zweifel, auch beim größten Schützenfest der Welt wird heute nicht mehr Schützenkönig, wer an meisten zahlt, sondern Leute wie Günter Danne. Der war 1990 Stadtkönig und vorher Weltmeister im Keilerschießen gewesen.

In der 470-jährigen Geschichte des hannoverschen Schützenfestes ist Sport freilich ein recht neues Motiv. Früher ging es um militärisches Training – und um Materielles. Um Geld, um Fleisch, um Broyhan.

Beim Ochsenschießen im Mittelalter zum Beispiel ging es um ausgewachsene Ochsen. Die wurden von einem vereidigten Fleischhauer zerlegt und verteilt, das halbe Tier und die Zunge dem Ersten, dem Zweiten

An diesem Tag gehört auch das Rathaus den Schützen: Die Vereidigung der „Bruchmeister" in der Rathaushalle ist der Auftakt zum Schützenfest.

das Hinterteil, der Siebte bekam immerhin noch Kopf und Füße, der Achte die Gedärme. Und der Letzte beim Schießen bekam ein Ferkel, das er beim Rückmarsch durch die Stadt führen musste, woraus, wie die Schützen versichern, die Redensart „nochmal Schwein gehabt" entstanden sein soll.

Außerdem waren bis ins 19. Jahrhundert die vier Besten ein Jahr lang von der Steuer befreit. Das lohnte sich schon, da war der Andrang so groß, dass die Polizei 1888 für den Equipagen- und Droschkenverkehr zum Schützenplatz eine Regelung wie die „Maßnahme A" bei der Messe einführen musste: Anfahrt nur durch die Waterloostraße im Einbahnverkehr; Anhalten, Wenden und Aus-der-Reihe-Fahren war verboten.

Schon damals hatte Hannover das größte Schützenfest der Welt. Mag auch das Münchner Oktoberfest größer, der Karnevalsumzug in Rio länger sein – das ändert nichts. Ein Schützenfest als zentrales Volksfest des Jahres, das gibt es nämlich nur in Niedersachsen und ein paar angrenzenden Regionen, neuerdings auch wieder in Sachsen und Thüringen. Und davon ist Hannover das größte. Der Welt.

Selbsthilfe
Um die Jahrhundertwende wurden die schönsten Wohnanlagen von Baugenossenschaften errichtet.

Der Brüggemannhof fasziniert bis heute. Hinter einer unscheinbaren Hofeinfahrt ein großer Platz mit verwinkeltem Grundriss, rundum bebaut, grün und intim abgeschottet von der lauten Schlosswender Straße. Man schaut an den Fassaden hoch, findet Balkone und Erker, Loggien und Laubengänge und denkt sich: Da kann man wohnen.

Nur allzu groß sind die 197 Wohnungen nicht, denn es waren Arbeiterwohnungen, gebaut zwischen 1913 und 1924 vom „Spar- und Bauverein", einem Selbsthilfeprojekt kleiner Leute gegen die Wohnungsnot.

Da *„die Speculation ... ganz vorzugsweise für die wohlhabende Classe gebauet (hat), weil solche Gebäude einen größeren Gewinn in Aussicht stellen"*, hatten Arbeiterorganisationen in Hannover zunächst einen Mieterverein gegründet und 1885 dann, als der sich gegen die Willkür der Hausbesitzer als nicht ausreichend erwies, einen Verein, *„der den Bau von Wohnungen selbstthätig in Angriff nehmen sollte"*.

Die Chance, hier eine gute Wohnung zu bekommen, war groß: Im Spar- und Bauverein konnte jeder Mitglied werden, der in der Lage war, seinen Geschäftsanteil von 300 Mark in wöchentlichen Raten zu mindestens 30 Pfennig abzustottern. Die von diesem Geld gebauten Wohnungen wurden unter allen Mitgliedern verlost – auch denen, deren Anteil längst nicht voll bezahlt war.

Seine ersten Häuser baute der Spar- und Bauverein in einer Straße in der List, die heute nach seinem Gründer „Franz-Bork-Straße" heißt; danach folgten bis 1930 über 40 große Wohnanlagen im ganzen Stadtgebiet. Und das Beispiel machte Schule: In den zwanziger Jahren waren es 20 Genossenschaften, die den Wohnungsbau für kleine Leute in Hannover fast alleine bestritten. Große Teile der Südstadt, Ricklingens und Anlagen wie der Spannhagengarten sind auf diese Weise entstanden.

Sensationell für die damalige Zeit war die Ausstattung im Schlosswender Garten, der später nach dem Geschäftsführer des Spar- und Bauvereins Brüggemannhof getauft wurde: Jede Wohnung hatte in der Küche, abtrennbar durch einen Vorhang, eine Nische für eine Badewanne.

SPD
Mit Kurt Schumacher wurde Hannover nach dem Zweiten Weltkrieg zum Zentrum der Sozialdemokratie.

Als es vorbei war, war er 50 Jahre alt, hatte nur noch einen Arm, war zehn Jahre lang in Gefängnis und KZ gequält worden, bis ihm Hannover als Zwangsaufenthalt zugewiesen wurde. Dort arbeitete der schwerkranke Jurist und Doktor der Politik als Buchhalter in der →Kleisterfabrik Sichel. Genug?

Für Kurt Schumacher ging es jetzt endlich los. Noch in der Nazi-Zeit hatte er Kontakt zu anderen Sozialdemokraten aufgenommen; noch im selben Monat, in dem die Amerikaner 1945 in Hannover einmarschierten, gründete er einen SPD-Ortsverein, der schnell zur inoffiziellen Parteizentrale der SPD wurde. Im „Büro Dr. Schumacher" in der Lindener Jacobstraße arbeiteten bald Egon Franke, später Bundesminister, Erich Ollenhauer, später Parteivorsitzender, Fritz Heine, später SPD-Pressechef, Annemarie Renger, später Bundestagspräsidentin, Fritz Nau, später Finanzchef der SPD.

Als die SPD im Oktober 1945 in Wennigsen wiedergegründet wurde, obwohl die Besatzungsmächte Parteien noch gar nicht zugelassen hatten, wurde Schumacher ihr Vorsitzender für die Westzonen. Er erarbeitete das Grundgesetz mit, unterlag bei der Wahl zum Bundespräsidenten 1949 Theodor Heuss (FDP) und wurde der wichtigste Gegenspieler Konrad Adenauers.

Inzwischen war er schwer erkrankt, hatte auch noch ein Bein verloren. Genug? Schumacher wurde SPD-Fraktionsvorsitzender im Bundestag und arbeitete weiter an seiner Vision eines dritten Weges, der die Wiedervereinigung ermöglichen sollte. Er war ein geradezu geifernder Antikommunist; Adenauer aber nannte er einen „Kanzler der Alliierten" – und wurde dafür 30 Tage von den Bundestagssitzungen ausgeschlossen.

Nur: Die Besatzungsmächte wollten keinen dritten Weg in Deutschland und schon gar kein Gesamtdeutschland mit einer sozialistischen Planwirtschaft, wie es Schumacher vorschwebte.

1952 war es dann doch genug. Als Kurt Schumachers Leichnam von Bonn zum Ricklinger Friedhof überführt wurde, standen in sämtlichen Orten an der Straße SPD-Ortsvereine Spalier. Und davon gab es wieder viele. In Hannover hatte es angefangen.

Spekulation
Ein Finanzskandal machte aus einer erfolgreichen Lindener Maschinenfabrik die weltbekannte Hanomag.

Für die Egestorffsche Maschinenfabrik war es ein Glücksfall, als Bethel Henry Strousberg die Fabrik 1868 nach dem Tod ihres Gründers Georg Egestorff kaufte. Strousberg baute damals die rumänische Eisenbahn, und allein dieser Auftrag lastete das Werk für anderthalb Jahre aus.

Der Engländer Strousberg nahm das Prinzip des Shareholder Value vorweg: Er normte die Loks, führte strikte Arbeitsteilung ein und steigerte so die Produktivität der Lindener Fabrik in drei Jahren um 70 Prozent. Statt 40 Loks baute sie nun 200 im Jahr und brachte Strousberg auf zwei Taler Lohn einen Taler Reingewinn ein.

Dabei zeigte er sich sozial. Um Arbeitskräfte zu werben, baute er eine Werkssiedlung, die nach der Eisenbahn „Klein-Rumänien" hieß, und die Arbeitszeit verkürzte er freiwillig von elf auf zehn Stunden. Wobei er freilich so viele Pausen strich, dass im Endeffekt mehr gearbeitet werden musste als vorher.

Strousberg baute Eisenbahnen in ganz Europa, kaufte Bergwerke, Wälder, Stahlwerke und zahlte mit Aktien seiner Gesellschaften. „Der größte Mann in Deutschland ist unbedingt der Strousberg. Der Kerl wird demnächst noch deutscher Kaiser", schrieb Friedrich Engels 1869. „Er kauft jetzt alle möglichen industriellen Etablissements ... Dabei hat er das klare Bewusstsein, dass er als armer Schlucker endigen wird. Sein Hauptprinzip ist: nur Aktionäre zu prellen, mit Lieferanten und anderen Industriellen aber kulant zu sein."

Engels behielt Recht: 1871 weigerte sich der rumänische Staat, die Bahn zu übernehmen, an der jede Menge Pfusch festgestellt worden war. Strousberg konnte die Aktien-Coupons nicht einlösen; es kam zu peinlichen Skandalen, da an der Spekulation Adelige als Strohmänner mitverdient hatten. Strousberg musste seine Fabriken verkaufen, über sein Vermögen wurde der Konkurs eröffnet, in Petersburg saß er ein Jahr im Gefängnis. Am Ende starb er verarmt.

Die Egestorffsche Maschinenfabrik, die er 1871 verkaufen musste, wurde derweil als Hannoversche Maschinenbau-Actien-Gesellschaft (Hanomag) zu einer der führenden Lokomotivfabriken der Welt.

Sportstadt
Das Niedersachsenstadion wurde 1954 als größter und wichtigster Stadionneubau der Bundesrepublik eingeweiht.

Es regnete den ganzen Tag. Trotzdem kamen 35 000, um den neuen Stolz der Stadt in Besitz zu nehmen. Vom 26. September 1954 an war das Niedersachsenstadion erste Wahl, wenn es in Deutschland um große Sportveranstaltungen ging. Kaum ein Jahr verging ohne Fußball-Länderspiel, DFB-Pokalendspiele fanden hier statt und zahllose deutsche Meisterschaften.

Die 75 066 Plätze des Stadions – mehr hatte nur das Berliner Olympiastadion – wurden gleich zum ersten Großereignis mit Sondertribünen auf 86 656 aufgestockt. Da trat am 16. Oktober der frischgebackene Fußballweltmeister Deutschland zu seinem ersten Länderspiel auf heimischem Boden an – und verlor 1 : 3 gegen Frankreich. Die Fans waren sich einig: Mit ein paar Spielern von 96 wäre das nicht passiert.

Denn Hannovers Ruf als Sportstadt Nr. 1 basierte nicht nur auf dem neuen Stadion. Zur Eröffnungsfeier präsentierten sich auf dem Rasen der Deutsche Fußballmeister Hannover 96, der Deutsche Rugbymeister Victoria Linden und die Deutschen Korbballmeisterinnen vom TKH.

Tribünen für 86 000 Fans auf den Trümmern der Innenstadt: Nach 1954 gab es kaum ein Jahr ohne Fußball-Länderspiel im Niedersachsenstadion.

Mit dem Stadion schlug die Stadt zwei Fliegen mit einer Klappe: Es wurde aus den Trümmern des Krieges gebaut. Vier Jahre lang hatte man 2,3 Millionen Kubikmeter Trümmerschutt, die der Krieg in der Innenstadt hinterlassen hatte und deren Transport ins Altwarmbüchener Moor viel teurer geworden wäre, hier in der Masch-Ohe aufgeschüttet. Als der Wall 26 Meter hoch war, machte man die Tribüne daraus.

Es war nur der erste Schritt zum Sportpark Hannover. 1964 folgte die Sporthalle, 1972 das Stadionbad, 1976 das Bundesleistungszentrum Nord. Nur das damals geplante Freibad *„mit Umkleidehallen für etwa 10 000 Besucher"* entfiel später doch.

Dafür sorgte das Stadion 1994 für eine Bestleistung, mit der 40 Jahre vorher niemand gerechnet hatte. 240 000 Menschen kamen da zu Phil Collins' Konzerten in die wichtigste Open-Air-Arena des Nordens: Publikumsweltrekord. Trotz Regen.

Aber 1954 waren die Leute ja auch gekommen. Obwohl der Regen so stark war, dass die Freudenluftballons am Ende der Feier nicht mal bis zum Stadionrand kamen.

Stadtbahn
Das hannoversche Stadtbahnsystem gilt weltweit als Vorbild für ein modernes Nahverkehrssystem.

Die alten Kombiwagen, die mit ihren ausklappbaren Gummirädern auch auf der Straße weiterfahren konnten, wo die Straßenbahnschienen zu Ende waren, hat die Üstra leider nicht mehr. Aber sonst fast alles, was an Innovationen im Nahverkehr denkbar ist.

Zum Vorbild geworden ist vor allem das hannoversche Stadtbahnprinzip: Im Zentrum unterirdisch, draußen zu ebener Erde,

aber auf eigenen Trassen. Das ist billiger als die reine U-Bahn, die der Rat ursprünglich bauen, Bonn aber nicht finanzieren wollte, aber schneller als eine reine Straßenbahn.

35 Jahre hat Hannover an diesem System gebaut – ganz vollendet ist es noch immer nicht. Unter den Stationen Hauptbahnhof und Steintor warten bis heute zwei komplette Geisterbahnsteige darauf, an einen Tunnel von der Marienstraße nach Linden angeschlossen zu werden. Auch beim Bau des Ihme-Zentrums wurde eine Unterfahrung durch die U-Bahn schon berücksichtigt.

Heute ist Hannover in Sachen Nahverkehr neben Karlsruhe und Zürich eine der drei Vorzeigestädte in Europa. Die Steuersoftware, die die Üstra selbst entwickelt hat, sie an etliche Städte in ganz Europa verkauft; das Betriebsleitsystem der New Yorker U-Bahn ist eine Kopie von Hannover, und die Stadtbahn von Tunis, die modernste in Afrika, wurde der hannoverschen gleich komplett nachgebaut.

Auch beim Umweltschutz ist die Üstra vorn. Als erstes Straßenbahnunternehmen in Deutschland erhielt sie ein Öko-Audit nach EU-Richtlinien. Sie setzte als erste Erdgasbusse im großen Maßstab ein (→ Alternativenergie) und versah die Bahnen mit einer Elektronik, die Bremsenergie wieder in die Oberleitung zurückspeist.

Das Entscheidende aber ist: Nahverkehr ist seit dem → Roten Punkt politisch gewollt in Hannover. Was man zum Beispiel an den „intelligenten" Ampeln sieht, die Straßenbahnen an Kreuzungen automatisch grünes Licht geben.

Und wenn nicht gerade der Zuglenkcomputer versagt wie ausgerechnet bei der Computermesse CeBIT 2000, dürften die Fahrgastzahlen weiter steigen. Die liegen in Hannover schon jetzt 25 Prozent über denen vergleichbarer Städte.

Stadthalle
**Zwischen Stadtpark, Zoo und Eilenriede
hat sich die Stadthalle zum
Ausnahme-Kongresszentrum entwickelt.**

Nein, größenwahnsinnig war Hannover
nicht in dieser Zeit. Nur leicht berauscht von
dem gewaltigen Aufschwung, der die Einwohnerzahl in 50 Jahren von 60 000 auf
300 000 verfünffacht hatte.

Für eine so aufstrebende Stadt war das
Mammutprojekt Neues →Rathaus nicht genug. Parallel plante der Magistrat deshalb
seit 1902 den Bau einer Stadthalle. Aber erst
1912 war das Projekt zu angemessener Di-
mension gereift: Wo sich das Rathaus noch
am Reichstag in Berlin orientierte, war die
Stadthalle gleich *„dem Pantheon in Rom
nachempfunden"*, mit dem größten Konzert-
saal Europas (4 200 Sitzplätze) und einer
Orgel, die *„als eine der bedeutendsten Leistungen des deutschen Orgelbaus vor dem
1. Weltkrieg"* gefeiert wurde.

Zwei Jahre nur dauerte der Bau, Max Re-
ger und Siegfried Wagner dirigierten zur
Eröffnung am 11. Juni 1914, und schon weitere zwei Jahre später wurde das Kuppeldach wieder abgedeckt: Das Militär brauchte
das Kupferblech zur Waffenproduktion.

Das aber war harmlos gegenüber dem
Zustand der Stadthalle nach dem zweiten
Krieg: *„Bestellen Sie einen großen Rasier-
hobel und putzen Sie den ganzen Überfluss
weg"*, empfahl der Stadthallenarchitekt Paul
Bonatz damals dem Stadtbaurat.

Der hielt sich nicht an diesen Rat, und
so verfügt Hannover heute über ein opti-
males und optimal gelegenes Kongresszen-
trum, das bunter genutzt wird als jedes
andere Gebäude der Stadt: Skat- und Ten-
nisturniere finden hier ebenso statt wie Par-
teitage und Kleintierausstellungen, Kirchen-
tage, Rockkonzerte und Landespressebälle.
Auch die Akustik der Kuppel, die sich als
miserabel erwiesen hatte, stimmt jetzt.

Neuerdings heißt sie gar nicht mehr
Stadthalle, sondern „Hannover Congress
Centrum" (HCC), kann gleich in fünf Sälen
jeweils mehr als 1 000 Menschen unterbringen und ist damit nicht nur eines der
größten, sondern auch das vielseitigste derartige Zentrum in Deutschland.

Das schönstgelegene sowieso. Gottfried
Benn, dessen Lieblingsplatz die Stadthallen-
terrasse war, widmete ihr 1935 sogar ein
Gedicht, die „Stadthallenelegie".

Stadtkultur
**1970 wurde in Hannover erfunden, was
heute Stadtmarketing heißt:
Straßenkunst, Flohmarkt, Altstadtfeste.**

*„In Hannover fällt den Leuten immer
etwas ein"*, schrieb die „Frankfurter Neue
Presse" 1970 voller Anerkennung. In Hannover war gerade ein Flohmarkt entstanden
(der erste in Deutschland), führte ein Roter
Faden (der erste in Deutschland) Gäste zu
den Sehenswürdigkeiten der Stadt, und eben
hatte der Rat ein „Straßenkunstprogramm"
beschlossen (das erste in Deutschland): Moderne Kunst und Kunstaktionen für ein
neues Lebensgefühl in der Stadt.

Zum Start lud die Stadt zu einem Altstadtfest ein (dem ersten in Deutschland),
bei dem Kunst und Bratwürste, Beat-Musik
und Happenings und Sonnenschein eine so
inspirierende Symbiose eingingen, dass der
Kritiker der „Zeit" hinterher schrieb: *„Ich
habe noch niemals solche Mengen so in-
telligent unterhaltener, so amüsierter und
aktiver Stadtbewohner gesehen wie hier –
und keinen einzigen Polizisten."*

Man muss sich die Atmosphäre dieser
Zeit klarmachen, um das zu würdigen: Im
endlich wieder aufgebauten Hannover hatte
bis dahin der „Mann mit Pferd" am Hohen
Ufer die moderne Kunst vertreten, war
Musik auf der Straße tabu (es sei denn

Schützenmärsche), und Straßenfeste kannte man gar nicht. Wo noch 1967 die Straßenreinigung junge Leute, die sich Gammler nannten, mit Feuerwehrschläuchen vom Georgsplatz gespritzt hatte, da lud nun ein Oberstadtdirektor die Gäste ein, die Nacht auf dem Rasen am Leineufer zu verbringen.

Sie taten es, denn das Fest sollte nie enden. Bewegliche Kunstobjekte animierten zum Mitgestalten, riesige Plastikwürste rollten durch die Straßen, auf der Orgel der mit Spiegeln verfremdeten Marktkirche jazzte ein moderner Bach, die Babbelplast-Hopsburgen für Kinder hatten hier ihre Premiere, und in einem durchsichtigen Plastikschlauch von drei Metern Durchmesser konnte man über den Maschsee laufen.

Es war Oberstadtdirektor Martin Neuffer, der der Stadt diese Imagepflege (auch dieses Wort wurde in Hannover erfunden) verordnet hatte, die später von allen anderen nachgeahmt wurde. Er wollte *„der Stadt die Kunst als neue Erlebnisdimension einziehen, sie so humaner machen".*

Zumindest hat er sie für ein paar Jahre zur Avantgarde der westdeutschen Kommunalpolitik gemacht. Unter den Gästen des ersten Altstadtfestes waren auch „Spione" aus München und Kiel. Die angehenden Olympiastädte wollten von Hannover lernen.

Stars
Vom Frauenschwarm der Fünfziger bis zum Vamp der Neunziger – Stars aus Hannover schrieben Filmgeschichte.

Eigentlich wollte Katja Flint Eisprinzessin werden, weshalb das Eisstadion am Pferdeturm einer ihrer wichtigsten Aufenthaltsorte wurde. Aber dann gingen die Eltern mit ihr in die USA, und als sie zurückkam, wurde sie etwas noch viel Tolleres. Sie wurde Marlene Dietrich. Nach guten („Die Sieger") und unsäglichen Rollen („Ballermann 6") übernahm die „erotischste Frau des deutschen Films" die Hauptrolle in „Marlene".

Flint ist nur eine aus der überraschend langen Reihe profilierter Schauspielerinnen aus Hannover. Maria Schrader („Aimée und Jaguar") wurde als 16-jährige Schülerin bei einem Praktikum im Ballhof entdeckt. Renan Demirkan entschloss sich während ihres Politikstudiums, den Stammplatz in

Hannoversche Jugend mit türkischem Pass: Renan Demirkan.

der „Blockhütte" am Weißekreuzplatz mit einem Studienplatz an der Hochschule für Musik und Theater zu vertauschen. Dort studierte auch Katja Riemann, die 1997 für „Die Apothekerin" den Bundesfilmpreis als beste Schauspielerin bekam und zuvor dem „Bewegten Mann" zu seinem Sensationserfolg verholfen hatte. An diesem Film wiederum wirkte der Kirchröder Kai Wiesinger mit, der nach „Kleine Haie" den „Comedian Harmonists" auf die Leinwand verhalf.

Um Mathieu Carrière, der seinen Durchbruch als „Der junge Törless" hatte, ist es ruhiger geworden, seit er vor allem in Frankreich spielt. Ohne den prototypischen Hannoveraner Otto Sander hingegen, der seit 1964 auf der Leinwand zu sehen ist, sind Film und Fernsehen der letzten Jahrzehnte eigentlich gar nicht vorstellbar.

Herbert Bötticher machte sein Abitur auf der Lutherschule, Günther Neutze auf der Tellkampfschule, und dann sind da die ganz großen Alten, die noch die Stummfilmzeit miterlebt haben: der bärbeißige Gustav Fröhlich, die patente Grete Weiser aus Linden, der schöne Dieter Borsche, der vor seiner Filmkarriere fünf Jahre lang beim hannoverschen Opernballett tanzte. Und Theo Lingen – ja, auch der. Als Franz Theodor Schmitz 1903 in Hannover geboren, debütierte er an der Schauburg, spielte mehrere Jahre am Residenztheater und kam noch 1970 nach Hannover zurück, um beim obligatorischen „Was Ihr wollt" im Gartentheater den Malvolio zu spielen.

Strom
Gäbe es einen Preis für das beliebteste Ziel von Protestdemonstrationen – die Preußenelektra hätte ihn verdient.

Als die Preußenelektra Ende der neunziger Jahre das Stromeinspeisungsgesetz zu Fall zu bringen versuchte, das ihr feste Sätze für die Abnahme von Strom aus privaten Windmühlen vorschrieb, war sie wieder mal der Buhmann. Aber das war keine ungewohnte Rolle für das Unternehmen vom hannoverschen Mühlenberg.

1927 als Gesellschaft der preußischen Kraftwerke und Verkehrsbetriebe in Berlin gegründet und 1947 nach Hannover verlegt, war in der „Preußischen Elektrizitäts-AG" so ziemlich alles vereinigt, was sich später als „demonstrationswürdig" erwies:

Die Preußenelektra war Eigentümerin der hannoverschen Üstra, deren Privatisierung der → Rote Punkt 1969 erzwang.

Als Stromversorgerin stieg die Preußenelektra in die Atomenergie ein, nahm 1972 mit Stade und Würgassen die beiden ersten rein kommerziellen Atomkraftwerke Deutschlands in Betrieb und wurde mit weiteren Re-

aktoren in Brokdorf, Brunsbüttel, Grohnde, Krümmel und Unterweser zum größten deutschen AKW-Betreiber. Und das bedeutete ab 1976: fast jeden Monat auf irgendeiner Baustelle Ziel riesiger Demonstrationen.

Selbst ihre konventionellen Anlagen machten Ärger. Als 1984 die Preußenelektra-Tochter BKB bei Helmstedt das Braunkohlekraftwerk Buschhaus in Betrieb nehmen wollte, das als „Altanlage" mit unzulässig hohen Emissionen konzipiert und genehmigt worden war, erzwangen monatelange Proteste den Einbau einer Entschwefelungsanlage.

Bei den Protesten mit dabei war Gerhard Schröder, SPD-Spitzenkandidat für die Landtagswahlen, der später als Bundeskanzler die Stromversorger zum Atomausstieg zu bewegen versuchte. Buhmann war da ein weiteres Mal der Konzern vom Mühlenberg.

Dem scheinen die ganzen Proteste wenig zu schaden: 1999 gab er im fünften Jahr hintereinander einen Rekordgewinn bekannt. Diesmal waren es 2,3 Milliarden Mark.

Tanz
Mary Wigman aus der Schmiedestraße erfand den „Ausdruckstanz", der das Ballett revolutionierte.

„Das sind keine Tänze mehr, das sind Tanzdramen, Tanztragödien, Tanzvisionen, Tanzballaden und Tanzgedichte", schrieb der Berliner Lokalanzeiger 1928 euphorisch. *„Dafür gibt es nirgends einen Vergleich. Das ist das große Geschehnis einer Kunst, die einmalig und unsterblich ist."*

Mary Wigman (1886–1973), in Hannover als Marie Wiegmann aufgewachsen, hatte eine Revolution gewagt: Sie tanzte, wie sie fühlte. Statt überlieferter, marionettenhaft gewordener Ballettfiguren nahm sie sich

„menschliche Urgebärden" zum Vorbild. Wild, ohne Konventionen. Kritiker rühmten die „*Wildheit einer Totalität*", ihre „*animalische Kraft*", und das Publikum war schnell gespalten. Während die einen sie als „*Hohepriesterin des Tanzes*", als „*Göttin*" und „*Seherin*" verehrten, wurde den anderen der „Ausdruckstanz" zum Synonym für Verderbtheit und Schamlosigkeit.

Ihr später Start mag diesen Weg erleichtert haben. Wigman wurde nie in Spitzentanz gedrillt, tanzen lernte sie erst mit 22 Jahren an einer jugendbewegten Schule in Hellerau bei Dresden, später auf dem Monte Verità bei Ascona, der damals für alternatives Leben, für Freiheit, Gleichheit und Naturverbundenheit stand.

Ihre eigene Schule, die sie 1920 in Dresden gründete, wurde zum Zentrum des Ausdruckstanzes in Europa. Yvonne Georgi, die langjährige Ballettdirektorin des hannoverschen Opernhauses, lernte hier ebenso wie Harald Kreutzberg, der in Hannover das Ballett zum Tanztheater weiterentwickelte. Ihre Tourneen in die USA stießen dort die Entwicklung des Modern Dance an.

Von Hitler, den sie für einen „*Mann ohne Maske*" hielt, war Wigman fasziniert. Sie arbeitete mit an den Massentänzen für die Olympischen Spiele in Berlin – und kam mit ihrem Individualismus doch in Konflikt mit den Nazis, die sie 1942 kaltstellten.

Danach, in der disziplinierten Zeit des Wiederaufbaus, gab es für die wilde Lust der zwanziger Jahre keinen Platz mehr. Erst die Studentenbewegung machte die Bühne frei für neue Hexen des Tanztheaters. Pina Bausch gehört zu ihren Erben.

Technik
Die Straßenbahn, in Hannover konsequenter ausgebaut als in vergleichbaren Städten, inspirierte sogar Dichter.

Schon der Andrang auf die erste Pferdebahn, die ab 1872 zwischen Steintor und Döhrener Turm verkehrte, war so groß, dass in den ersten Wochen trotz 10-Minuten-Takt Tausende zurückbleiben mussten.

Als das neue Verkehrsmittel, das zunächst eigentlich nur zum „Luxusvergnügen" gedacht war, 25 Jahre später elektrifiziert und sogar als → Güterstraßenbahn genutzt wurde, nahm die Begeisterung eher noch zu: Straßenbahn war Technik, war Großstadt, war Fortschritt.

Auch Gerrit Engelke (1890–1918), dessen Namen der Literaturpreis der Stadt Hannover trägt, konnte sich der Faszination nicht entziehen. Obwohl die klapprigen Wagen oft nicht mal die Steigung am Altenbekener Damm schafften, wo die Bahn auf einer Rampe über die damals noch ebenerdige Eisenbahnstrecke nach Altenbeken geführt wurde, sodass eine Zugmaschine vorgespannt werden musste, schrieb er

AUF DER STRASSENBAHN

Wie der Wagen durch die Kurve biegt,
  Wie die blanke Schienenstrecke vor ihm liegt,
  Walzt er stärker, schneller.

Die Motore unterm Boden rattern,
  Von den Leitungsdrähten knattern
  Funken.

Scharf vorüber an Laternen, Frauenmoden,
  Bild an Bild, Ladenschild, Pferdetritt, Menschenschritt –
  Schütternd walzt und wiegt der Wagenboden,
  Meine Sinne walzen, wiegen mit!:
  Voller Strom! Voller Strom!

Der ganze Wagen, mit den Menschen drinnen, Saust
  und summt und singt mit meinen Sinnen.
  Das Wagensingen sausebraust, es schwillt!
  Plötzlich schrillt
  Die Klingel! –
  Der Stromgesang ist aus –
  Ich steige aus –
  Weiter walzt der Wagen.

Tennisbaron

**Gottfried von Cramm, der beste
deutsche Tennisspieler vor Boris Becker,
wurde von den Nazis gestoppt.**

Nicht dass das heutige Hannover sich verstecken müsste. Die ATP-Weltmeisterschaften auf dem Messegelände und das Damenturnier in der Stadthalle, die Deutsche Meisterin Martina Müller und der Weltklassespieler Nicolas Kiefer haben es zu einer Top-Adresse im deutschen Tennis gemacht. Aber mit Gottfried von Cramm hätte selbst Boris Becker, den Günther Bosch aus Arnum groß machte, nicht mithalten können.

Gottfried Freiherr v. Cramm (1909–1976) war das umschwärmte Tennisidol der dreißiger Jahre. Er gehörte schon zum Jet-Set, als es noch gar keine Jets gab.

Seine Karriere führte vom DTV Hannover bis in die Weltspitze: Er gewann die US-Meisterschaften und zweimal die French Open, 1933 wurde er mit Hilde Krahwinkel Wimbledonsieger im Mixed. Das Einzelfinale in Wimbledon erreichte er dreimal hintereinander – und verlor jedesmal, 1935, 1936 und 1937.

So weit ist die Geschichte bekannt. Dass er Wimbledon 1938 hinter Gittern verbrachte, wurde schon damals vertuscht: Die Nazis hatten ihr einstiges Idol von Cramm wegen einer „homosexuellen Affäre", zu der er sich nie äußerte, verhaftet und zu einem Jahr Gefängnis verurteilt. Dass sein Partner Jude und damit „des Schutzes nicht wert" gewesen sei, hatte das Gericht als strafmildernd gewertet.

Danach durfte er nicht mehr in und für Deutschland starten. Ausländische Turniere bestritt er als Staatenloser; in Wimbledon aber musste er 1939 zuschauen, wie Bobby Riggs den Titel gewann. Den hatte er wenige Tage zuvor beim Turnier in Queens noch mit 6:0, 6:1 deklassiert.

Der „Tennis-Baron" war fair und elegant – und engagiert: 1945 half er, den DTV in Hannover wieder aufzubauen; 1947 organisierte er hier das erste überregionale Turnier in Nachkriegsdeutschland. Noch mit 44 Jahren trat er im Davis-Cup an; sein letztes Turnier spielte er mit 46. Dann heiratete er eine der reichsten Frauen der Welt, die Woolworth-Erbin Barbara Hutton, und starb 1976 auf einer Geschäftsreise, wie man stirbt nach einem schnellen Leben. Bei einem Autounfall in Kairo.

Theater

**1966 sollte Hannover ein neues
Schauspielhaus bekommen. Einen Tag vor
Baubeginn kam der Baustopp.**

Theater wie das hannoversche Schauspielhaus gibt es nicht viele. Hochkultur zieht sich nur selten bescheiden in eine Baulücke zurück, vor der Tür die Straßenbahnhaltestelle statt eines Schmuckplatzes.

Das war auch gar nicht so geplant. Das neue Theater würde am Raschplatz stehen, das stand seit Anfang der fünfziger Jahre fest. Etwa dort, wo heute zwischen Pavillon und DG-Bank das große Wasserbecken liegt. Aber irgendwie wurde der Bau immer wieder verschoben.

Zunächst drängte es nicht so, weil ja im Ballhof schon Ende 1945 wieder Theater gespielt werden konnte. Dann gab es andere Prioritäten, der SPD waren Stadtteilkultur und Freizeitheime wichtiger als Tempel der Hochkultur. Und als dann endlich ein Wettbewerb für das Schauspielhaus ausgeschrieben und ein Entwurf ausgewählt und überarbeitet und der Auftrag erteilt war, schrieb Stadtbaurat Rudolf Hillebrecht in einem Zeitungsartikel, nun sei der Übergang *„vom Wiederaufbau zur Erneuerung der Landeshauptstadt"* eingeläutet. Als dieser

Vierzig Jahre nach den ersten Plänen endlich Wirklichkeit geworden: das Schauspielhaus in der Prinzenstraße.

Text erschien, war das Schauspielhaus schon wieder gestorben. Oberstadtdirektor Martin Neuffer hatte die Notbremse gezogen und das Projekt im Frühjahr 1966 exakt einen Tag vor Baubeginn gestoppt.

Der Stadt war das Geld ausgegangen. Neben dem Theater wurden auch die geplanten Hallenbäder in Stöcken und Kleefeld, der Neubau des Raschplatzknotens, acht Schulprojekte, mehrere Neubauten im Zoo und etliche Straßenprojekte auf Eis gelegt.

1968 gab es einen neuen Wettbewerb. Der Architekt Claude Paillard wurde mit der Planung beauftragt – bis sie 1970 aus Geldmangel erneut eingestellt wurde.

Und dann lief am Raschplatz einiges aus dem Ruder. Als Defaka (heute Galeria Kaufhof) sein Kaufhaus in der Osterstraße neu baute, stellte man für die Bauzeit einen provisorischen Verkaufspavillon auf das freie Grundstück am Raschplatz. Als aber das Kaufhaus wieder auszog, besetzte die Bürgerinitiative Raschplatz den Pavillon und machte aus ihm 1977 ein unabhängiges Kultur- und Freizeitzentrum. Dann baute die DG-Bank auf dem Theatergrundstück, und als 1988 zum dritten Mal ein Architektenwettbewerb ausgeschrieben wurde, war auf dem Raschplatz kein Platz mehr.

Jetzt steht das Schauspielhaus in der Baulücke. Und da steht es wirklich gut.

Tierhaltung
Zu Forschungszwecken setzt die Tierärztliche Hochschule Hühner in Volieren und Rinder auf Wasserbetten.

Das Neueste für Rinder sind Wasserbetten. Richtig schön schwabbelnde Unterlagen bietet ihnen neuerdings auf dem Lehrgut Ruthe bei Sarstedt die Tierärztliche Hochschule an. Alternativ stehen Gummimatten oder Heu zur Verfügung. Das Ganze ist ein Langzeit-Forschungsprojekt und soll die Debatte um Tierhaltung versachlichen.

Die TiHo, 1778 als erste hannoversche Hochschule überhaupt gegründet, setzt damit wieder einmal neue Schwerpunkte. Als „Roß-Arzney-Schule" zunächst vor allem für das Militär zuständig, oblag ihr später die Lebensmittelsicherheit: 1899 wurde sie direkt neben den Schlachthof verlegt. Lange Zeit war sie unverzichtbar für alle, die etwas über Schweinekrankheiten lernen wollten; heute hat sie die größte Rinderklinik der Welt und macht sich nun auf, Kleinvieh zu untersuchen.

Denn neben Rindern geht es in Ruthe vor allem um Hühnerhaltung. Für die immer wieder hochkochende Diskussion um „Hühner-KZ" will die TiHo endlich verlässliche Aussagen liefern. In Ruthe beobachtet sie deshalb in einem international begleiteten Expo-Projekt über Jahre drei Gruppen von je 1 500 Hühnern – die eine Gruppe im Käfig, die zweite in Bodenhaltung mit Freilandauslauf, die dritte in einer mehrgeschossigen Voliere mit Scharrboden, Wasser- und Futterebene und Schlafzone.

Zu dieser Fragestellung musste die TiHo freilich erst getragen werden. Denn bis 1994 lebten in Ruthe 9 000 Hühner in veralteten Käfigen, Rinder und Schweine hatten kein Stroh. Erst als Veterinäre und Studentinnen öffentlich protestierten, erklärte sich das Land bereit, Ruthe zu einem modernen Ausbildungszentrum für Tierhaltung auszubauen.

Die ersten Ergebnisse überraschten: Bei der Sterblichkeit und der Legeleistung schnitten die Volieren-Hühner mit Abstand am besten ab; die Käfighühner lagen sogar noch etwas besser als die in Bodenhaltung. Aber die Forscher leben ja auch lieber in Etagenhäusern als auf bloßer Erde.

Touristenattraktion
Der „einzige erhaltene Barockgarten dieser Größe in Europa" sah in Wirklichkeit ganz anders aus.

So einen Garten wie in Herrenhausen gibt es kein zweites Mal auf der Welt, das ist unbestritten. Mit seinen Blumenornamenten und Wasserspielen stellt er sogar sich selbst in den Schatten. Denn so, wie er vor 300 Jahren angelegt wurde, taugte er kaum zur internationalen Touristenattraktion.

Damals, so fand das Institut für Grünplanung und Gartenarchitektur heraus, blühte auf dem riesigen Gelände keine einzige Blume – außer in einem kleinen Privatgarten gleich beim Schloss. An Stelle der heutigen Blumenornamente gab es nur Rasenstreifen, die Schwanenteiche waren Tümpel, und hinter den Hecken ließ Kurfürstin Sophie Spargel anbauen. Die meisten Bäume waren Obstbäume, und der Ehrgeiz der Gärtner konzentrierte sich darauf, mit allen Tricks möglichst das ganze Jahr über erntereifes Obst zu bekommen.

Die Große Fontäne funktionierte zunächst einmal gar nicht, weil es weit und breit keinen Berg gab, von dem aus man Wasser mit dem nötigen Druck hätte heranführen können. Als man 1719, nach 40 Jahren des Experimentierens, glaubte, mit dem eigens gegrabenen Ernst-August-Kanal, einer drei Meter hohen Staustufe, fünf großen Wasserrädern und 332 Rohrleitungen genug Wasserdruck für einen 20 Meter

Rechte Winkel gibt es hier auch nicht: Der geometrisch gezirkelte Große Garten in Herrenhausen wurde vor 300 Jahren schief eingemessen.

hohen Strahl erzeugen zu können, da reiste zur Einweihung sogar der König aus England an – und musste mit ansehen, wie sich seine Fontäne mühsam auf ganze fünf Meter hochquälte.

Erst im Jahr darauf schaffte sie die 20 Meter; mit der 1863 von der Hanomag gebauten Wasserkunst am Leinewehr wurden es sogar 67, und heute steigt sie bei gutem Wetter 82 Meter hoch. Das schafft keine andere Gartenfontäne der Welt.

Der Große Garten verluderte derweil. Bis 1936 Oberbürgermeister Menge von der Welfenpartei den ewig in Geldnöten befindlichen Welfen ihren Garten abkaufte. Aber kaum war er restauriert, da pflügten ihn Bomben um, und dann wurden hier erstmal wieder Kartoffeln, Mohn und Bohnen angebaut, wie schon Jahrhunderte vorher.

Danach entstand der Garten zum dritten Mal neu. Und ist heute, wie die Rekorddefinition präzise lautet, *„der einzige Barockgarten dieser Größe, der in Europa unverändert erhalten ist"*.

Traumschiff
Der größte Reisekonzern Europas wird von der Karl-Wiechert-Allee aus gesteuert.

Die „Astor" war kaum ein Jahr alt, da kannte man sie schon in halb Deutschland. Die Astor war „Das Traumschiff", seit sie 1982 in der gleichnamigen ZDF-Serie die Hauptrolle übernommen hatte. Vermarktet wurde sie schon damals von der TUI in Hannover.

Zur „Touristik Union International" hatten sich erst 1968 die hannoverschen Unternehmen Hummel und Scharnow Reisen und die Münchner Touropa zusammengeschlossen. Wenig später kamen auch die „Dr. Tigges Fahrten" aus Wuppertal dazu, die 1934 als erster deutscher Veranstalter eine Reise nach Mallorca organisiert hatten. Mehrere Tage lang waren die Gäste damals mit Bahn und Schiff unterwegs.

Dass aus dieser neuen Firma binnen zweier Jahrzehnte eines der bedeutendsten Unternehmen der Stadt werden würde, war damals kaum vorauszusehen. Immerhin buchten im Jahr nach der Gründung schon eine Million Gäste bei der TUI, die 1971 im hannoverschen „Haus der Reise" weitblickend die leistungsfähigste Computeranlage der europäischen Tourismusbranche in Betrieb nahm. 1988 war die TUI bei der Fernsehserie „Hotel Paradies" auf Mallorca dabei, und als 1991 der 200-millionste Urlauber auf der Insel begrüßt wurde, da war es – versteht sich – ein TUI-Gast.

Heute buchen bei der TUI pro Jahr 13 Millionen Menschen ihren Urlaub, unter denen sich 1999 sogar der niedersächsische Ministerpräsident befand. Aus der TUI ist die „TUI Group" geworden, die längst nicht mehr nur Reisen vermittelt. Aus ihrer Zentrale in der Karl-Wiechert-Allee steuert sie zwei eigene Fluggesellschaften, 172 eigene Hotels mit 84 000 Betten und 39 verschiedene Reise-„marken".

Auch das Traumschiff „Astor" ist hier noch zu haben. Es hat inzwischen seine Filmkarriere beendet, wurde auf „Arcona" umgetauft und kann bei der TUI-Tochter „seetours" wieder unbegrenzt von ganz normalen Reisenden gebucht werden.

Umweltverschmutzung
Hochgiftige Fabrikabgase wurden in Linden wegen ihrer Desinfektionswirkung für gesundheitsfördernd erklärt.

„Schwer wälzen sich die weißen dicken Dämpfe aus dem der Ihme zunächst belegenen Schornsteine, … die dahinter liegenden Straßen in weißen Giftnebel hüllend, die Vegetation schädigend und den Menschen den Athem nehmend."

1893 war es, als das Hannoversche Tageblatt die Abgase der Ultramarinfabrik in Linden beschrieb. Es muss ein unbeschreiblicher Smog gewesen sein, der auch Gesunden das Atmen schwer machte und so ätzend war, dass er an der Glocksee zum Bleichen ausgelegte Wäsche durchlöcherte. Aus Hannover hagelte es immer wieder Beschwerden gegen den dreckigen Nachbarn – aber den Menschen, die unmittelbar neben der Fabrik wohnten, schadeten die Abgase nicht, hatte das Amt Linden schon 1861 behauptet. *„Vielmehr haben sich einzelne Ärzte dahinausgesprochen, dass die Ausdünstungen aus der chemischen Fabrik die Bewohner der Behnsen- und Wesselstraße, wo die Häuser in einem feuchten Terrain zusammengepresst liegen und durchschnittlich bei großer Menschenmenge Unreinlichkeit herrscht, zur Zeit der Cholera gegen diese und sonstige Krankheiten geschützt hätten."*

Und falls sie doch „gesundheitsnachteilig" seien, müsse man eben den Bau von Wohnungen im Umkreis der Fabriken verbieten, schlug das Amt vor, da *„die Industrie ohne die in der Fabrik erzeugten Präparate nicht existieren"* könne.

Umweltverschmutzung war ein Grundrecht der Industrie. Diesen Grundsatz vertrat die Mechanische Weberei in Linden ganz offensiv, die am Ihmeufer den berühmten Lindener Velvet färbte und den Fluss dabei in eine blauschwarze Brühe verwandelte. Diese Abwässer seien nicht giftig, behauptete die Weberei, und selbst wenn, dann könnten sie der Ihme so wenig anhaben, *„als wenn ein Tropfen Blausäure in den Rhein fiele".* Und als immer wieder Fische starben und das Freibad im Fluss verlegt werden musste, wurde die Weberei pampig: Es sei nirgends rechtlich fixiert, dass Flüsse überhaupt als Trinkquelle und Bademöglichkeit zu dienen hätten, ließ sie die Behörden wissen.

Den Bau der ersten Kläranlage setzten erst Fabrikanten durch, die eine Beschädigung ihrer Turbinen durch die Schadstoffe im Wasser fürchteten.

Universalgenie
Der letzte Universalgelehrte der Weltgeschichte wirkte 40 Jahre lang am hannoverschen Hof.

Ein Universalgelehrter, so definierte man zu Zeiten, als das noch vorstellbar war, ist ein Mensch, der das gesamte Wissen seiner Zeit beherrscht. Gottfried Wilhelm Leibniz (1646–1716) galt als der letzte dieser Spezies in der Geschichte.

In der Tat gab es nichts, mit dem Leibniz sich nicht befasste. Schon mit acht Jahren hatte er lateinische Klassiker übersetzt, mit 15 den Doktortitel erworben, er war Jurist, Historiker, Philosoph, Mathematiker und Techniker, Sprachforscher und Theologe. Er baute die erste funktionierende Rechenmaschine und verteidigte Gott gegen atheistische Angriffe, er fand eine Verbindung zwischen Platon und Galilei, aber auch zwischen Luftdruck und Wetter, er ordnete die Hunderttausende von Büchern umfassende Herzog-August-Bibliothek in Wolfenbüttel und entwarf windmühlengetriebene Pumpen zur Entwässerung der Harzbergwerke. Er korrespondierte mit allen, die etwas galten in seiner Zeit, er plante Luftdruckkanonen, Fluggeräte und Fontänen. Nur eines tat er nicht:

Seine Philosophie wurde als „Optimismus" bekannt: Gottfried Wilhelm Leibniz.

Mit der Geschichte der Welfen, die zu schreiben er 1676 eigentlich an den Hof geholt worden war, kam er in seinen vier Jahrzehnten in Hannover gerade bis zum Jahr 1005.

Sein Glaube an die Kraft des Geistes war ungebrochen. Einer seiner vielen nie verwirklichten Pläne war die „Encyclopedia Perfecta", das perfekte Lexikon, das es „Autodidakten" (das Wort ist seine Erfindung) ermöglichen sollte, sich ohne Lehrer das Wissen der Welt anzueignen. Er entwickelte die Integral- und Differentialrechnung und das binäre Zahlensystem, das die Grundlage jeder Computertechnik ist; 300 Jahre, bevor der Begriff „Künstliche Intelligenz" erfunden wurde, wollte er eine neue Begriffssprache ausarbeiten, eine logische Sprache, in der man so präzise und irrtumslos sollte denken können, wie man in der Mathematik rechnet.

Seit 1698 lebte er im Leibnizhaus (das damals an der Schmiedestraße stand), klagte über den Mangel an Menschen, mit denen man über wissenschaftliche Fragen sprechen könne, und kam am Ende zu der Erkenntnis: *„Ein Leben am Hofe und gelehrte Gespräche schließen im Grunde einander aus."*

Das beruhte wohl auf Gegenseitigkeit. Als Leibniz' Bewunderer Johann Heinrich Voß Jahrzehnte später in Hannover sein Grab suchte, da wusste kein Amt, kein Priester, kein Archiv, wo der größte Geist der Stadt begraben war. Den Leibniz-Tempel baute man erst 73 Jahre nach seinem Tod. (Das Grab ist in der Johanniskirche.)

Unternehmer
Als erster „Kapitalist" Hannovers gilt Johann Duve, der 200 Jahre vor Beginn des Kapitalismus lebte.

An der Kreuzkirche ist er verewigt. Als 1631 ein Sturm das Dach von Hannovers ältestem Kirchturm riss, montierte man auf die neue, barocke Turmspitze eine goldene Taube. Weil Taube niederdeutsch „duve" heißt wie der großzügige Bauunternehmer, der für den neuen Turmhelm 100 Taler gestiftet – und an seinem Bau wohl 3 000 verdient hatte. Eine Privatkapelle durfte er sich auch noch an die Kirche anbauen.

Johann Duve wusste, wie man Geld verdient. Er war Mitpächter der städtischen Mühlen, Pächter sämtlicher Nicht-Edelmetall-Bergwerke im Harz und damit Monopolist für Bleilieferungen an das Heer. Er besaß einen kompletten Textilkonzern und ein Bauunternehmen, das sein Material so sparsam einsetzte, dass der Turm der Johanniskirche schon 20 Jahre, nachdem Duve ihn errichtet hatte, wieder einstürzte.

Vor allem aber wusste er sich bei alldem als Wohltäter zu profilieren. Duve stiftete das erste Armen- und Waisenhaus Hannovers – und ließ die Insassen für sich spinnen und weben. Er übernahm die Erziehung des Kindes einer hingerichteten Frau – und ließ sich die Kosten dafür von der Kämmerei

mit seinen Steuerschulden verrechnen. Er stiftete der Marktkirche einen Hochaltar – und ließ sich selbst darauf als bußfertigen Zöllner abbilden.

Seinen größten Coup landete er 1666. Da pachtete er die städtische Münze und durfte acht Jahre lang – auf eigene Rechnung! – die hannoverschen Taler prägen. Mit dem Gewinn finanzierte er Unternehmungen der Welfen, einen Krieg des Bischofs von Münster – und seinen eigenen Konkurs: Um Materialkosten zu sparen, hatte er zuletzt so schlechtes Geld geprägt, dass der Herzog nicht nur ihm, sondern auch der Stadt das Münzprivileg für immer entzog.

Noch eine Nummer größer war Leffmann Ezechiel Behrens, der nach Duve als Hofbankier, Hoflieferant, Hofjuwelier, Hofmünzer und Heereslieferant Hannovers Geldmarkt kontrollierte und zuletzt alle nord- und mitteldeutschen Fürsten sowie die Könige von England und Schweden zu seinen Schuldnern zählte. Natürlich auch Welfenherzog Ernst August. Dem finanzierte er die Kurfürstenwürde – und alles, was dazu an Bestechungsgeschenken nötig war.

Untertanen
Mit Speichelleckerei beim König versuchte der Fotograf George Müller in Hannover ins Geschäft zu kommen.

„Allerdurchlauchtigster Großmächtigster König, Allergnädigster Herr!

Im Vertrauen auf die hohe Gnade, womit Eure Majestät durch Annahme der von mir gezeichneten Porträts der Caroline Herschel, des Hofraths Dr. Holscher und des Leibmedicus Dr. Spangenberg mich unterstützten und zu weiterer Arbeit ermuthigten, habe ich unterthänigst mir erlaubt, wie früher so auch diesmal bei Ihrer Excellenz der Frau Gräfin Grote die Bitte zu wagen, daß Hochdieselbe geruhen möge, die jüngst von mir nach dem Leben lithographirten Portraits der beiden Freimaurer, Stuhlmeister Brandis und Krancke meinem allergnädigsten Könige und Herrn vorlegen zu laßen. Ich gebe mich auch dieses Mal der Hoffnung hin, daß Eure Majestät die Annahm und Anzahl dieser beiden Porträts allergnädigst zu befehlen geruhen werden.

Die höchste Gnade und Ermuthigung würde es mir jedoch sein, und ich bitte allerunterthänigst darum, daß Eure Königliche Majestät mich würdig halten möge, mir das Prädicat eines Hof-Lithographen und Photographen allergnädigst verleihen zu lassen.

Ich ersterbe in tiefster Devotion Eurer Majestät allerunterthänigster Diener

Br. George Müller
Lithograph und Photograph,
geb. zu Celle
Hannover, Burgstraße Nr. 24
den 10ten Januar 1857"

Gleich vier solcher Briefe von Müller fanden sich später in den königlichen Akten – alle vier waren erfolglos. Und das nicht nur, weil ihr Adressat, König Georg V., blind war: Der Hof hatte tatsächlich Erkundigungen eingezogen und erfahren, dass Müllers Lithographien *„in der That keinen Zweifel über seine Talentlosigkeit"* ließen, er als Fotograf *„ebenfalls nichts von Bedeutung geliefert"* habe, von seinen Leistungen aber *„gleichwohl sehr eingenommen"* sei. Zudem solle er *„auch etwas bornirt sein und über Politik sprechen, ohne zu wissen was er will"*.

Unwetter
1956 sorgte ein Orkan für Bilder aus Hannover, wie man sie sonst nur von Naturkatastrophen in den USA kennt.

1913 hätte ein Orkan fast den technischen Fortschritt aufgehalten. Der neue Funkturm in Eilvese, das nach dem Eiffelturm zweithöchste Bauwerk in Europa, war nach einem Unwetter so demoliert, dass die

Aufnahme des drahtlosen Telegrammverkehrs mit den USA erstmal um ein halbes Jahr verschoben werden musste. Zehn Jahre vorher hätte man wegen des Wetters sogar fast das XIV. Bundesschießen auf dem Schützenplatz absagen müssen.

Unwetter ist Hannover gewohnt. 1972 wütete der Orkan, der zehn Prozent der niedersächsischen Wälder umlegte, auch in der Eilenriede. Vier Jahre später deckte ein anderer die frisch montierten grünen Dachtonnen vom modernsten deutschen Busbahnhof wieder ab. Der Orkan aber, der am 25. August 1956 drei Stunden lang mit Windstärke 12 durch die Stadt tobte, stellte alle anderen in den Schatten.

Die Landwirtschaftsausstellung auf dem Messegelände war nach diesen drei Stunden vorzeitig zu Ende. 30 der Großzelte, in denen man sie mangels ausreichender Messehallen untergebracht hatte, waren vom Sturm zerfetzt. Die Messe lag förmlich darnieder. In der Eilenriede zog sich eine 200 Meter breite Schneise der Verwüstung vom Döhrener Turm aus dreieinhalb Kilometer durch den Wald. Da waren mehr Bäume umgerissen worden, als das Stadtforstamt normalerweise in drei Jahren schlug.

Auf dem Ricklinger Friedhof wurden 150 Bäume entwurzelt, auf dem Engesohder Friedhof flüchteten Trauergäste in Panik vor umherfliegenden Ästen. Vier Menschen wurden vom Bäumen und Dachziegeln erschlagen an diesem Tag, 80 Autos hatten am Nachmittag nur noch Schrottwert, einen Mopedfahrer hatte der Sturm gegen einen entgegenkommenden Lkw geschleudert.

Der Herrenhäuser Garten, so schrieben die Zeitungen, sah aus wie nach einem zweiten Bombenkrieg. Dabei hatte er gerade eine neue Umwälzpumpe bekommen, die die Große Fontäne 82 Meter hoch schleudern konnte. Aber nur bei Windstille.

Urheber
Ein Nazi-Bann gegen Reinhold Rüdenberg, den Erfinder des Elektronenmikroskops, wirkt bis heute nach.

Wenn Fachleute aus der Elektrotechnik auf Reinhold Rüdenberg zu sprechen kommen, fangen sie erstmal an zu definieren: Was ist eigentlich ein Erfinder? Rüdenberg jedenfalls erkennen sie als Erfinder des Elektronenmikroskops nicht an.

Dabei ist unbestritten, dass Rüdenberg (1883–1961), der in Hannover geboren wurde, hier studiert hat und später die Forschungsabteilung der Siemens-Schuckertwerke in Berlin leitete, 1931 die grundlegenden Patente für das Elektronenmikroskop angemeldet hat. Für jenes Gerät, das die Begrenzung optischer Mikroskope überwand und mit millionenfacher Vergrößerung sogar Viren sichtbar machen kann.

Genau das war auch Rüdenbergs Motiv gewesen: Sein Sohn war an Kinderlähmung erkrankt, und er hoffte, mit diesem Gerät die Forschung beschleunigen zu können.

Das Problem war nur, dass andere die gleiche Idee hatten. Fünf Tage, nachdem Rüdenberg die Patente angemeldet hatte, zeigten Max Knoll und Ernst Ruska in Berlin Vergrößerungen, die sie per Elektronenoptik erzielt hatten. Bald aber schlief die Geschichte ein, bei Rüdenberg, der in seinem Leben rund 300 Patente entwickelt hat, genauso wie bei Knoll – bis Siemens 1936 beschloss, das Elektronenmikroskop mit Hochdruck weiter zu entwickeln.

Da Rüdenberg aber zu diesem Zeitpunkt schon nach England emigriert war, holte Siemens sich Ruska ins Haus. Der brachte das Gerät zur Serienreife und bekam dafür 50 Jahre später den Nobelpreis. Vom Anteil des Juden Rüdenberg sprach keiner mehr.

Er selbst wies 1943 in einem Brief dezent darauf hin, dass man *„in Naziland Erfindern, die auswandern, keinen Glauben schenkt"*.

1946 verlieh ihm das Steven Institute of Technology die Ehrenmedaille für die Erfindung des Elektronenmikroskops – dann wurde er wieder vergessen.

Heute nennen Lexika zwar seinen Namen, oft aber ohne Hinweis auf das Elektronenmikroskop. Manche schreiben, sein Patent sei für dessen Entwicklung unerheblich gewesen; die Universität München verbreitet im Internet gar die Unterstellung, Rüdenberg habe das Patent gar nicht selbst entwickelt, sondern von einem Mitarbeiter bei Knoll und Ruska ausspionieren lassen.

Wer das wohl in die Welt gesetzt hat?

Utopie
Auch der Frankfurter Allgemeinen Zeitung gelang es 1998 nicht, Hannovers Geheimnis festzuhalten:

„Hannover ist eine nüchterne säuberliche Stadt, die, am Maschsee etwa, geradezu etwas von Zürich hat, eine staubtrockene Wohlhabenheit, eine wohlrestaurierte Geheimnislosigkeit und Solidität. Und doch scheint hier ein utopischer Geist zu Hause zu sein, ein geheimes Träumen von der Idealstadt, die aus reingeistiger Materie besteht und sich, wenn man sie festhalten will, wieder verflüchtigt."

„Solidität von utopischem Geist": die DG-Bank am Raschplatz.

Varusschlacht
Ein englischer Hobbyarchäologe aus Hannover fand den Beweis: Das Hermannsdenkmal steht am falschen Platz.

„Der Hermannskopf, so kolossal, dass Du daneben wie ein Kind, sieht herzlich dumm-ehrlich aus", zeigte sich Karl Marx halb beeindruckt, halb amüsiert, nachdem er bei seinem Besuch in Hannover 1867 (→Kapital) auch die Werkstatt von Ernst Bandel in der Eisenstraße besucht hatte, die damals eine Attraktion war. Denn Bandel arbeitete dort am Hermannsdenkmal und hatte – 29 Jahre nach der ersten Spendenkampagne – immerhin den Kopf, die Arme und die Füße bis zur Wade fertiggestellt.

„Das Zeug wird ebenso langsam fertig wie Deutschland", schrieb Marx an Engels, und von da an dauerte es noch einmal acht Jahre, bis das Mahnmal für die *„baldige Treueinigkeit unserer Volksstämme"* mit Hilfe von Spenden des Kaisers und der Firma Krupp endlich fertiggestellt war.

Sie hätten sich ruhig noch mehr Zeit lassen sollen. Denn auf der Grotenburg bei Detmold, wo der 53 Meter hohe Hermann 1875 von Wilhelm I. eingeweiht wurde, steht er falsch. Die blutige „Schlacht am Teutoburger Wald", in der Cheruskerfürst Arminius im Jahre 9 n.Chr. die 20 000 Mann starke Truppe des römischen Statthalters Publius Quintilius Varus vernichtete, fand nämlich gar nicht am Teutoburger Wald statt. Sondern 80 Kilometer vom Denkmal entfernt, in Kalkriese bei Osnabrück.

Dort wurden in den letzten Jahren in der größten archäologischen Kampagne Niedersachsens mehr als 3 000 römische Münzen, Speerspitzen, Schildbeschläge, Geschützbolzen, Helmreste, Klingen und ähnliche Objekte aus der Zeit vor dem Schlacht-Jahr 9 gefunden. Seither ist auch die Wissenschaft von dieser Theorie überzeugt, die sie lange verlacht hatte.

Zu verdanken ist das einem Hobbyhistoriker aus Hannover. Tony Clunn, Personalchef des inzwischen geschlossenen britischen Militärhospitals, hatte sich von der Lehrmeinung nicht irritieren lassen und 1987 bei Kalkriese die ersten 162 Silberdenare aus der Zeit vor Varus gefunden.

Versicherung
Die Feuerversicherung ist die Erfindung eines hannoverschen Kirchenmannes. Er regte auch das erste Papiergeld an.

Telekom-Aktien waren gar nichts dagegen. Als im Jahre 1857 die neue Hannoversche Bank (heute Deutsche Bank) ihre Schalterhalle öffnete, hatten wohlhabende Hannoveraner Aktien im Wert von 1,168 Milliarden Taler gezeichnet. Da das Grundkapital der Bank aber nur 2,5 Millionen Taler betrug, konnte nur jeweils eine von 467 gezeichneten Aktien zugeteilt werden.

Banken versprachen das große Geschäft damals, und in Hannover war die Gründung einer Bank überfällig. Schon hundert Jahre vorher hatte Georg Ebell, Abt des Klosters Loccum (1696–1770), ein solches Institut angeregt, und seine Vorschläge, die er in England abgeschaut hatte, waren in der Tat revolutionär. Vor allem sollte die Bank für Bargeld „Zettel" ausgeben, die – mit einem Kupferstich bedruckt und vom Bankdirektor unterzeichnet – im ganzen Land als bares Geld gelten sollten. Solche „Bank-Noten", so Ebell, liefen in England bereits um und könnten die metallenen Münzen irgendwann überflüssig machen.

Direkt umgesetzt wurde ein zweiter Vorschlag des Kirchenmannes, für Bauern eine Feuerversicherung einzuführen. Denn bis dahin hatte sich die Hilfe der Behörden bei Feuersbrünsten auf das Ausstellen von „Brandbriefen" beschränkt, die den Gschädigten das offizielle Recht zum Betteln gaben. Eine „Brand-Assecurations-Societät" hingegen, schrieb Ebell in seiner Denkschrift, würde nicht nur Bauern vor unverschuldeter Not schützen, sondern auch *„denen, welche auf Häuser Geld leihen"*, eine *„hinlängliche Sicherheit"* geben.

Ebells Vorschlag erhielt bereits 1750 Gesetzeskraft. Seither sind alle Bauern im Hannoverschen Pflichtmitglieder der „Brand-Assecurations-Societät", die heute Landschaftliche Brandkasse heißt und zur Versicherungsgruppe Hannover (VGH) gehört. Und der Abt des Klosters Loccum sitzt bis heute dem Brandkassenausschuss vor.

Virtuosen
In Hannover, im 19. Jahrhundert eine der musikalisch interessantesten Städte, blühte Johannes Brahms auf.

Am 19. Januar 1854 begrüßten sie sich auf dem Bahnhof: Joseph Joachim und Johannes Brahms holten Clara und Robert Schumann vom Zug aus Düsseldorf ab. Am Abend des 21. dirigierte Joachim Schumanns Symphonie Nr. 4, Clara spielte ein Klavierkonzert, Brahms steuerte seine 3. Sonate später zur Hausmusik im Hotel Royal bei.

Es war das einzige Mal, dass alle vier sich gemeinsam in Hannover trafen. Dennoch lag hier das Zentrum ihrer Verbindung, die das Musikleben über Jahre befruchtete.

Hannover verfügte damals über eines der profiliertesten Orchester, dessen Konzertmeister Joseph Joachim als bester lebender Violinist galt. Clara Schumann, die ihren ersten öffentlichen Auftritt als Pianistin ebenfalls in Hannover gehabt hatte, schrieb 1853 nach einem gemeinsamen Auftritt bei einem Musikfest: *„Haben wir anderen wohl*

auch Beifall gehabt, so errang doch Joachim den Sieg. Er spielte aber auch mit einer Vollendung und einer so tiefen Poesie, dass ich nie ein solch Violinspiel gehört habe."

Joachim wiederum bekam im selben Jahr Besuch vom 20-jährigen Johannes Brahms, der ihm eigene Kompositionen vorspielte, und konnte sich, so schrieb sein Biograph, *„vor Erstaunen gar nicht fassen, dass ein ganz unbekannter junger Mensch schon so fertige Sachen mit sich herumtrüge"*. Er empfahl Brahms an die Schumanns, und damit war die Verbindung perfekt:

Brahms wohnte für ein Jahr im Papenstieg und kam auch danach fast jedes Jahr nach Hannover, wo Joachim viele seiner Stücke uraufführte, die Brahms wiederum häufig ihm widmete. Schumann dirigierte Joachim, Brahms half Clara, als Robert krank wurde, Joachim vermittelte ihr Auftritte in Hannover und trat mit ihr gemeinsam auf. Häufig spielten sie Brahms, der seinerseits mehrere Hofkonzerte in Hannover gab.

Joachim ging 1866 nach Berlin und gründete dort die Hochschule für Musik. Ihm, dem Nachwuchsförderer, ist der höchstdotierte Nachwuchs-Violinwettbewerb der Welt gewidmet, der heute alle drei Jahre in Hannover stattfindet.

Wachstum
Als Großstadt ist Hannover ein Spätstarter. Braunschweig war noch Mitte des 19. Jahrhunderts größer.

Die Eckdaten aus der Entwicklung des Stadtgebiets und der Einwohnerzahl Hannovers:

Jahr	Entwicklung	Einwohnerzahl
1241	Hannover ist Stadt	
1300		2 500
1400		4 000
1500		5 000

Jahr	Ereignis	Einwohner
1636	Hannover wird Residenzstadt	
1675		8 500
1692	Hannover wird Hauptstadt des Kurfürstentums Hannover	
1755		17 423
1814	Hannover wird Hauptstadt des Königreichs Hannover	
1821		15 404
1824	Calenberger Neustadt eingemeindet	
1826		22 111
1845		40 200
1847	Ernst-August-Vorstadt angelegt	
1859	Vorstadt eingemeindet	
1861		60 120
1866	Hannover wird Hauptstadt der preußischen Provinz Hannover	
1869	Glocksee und Ohe eingemeindet	
1873	Hannover wird Großstadt	100 000
1891	Hainholz, Herrenhausen, List und Vahrenwald eingemeindet	
1905		250 000
1907	Bothfeld, Groß- und Klein-Buchholz, Döhren, Kirchrode, Lahe, Mecklenheide, Stöcken und Wülfel eingemeindet	
1910		300 000
1920	Linden mit Badenstedt, Bornum, Davenstedt, Limmer und Ricklingen eingemeindet	422 435
1928	Herrenhausen, Leinhausen und Marienwerder eingemeindet	
1933		442 795
1937	Teile von Bemerode und Laatzen eingemeindet	
1942		478 000
1945		217 000
1946		357 040
1948	Hannover wird Landeshauptstadt von Niedersachsen	400 000
1954		500 000
1962		574 800
1973		510 019
1974	Ahlem, Anderten, Bemerode, Misburg, Vinnhorst, Wettbergen, Wülferode sowie Teile von Laatzen, Langenhagen, Godshorn, Isernhagen und Rethen eingemeindet	568 843
1987		495 000
1998		518 181

Wahrzeichen

Vom Hassobjekt wurden die Nanas am Hohen Ufer zum unumstrittenen Lieblingskunstwerk der Stadt.

Es war das letzte Aufbegehren des alten Hannover. Für den heute lächerlich erscheinenden Betrag von 120 000 Mark hatte die Stadt die knallbunten, prallen „Nanas" von Niki de Saint Phalle gekauft und am 14. Januar 1974 am Hohen Ufer aufgestellt. Nach vier Jahren ›Stadtkultur und Straßenkunst schien das Routine.

Stattdessen aber rollte eine Protestwelle über Hannover. „*Ekelhafte Scheußlichkeiten*", „*Kulturschande*" und „*Umweltverschmutzung*" hieß es über die „*Schnapsidee einer besoffenen Ratsherren-Stammtischrunde*" in den Leserbriefspalten der Hannoverschen Allgemeinen, die in dieser Woche einen Rekordeingang von 235 Leserbriefen verzeichnete. Eine Bürgerinitiative sammelte 20 000 Unterschriften; eine Diskussionsveranstaltung in der Niedersachsenhalle war so überfüllt, dass tausend Empörte vor der Tür bleiben mussten, und der städtische Imagepfleger Mike Gehrke wurde sicherheitshalber für ein paar Tage unter Polizeischutz gestellt.

Die Nanas bündelten mehr Protestpotential als das ganze Straßenkunstprogramm bisher: Sie waren unförmig („*Beleidigung der Frau*"), zu bunt („*keine Kunst*"), zu teuer („*dafür hätte man drei Notarztwagen kaufen können*") und dann noch eine Unverschämtheit. Denn Niki de Saint Phalle wollte mit ihnen ausgerechnet Hannovers Vorzeigefrauen Kurfürstin Sophie, Caroline Herschel und Charlotte Kestner darstellen.

Der Rat reagierte mit Panik und legte alle Straßenkunstmittel auf Eis. Dabei war die Wut schnell verpufft. Als im Februar der

Jazz-Club bei den Nanas ein Happening veranstaltete, um Spenden für einen Notarztwagen zu sammeln, da kam kaum Stimmung auf: Niemand schimpfte. Und als im Oktober das neue Ihme-Zentrum als weiterer Baustein für Hannovers Zukunft gefeiert wurde, da waren die Scheußlichkeiten am Hohen Ufer schon auf dem besten Weg, zum neuen Wahrzeichen der Stadt zu werden.

Das Straßenkunstprogramm wollte „*die im Umgang mit moderner Kunst ungewohnten Bürger*" ganz allmählich für diese erwärmen.

Hat geklappt.

Wasserbau
In Marienwerder werden auf dem größten Spielplatz der Stadt Häfen, Deiche und Emssperrwerke entwickelt.

Eigentlich fehlt nur noch die Carrera-Bahn. Sonst wäre der Spielplatz für Männer komplett. Ganze Flusstäler sind da verkleinert nachmodelliert in der riesigen Halle, die so lang ist wie zweieinhalb Fußballfelder, und manchmal dreht einer den Hahn auf und lässt den Fluss über die Ufer treten. Andere waten in Gummistiefeln durch komplette Hafenanlagen, werfen die Wellenmaschine an und manövrieren Modellschiffe ferngesteuert zwischen Mole und Verladeeinrichtung. Manchmal kentert eins.

Der Proteststurm gegen die „Kulturschande" war nur ein Strohfeuer:
Mit den Nanas am Flohmarkt wurde die Toleranz in Hannover heimisch.

Was da geschieht, ist hochkompetente Wissenschaft: Die Wasserbauer vom Franzius-Institut der Universität haben Weltruf. Wenn irgendwo in der Dritten Welt ein Hafen gebaut werden soll, ist die Wahrscheinlichkeit groß, dass er in Hannover entwickelt und in Marienwerder erstmal im Modell getestet wird. Auch die Emsmündung wurde hier verkleinert aufgebaut, samt Sperrwerk.

Eine ganzes Wasserforschungszentrum ist in den letzten Jahren im Norden von Hannover entstanden. Im weltweit einmaligen Unterwassertechnikum, das Wassertiefen bis zu 4000 Metern simulieren kann, wird ein Roboter-U-Boot entwickelt, werden Techniken zum Schweißen unter Wasser erprobt. Beim Rückbau des Atomkraftwerks Gundremmingen wurden die vom Institut für Werkstoffkunde entwickelten Roboter und Greifarme bereits erfolgreich eingesetzt.

Das Forschungszentrum Küste bekam kürzlich das einzige Wellenbecken in Deutschland, in dem man auch unregelmäßigen Seegang simulieren und seine Auswirkungen auf Deiche und Kaimauern testen kann. Im großen Wellenkanal in Marienwerder können die Küsteningenieure zweieinhalb Meter hohe Wellen erzeugen und auf Deichprofile in Originalgröße auflaufen lassen – mit Kräften, die bis heute kein Computerprogramm vollständig simulieren kann.

Mit acht Meter Breite und 300 Meter Länge ist er der größte Wellenkanal der Welt, und gegenüber virtuellen Rechenprogrammen hat er noch einen ganz anderen handfesten Vorteil: Im Sommer kann man in ihm wesentlich besser baden als in einem Computer.

Wasserkrieg
**Die letzte Hochwasserkatastrophe war 1946.
Ohne den Schnellen Graben
wäre Hannover jedes Jahr überschwemmt.**

Für die Kleingärtner in der Ricklinger Masch gehört es zum Jahresablauf. Im Frühjahr, wenn im Harz der Schnee schmilzt, ist Land unter. Dann stehen manche Lauben bis zur Fensterbank im Wasser, und die Brückstraße nach Hemmingen ist gesperrt.

Früher war das auch in der Altstadt so. Die wurde jedes Frühjahr überschwemmt, bis Hannover irgendwann auf die Idee kam, den Schnellen Graben zu bauen, der bis heute das überschüssige Wasser aus der Leine in die tiefer gelegene Ihme ableitet.

Allerdings wurde das Hochwasser damit nur verlagert: Jetzt standen die Felder der Ricklinger Bauern unter Wasser, und die zerstörten, als 1717 der Schnelle Graben sogar noch ausgebaut wurde, *„wildentschlossen"* und *„bis an die Zähne bewaffnet mit Forken, Mist- und Eishacken, Axten und Barten"* alles, was Hannover gerade gebaut hatte. 50 Jahre lang tobte dieser „Wasserkrieg", berichtet die Chronik, dann erst war Hannover bereit, den Ricklingern wenigstens eine Entschädigung zu zahlen. Der Graben blieb.

1946 aber half auch er nicht. Am 9. Februar trat die Leine über die Ufer wie lange nicht mehr: Der Rathauskeller lief voll Wasser, der Herrenhäuser Garten war überschwemmt, zwischen Küchengarten und Deisterplatz stand das Wasser bis zu zweieinhalb Meter hoch. 70000 Benzinkanister, die die Flut am Schützenplatz losgerissen hatte, trieben durch die Calenberger Neustadt auf die Altstadt zu; im Polizeipräsidium wurde die hannoversche Einwohnerkartei vernichtet. Die Stromversorgung brach zusammen; das Gaswerk an der Glocksee fiel für ein halbes Jahr aus.

Am schlimmsten war der Hunger, der im ersten Nachkriegswinter ohnehin kaum zu ertragen war. In den überfluteten Kellern verdarben die kargen Lebensmittelvorräte, und Nachschub gab es nicht. Denn auch die Markthalle und viele Geschäfte standen im Wasser; die Brotfabrik Harry am Ihmeufer musste die Produktion einstellen. Im abge-

Bau für sein neues Café haben wollte, das er an der Ecke Georg-/Bahnhofstraße zu eröffnen plante. Die Baupläne hatte er gleich mitgebracht; sein Architekt Otto Goetze brauchte sie nur noch dem Grundstück anzupassen. Später hieß das Haus „Café Kröpcke" und wurde zum Erkennungszeichen Hannovers, bis es 1943 zerstört wurde.

Im Erdgeschoss des Staatsarchivs stand das Wasser 2,20 Meter hoch: Die Adolfstraße beim Hochwasser 1946.

schnittenen Friederikenstift gab es gar nichts zu essen, weil die Boote des Roten Kreuzes mit 200 Mahlzeiten gegen die reißende Flut nicht ankamen.

Als das Wasser nach zwei Tagen langsam wieder abfloss, war die halbe Stadt mit einer Schlammschicht überzogen.

Weltausstellungen
Die Expo 2000 ist kein Neuland. Hannover hat schon auf früheren Weltausstellungen Spuren hinterlassen. Und umgekehrt.

Als Georg Robby, Inhaber eines Cafés in der Leinstraße (→Konkurrenz), 1867 von der Weltausstellung in Paris zurückkam, war er begeistert. Ein Blumenpavillon hatte ihm dort so gut gefallen, dass er exakt so einen

Die alte Markthalle wurde am selben Tag zerstört. Sie hatte Stadtbauinspektor Paul Rowald aus Eisen und Glas nach dem Vorbild der Maschinenhalle auf der Pariser Weltausstellung des Jahres 1889 entworfen.

Auf der Jahrhundertweltausstellung 1900 konnte Paris zum Ausgleich mal von Hannover lernen. Die Hanomag erhielt dort den „Großen Preis" für ihre Vier-Zylinder-Verbundlokomotive; Eduard Frankenberg, Erfinder der Daunendecke und Inhaber der „Ersten Deutschen Daunendeckenfabrik", wurde mit einer Goldenen Medaille ausgezeichnet. Eine Silberne bekam die Firma Georg Kugelmann aus der Herrenstraße, die an der Entwicklung der Ansichtskarte „führend" beteiligt war und *„Ansichtspostkarten nach ihren eigenen Aufnahmen"* zeigte.

In Brüssel 1910 war es die Firma König & Ebhardt, die für ihr „Goldenes Buch" der Stadt Hannover ausgezeichnet wurde; Pelikan bekam eine Goldmedaille und Preußens Unterrichtsministerium auch. Das hatte eine „typische hannoversche Hilfsschule" gezeigt, die sorgfältig nach Ästhetik und Sauberkeit ausgewählt worden war.

Auch die Sophienschule und die Höhere Töchterschule I bekamen als Wegbereiterinnen der Emanzipation auf der Weltausstellung 1904 in St. Louis so eine Medaille – aber sahen sie nie. Das Ministerium behielt sie ein, da sie „*nur dem Buchstaben her aus Gold*" und zudem nur zur Ansicht ausgehändigt worden sei.

Ein paar Jahre später hätte ihnen vielleicht Walter Bruch helfen können. Aber der spätere Erfinder des →Farbfernsehens (PAL) besuchte erst die Weltausstellung 1937 in Brüssel. Dafür aber mit einer selbstgebauten Kamera.

In den dreißiger Jahren war sie populärer als „Fliegerheld" Ernst Udet: Flugpionierin Elly Beinhorn.

Weltfliegerin
51 Jahre lang war Elly Beinhorn als Pionierin der Passagierluftfahrt in der ganzen Welt unterwegs.

Zu einem Vortrag des Ozeanfliegers Herman Köhl in die Stadthalle zu gehen, das geziemte sich im Jahre 1928 durchaus für eine Hutmacherstochter und Absolventin der Stadttöchterschule. Aber dann gleich am nächsten Morgen beim Präsidenten des Hannoverschen Aero-Clubs vorzusprechen und wenige Monate später den ersten Flugschein zu machen, das war alles andere als normal. So wie Elly Beinhorn, 21 Jahre vorher in Hannover geboren, eben war.

Sie übte als Kunstfliegerin, wurde zum Star der damals beliebten →Flugtage, überstand einen Absturz unverletzt – aber vor allem wollte sie um die Welt fliegen. Und das tat sie.

Zu ihrem ersten großen Abenteuer, dem „Afrikaflug", startete sie im Januar 1931 allein mit einem einmotorigen Flugzeug, was noch heute ein Risiko wäre. Nach einer Notlandung in der Sahara war sie verschollen, tauchte eine Woche später in Timbuktu wieder auf – und dachte schon an ihren „Weltflug", der sie ab Dezember 1931 fast acht Monate lang in Etappen rund um den Globus führte. Mit ihrem 60 PS starken Klemm-Tiefdecker, der hauptsächlich aus Sperrholz und Leinwand bestand, kurvte sie um den Mount Everest, wurde vom König von Siam empfangen, wagte den Flug von Timor nach Australien und umrundete Südamerika.

Als sie zurückkam, war sie ein Star, den später auch die Nazis umwarben. Und als sie 1936 den umschwärmten Autorennfahrer

Als niemand sie auf eine Expedition mitnehmen wollte, machte sich Elly Beinhorn selbst auf den Weg: Sie lernte fliegen.

Die Scorpions haben den Auftritt in der Open-Air-Arena des Nordens noch vor sich: Niedersachsenstadion beim Konzert der Rolling Stones 1995.

Bernd Rosemeyer aus Lingen heiratete, da waren die beiden ein Traumpaar. Bis Rosemeyer 1938 bei einem Weltrekordversuch tödlich verunglückte. Elly Beinhorn flog weiter, auf Flugtagen und Langstreckenrennen, sie erkundete neue Routen für die Passagierluftfahrt – bis 1979. Da war sie 72 und gab ihre Fluglizenz freiwillig zurück.

Weltstars
Wenn es solche Weltranglisten gäbe – Musiker aus Hannover stünden unter den Top Ten. In der Klassik wie im Rock.

Auf diese Idee konnten nur Hannoveraner kommen: die „Scorpions" auf der Weltausstellung 1992 in Sevilla für Niedersachsen auftreten zu lassen und zu glauben, 2 000 Eintrittskarten reichten aus. Da waren die „Scorps" in Japan und den USA schon seit über einem Jahrzehnt absolute Superstars, in Moskau hatten sie 1989 vor 100 000 Menschen gespielt, nur für Deutschland waren sie eben noch ziemlich neu.

Für den zweiten Hannover-Star, der in Sevilla auftrat, reichte der Saal diesmal noch. Allerdings war Thomas Quasthoff zu dem Zeitpunkt wirklich nur Kennern bekannt. Obwohl er schon 1988 den ARD-Musikwettbewerb gewonnen hatte und damit zu den ganz Großen gehörte, weltweit. Aber Quasthoff singt klassische Lieder, da geht man nicht ohne Karte zum Konzert.

Nicht so wie die unübersehbare Menschenmenge, die da in Sevilla den deutschen Pavillon belagerte. Bis der Ministerpräsident ein Einsehen hatte und die Türen öffnen ließ, sodass viele tausend spanische Fans die Scorpions doch noch genießen konnten, umsonst – und mucksmäuschenstill. Denn die Hardrocker spielten unplugged.

Quasthoff ist solche Ruhe gewohnt. Obwohl er die aufgesetzte Andacht bei klassischen Konzerten gar nicht mag und die Leute gern aus der Fassung bringt. Dann

steht da dieser kleine Kerl mit dem riesigen Brustkorb und den winzigen Contergan-Armen und ist Frank Sinatra, Helmut Kohl und Al Jarreau in einem Atemzug. Klassisch singen kann er sowieso. Für seine Aufnahme von „Des Knaben Wunderhorn" bekam er im Jahr 2000 den Grammy in der Sparte Klassischer Gesang. Vielleicht singt er ja auch mal mit den Scorpions.

Die hatten ihren allerletzten Durchbruch 1992 eigentlich schon hinter sich. Ein Jahr zuvor war ihr „Wind of Change" genau im richtigen Augenblick gekommen und auch außerhalb der Rockszene zur Hymne für eine neuen Weltordnung geworden. In Sevilla merkten es dann auch die letzten. Der Ministerpräsident und heutige Bundeskanzler lässt sich seither am liebsten gar nicht mehr ohne sie fotografieren.

Welttheater
Kurt Hirschfeld, erster Regisseur des „Welttheaters", rettete das deutsche Theater über die Nazi-Diktatur.

Als „Mann des Welttheaters" hat man ihn bezeichnet, als er 1963 in seine Heimat zurückkehrte, um den Großen Kulturpreis des Landes Niedersachsen entgegenzunehmen.

30 Jahre vorher war Kurt Hirschfeld (1902–1964) als Regisseur am Darmstädter Theater fristlos entlassen worden. Er war Jude. Er emigrierte nach Zürich, wurde dort Dramaturg am Schauspielhaus und half dem deutschen Theater in der Emigration zu überleben. Und das gleich in mehrfacher Hinsicht:

Hirschfeld sammelte in Zürich Theaterleute wie Therese Giehse, die zu Hause verfolgt wurden. Modernen Autoren gab er eine Aufführungschance – und mehr: Bei der Uraufführung von Brechts „Puntila" führte er selbst so erfolgreich Regie, dass Brecht ihn später mehrfach für sein „Berliner Ensemble" abzuwerben versuchte. Hirschfeld war der erste im deutschsprachigen Theater mit einem Welttheaterspielplan: Er spielte auch Wilder, Camus, Sartre und Williams, die in Deutschland tabu waren. Und gewann Nachwuchsautoren wie Max Frisch und Friedrich Dürrenmatt für das Theater mit dem keinen Widerspruch duldenden Rat: *„Schreiben Sie Stücke! Ich führe sie auf!"*.

Hirschfeld half überleben auch im Wortsinne. Den Regisseur Wolfgang Langhoff, dessen Tatsachenbericht „Die Moorsoldaten" weltweit für Aufsehen sorgte, konnte er sogar aus dem KZ Börgermoor herausholen.

Während der Nazi-Diktatur war das Zürcher Schauspielhaus die einzige freie Bühne deutscher Sprache – und wurde wütend bekämpft von schweizerischen und deutschen Nazis. Die Sängerin Lale Andersen bekam Auftrittsverbot, als die Gestapo einen Brief von ihr an Hirschfeld abfing.

Hirschfeld, in Lehrte geboren, in Hannover zur Schule gegangen, hat danach nur noch ein einziges Mal in Deutschland gearbeitet. 1962 inszenierte er mit Dürrenmatts „Physikern" den Saisonhöhepunkt am hannoverschen Staatstheater.

Wetter
Die Apotheke zur Kugel in der List verkauft im Winter Früchtetee der Marke „Hannoveraner Sauwetter".

Natürlich muss es richtig „hannoversches Sauwetter" heißen, aber sonst macht das Wetter hier Günter Groß „viel Spaß". Nicht nur, weil er aus Frankfurt kommt und von dort schlechte Luft und Mücken kennt. Sondern weil er Professor für Meteorologie und Klimatologie ist und die immer neuen Formationen von Wind und Wolken am niedersächsischen Himmel liebt.

In Hannover können Wetterforscher was erleben. 1638, so berichten alte Chroniken, war der Winter so kalt, dass in den Wäldern um Misburg Wölfe gejagt wurden. 15 Jahre später wiederum war der Winter so warm, dass zu Weihnachten schon die ersten Störche aus dem Süden zurückkehrten.

Den letzten Winter wie in alten Zeiten erlebte Hannover 1985, bevor die Klimakatastrophe zum Thema wurde: Am 7. Januar wurde am Flughafen die tiefste Temperatur seit Beginn der Wetteraufzeichnungen gemessen: minus 26,1 Grad. Fünf Tage später verbrachten Hunderte von Autofahrern die Nacht eingeschneit auf der Autobahn. In Langenhagen lag mit 26 cm die dickste hier jemals gemessene Schneedecke. Und im März folgte, was folgen musste: ein Hochwasser, wie es schlimmer nur im Februar 1946 (→Wasserkrieg) gewesen war.

Sauwetter eben. Für Karl Krolow (1915–1999) war Hannover *„ziemlich lange ein anderes Wort für nasskalt, nasskalt und zuweilen nassforsch. Die Schulwege in einer Gegend, in der es lange Februar war, viel länger als die üblichen 28 oder 29 Tage"*, erinnerte sich Hannovers bekanntester Lyriker: *„Als Quintaner konnte ich gut rechnen. Wahrscheinlich hing das damit zusammen, dass ich damals Meteorologe werden wollte. Ich wusste nicht genau, was das war. Aber ich wusste, dass diese Tätigkeit mit dem Wetter zu tun hatte. Und ich war für Schönwetter, ein für alle Male, und wollte den Himmel über Hannover verändern. Menschen schienen mir schon früh veränderbar in ihren Anlagen. Aber ich war gegen Bronchialkatarrh, geschwollenen Hals und Kieferneuralgien – und liebte doch Hannover, das so schlecht weggekommen war."*

Die Schule aber half ihm da nicht weiter. Als sein Lehrer ihm als Lohn für gute Leistungen ein Hindenburg-Bild schenkte, auf das der große Mitbürger eigenhändig
„Ewig wird das Reich bestehen,
wenn ihr einig seid und treu"
geschrieben hatte, war Krolow frustriert: *„Was sollte ich mit dem Blatt? Eine Auszeichnung – gut. Aber ich wollte das Wetter ändern … Und dazu brauchte ich weder Reich noch Ewigkeit, Einigkeit und Treue."*

Widerstand
Ernst Thälmann, Vorsitzender der KPD, war sechs Jahre in Hannover eingesperrt, bevor die Nazis ihn ermordeten.

Andere sperrten die Nazis aus Rache ein oder um sie zu vernichten. Ernst Thälmann, den Vorsitzenden der KPD, hätten sie 1933 verhaftet, weil er eine Gefahr war, sagte Hitler später in einem Tischgespräch.

Elf Jahre saß er im Gefängnis, einen Prozess bekam er nie. Vier Untersuchungsrichter waren eigens abgestellt worden, um die Anklage wegen „Verabredung eines bewaffneten Aufstandes" und „Aufforderung zur gewaltsamen Verfassungsänderung" auszuarbeiten. Am Ende aber hatte die Nazi-Führung Angst vor einer ähnlichen Blamage wie beim Reichstagsbrandprozess: Thälmanns Haft wurde in „Schutzhaft" umgewandelt. Das ging ohne Prozess. Als sie in Berlin, wo er zuerst einsaß, einen Befreiungsversuch fürchteten, wurde er 1937 in das hannoversche Gerichtsgefängnis gebracht, das als besonders sicher galt.

Das stand etwa dort, wo heute der Raschplatz-Pavillon steht, und war dem hannoverschen Widerstand wohl bekannt. Otto Brenner (→Mitbestimmung) war dort eingesperrt und Friedrich Lohmeyer, nach dem das Jugendzentrum Roderbruch benannt ist. Thälmann saß hier sechs Jahre lang in Einzelhaft; eine lange vorbereitete Befrei-

ungsaktion kam zu spät. 1943 wurde der prominenteste Gefangene der Nazis in aller Heimlichkeit nach Bautzen verlegt.

Während andere noch 1945 von nichts gewusst hatten, hatte Thälmann schon am 7. Februar 1933 in seiner letzten Rede ausgemalt, was kommen würde: Masseninternierungen in Konzentrationslagern, Lynchjustiz, Meuchelmorde besonders an Parteiführern.

Am 18. August 1944 wurde er an der Tür zum Krematorium im KZ Buchenwald erschossen. Seine Leiche wurde sofort eingeäschert. Bernhard Almstadt, der in Hannover die Möglichkeiten für eine Befreiungsaktion ausgekundschaftet hatte, wurde drei Monate später hingerichtet.

Wissenschaft
Vom Medizin-Nobelpreis bis zur Relativitätstheorie – Hannover mischt in allen Wissenschaften mit.

Auch wenn Hannover sich im 19. Jahrhundert bewusst gegen die Gründung einer Universität und für eine Technische Hochschule entschied, kamen die klassischen Wissenschaften nicht zu kurz:

Hannah Arendt (1906–1975), aus Linden wies der politischen Wissenschaft mit ihrer Totalitarismus-Theorie eine grundlegend neue Richtung.

Friedrich Bergius (1884–1949), Pionier der chemischen Massenproduktion und Chemie-Nobelpreisträger 1931, begann seine wissenschaftliche Laufbahn mit der Habilitation an der TH Hannover.

Iwan Bloch (1872–1922), der als Schüler das Kaiser-Wilhelm-Gymnasium besuchte, war maßgeblich an der Entwicklung der Sexualwissenschaft beteiligt.

Justus Henning Böhmer (1674–1749), Anwaltssohn aus Hannover und einer der bedeutendsten Juristen seiner Zeit, schuf die theoretischen Grundlagen für das evangelische Kirchenrecht.

Georg Gaffky (1850–1918),
geboren in Hannover, Lieblingsschüler und Nachfolger von Robert Koch, isolierte den Typhuserreger
und propagierte die Methode der Desinfektion mit
heißem Dampf.

Justus Genesius
verfasste als Oberhofprediger in Hannover einen
Katechismus, der von 1631–1852 in über 100 Auflagen
gedruckt und auch in Nachbarländern eingeführt
wurde (→ Bestseller).

Bernhard Homeister (um 1538–1614),
trug als Bürgermeister in Hannover eine der bedeutendsten enzyklopädischen Sammlungen seiner
Zeit zusammen, deren 87 Bände heute im Stadtarchiv
liegen.

Pascual Jordan (1902–1980),
Physiker, Mathematiker und Zoologe aus Hannover,
begründete mit Max Born und Werner Heisenberg
die Quantenmechanik. Daneben saß er für die CDU
im Bundestag.

Robert Koch (1843–1910),
Medizin-Nobelpreisträger und Sieger über die großen
Seuchen der Welt, begann seine Karriere als Land-
arzt in Langenhagen und Assistent an der dortigen
„Idiotenanstalt".

Otto Meyerhoff (1884–1951),
Biochemiker, geboren am Opernplatz, erhielt 1922
den Medizin-Nobelpreis.

Carl Neuberg (1877–1956),
Chemiker aus Hannover, Chef des Kaiser-Wilhelm-
Instituts für experimentelle Therapie und Biochemie,
klärte den biochemischen Vorgang der alkoholischen
Gärung auf.

Georg Heinrich Pertz (1795–1876),
Archivsekretär in Hannover, gab die „Monumenta
Germaniae historica" heraus, die wichtigste Quellen-
sammlung zur mittelalterlichen deutschen Geschichte.

Wochenmarkt

**Mit 35 Wochenmärkten knüpft
Hannover wieder an die Zeiten vor dem
Bau der Markthalle an.**

Es muss toll gewesen sein in der Innenstadt vor 150 Jahren, als es noch kaum
Geschäfte gab, als nicht nur alle Arten von
Lebensmitteln auf der Straße verkauft wurden, sondern auch Möbel und Schuhe, Leder
und Wolle, Töpfe und Leinen, Blumen und

Vieh. Auf dem Klagesmarkt wechselten jedes
Jahr 2 500 Pferde, 2 500 Kühe und 30 000 bis
40 000 Schweine den Besitzer.

Auch ein Teil des Großhandels wurde
im Freien abgewickelt, zwischen Steintor
und Aegi waren die Straßen an Markttagen
mit über 2 000 Verkaufsständen hoffnungslos verstopft, daneben zählte die Polizei an
einem Tag allein in der Osterstraße 341 länd-
liche Fahrzeuge samt Zugtieren, und über
allem lag ein Geruch von Fisch und ver-
dorbenem Fleisch und Pferdeäpfeln und ran-
zig gewordener Butter, und es wurde jedesmal voller.

Da sah 1888 auch der Magistrat ein, was
die Altstadtbewohner schon lange forderten: Eine Markthalle musste her. 1892 war
sie fertig, eine prächtige Halle aus Eisen und
Glas, mit elektrischer Beleuchtung, Lasten-
fahrstuhl, elektrischer Uhr und erklecklichen
Standmieten. 1909 bekam sie sogar eine
Kühlanlage, die im ganzen Reich als vorbild-
lich galt.

Die Hoffnung aber, auf diese Weise die
Märkte von der Straße zu kriegen, erfüllte
sich nicht. Für das explosionsartig wach-
sende Hannover war die Halle schon bald
zu klein, sodass wieder Märkte auf offener
Straße zugelassen wurden. Viele Händler
blieben sowieso lieber draußen: Das war billiger, und Fleischkontrollen durch Tierärzte
wie in der Halle gab es auf offener Straße
auch nicht.

Nach dem Zweiten Weltkrieg, in dem
die Halle zerbombt wurde, nahm Hannover
einen zweiten Anlauf zur Ordnung: 1955
wurde die neue Markthalle genau am Platz
der alten eingeweiht; 1958 wurde der Obst-
und Gemüsegroßmarkt vom Klagesmarkt,
wo es sogar eine Bananenreiferei gegeben
hatte, auf den Tönniesberg verlegt.

Da fehlte plötzlich etwas im Stadtleben.
Dass Hannover heute wieder 35 regelmäßige
Wochenmärkte und vier Bauernmärkte hat,
dafür hat die Stadt viel Mühe aufgewandt.

Hier kriegt man alles, hier trifft man alle – wie auf einem richtigen Marktplatz: die neue Markthalle.

Wohltäter
Hermann Wilhelm Bödeker, Pastor der Marktkirche, war als Spendenprofi überregional bekannt.

Vor allem konnte er Leute überzeugen. Schon mit 25 Jahren wurde der Hilfsprediger Hermann Wilhelm Bödeker (1799–1875) zum Pastor der Marktkirche gewählt. Das blieb er 50 Jahre lang, und so lange – glaubt man seinen Aufzeichnungen – war die Marktkirche zu seinen Predigten überfüllt.

Dass er sich selber toll fand und in seinen Broschüren und Zeitungsartikeln am liebsten selber lobte, verzieh man angesichts seines Engagements: Die Zeitschrift „Gartenlaube" nannte ihn ein *„Genie im Wohltun"*.

Bödeker sammelte immer und für alles. Beim Einkaufen, bei Familienfesten, beim Empfang bei Hofe. Für die Deutsche Flotte, für das Hermannsdenkmal und vor allem für soziale Einrichtungen, die er selbst ins Leben rief. Bödeker gründete eine Lehrerwitwenkasse und ein Rettungshaus für „verwahrloste Knaben", das Schwesternhaus und die Marienstiftung „zur Ausbildung mittelloser Mädchen zu brauchbaren Dienstboten", eine „Säuglingsbewahranstalt" und das „Sabbathhaus für treue alte Dienerinnen".

Er beteiligte sich am Aufbau der Kinderheilanstalt und eines „Mäßigkeitsvereins" und wurde überregional bekannt, als er – unter Protest der Schlachterinnung – zur Gründung eines Tierschutzvereins aufrief. Damit *„wundgezogene"* Pferde *„den Misshandlungen früher entzogen"* würden, rief er außerdem eine Pferdeschlachterei ins Leben, deren Nachfolger in der Markthalle bis heute Pferdefleisch verkauft.

Zur Geldbeschaffung gründete Bödeker Vereine, unter denen besonders der „Norddeutsche Morgenpromenadenbeförderungsverein" bekannt wurde. Auch dessen morgendliche Kaffeerunden im Lister Turm dienten vor allem dem Spendensammeln.

Wo das nicht reichte, schoss er eigenes Geld zu oder lieh sich erhebliche Summen, die er dann – meist zinsfrei – weiter verlieh. Auch Pelikan-Gründer Karl Hornemann baute seine Fabrik mit Hilfe eines Bödeker-Darlehens über 400 Taler auf.

Eines der wenigen Ziele, für die er sich aus ganz eigennützigen Motiven einsetzte, war der Bau von Leichenhallen, in denen Tote vor der Beerdigung einige Tage aufgebahrt werden: Der gottesfürchtige Bödeker hatte Angst, lebendig begraben zu werden.

Wohnhaft

1926 startete die Großstadt mit der größten Wohnungsnot das größte Wohnungsbauprogramm im Deutschen Reich.

Obdachlos zu sein war verboten in der Weimarer Republik, es war sogar strafbar nach dem Reichsstrafgesetzbuch. Das hatte für Obdachlose durchaus Vorteile: Sie konnten sich einfach bei der Polizei „obdachlos melden" – dann gab es wenigstens ein Gefängnisdach über dem Kopf. Im Jahre 1928 machten in Hannover 10 000 Menschen von dieser Möglichkeit Gebrauch.

17 000 Wohnungen fehlten damals in Hannover – nur Hamborn verzeichnete eine noch größere Wohnungsnot. Gegen den chronischen Geldmangel der Stadt, die sich mit dem Bau des Neuen Rathauses finanziell verhoben hatte, kamen auch die vielen Genossenschaften nicht an, die seit 1885 in →Selbsthilfe oft vorbildliche Anlagen wie die „Wohnburgen" Brüggemannhof und Spannhagengarten gebaut hatten.

Die Wende brachte Stadtbaurat Karl Elkart. Nachdem Hannover aus Geldmangel von 1922–1925 auch das Amt des Stadtbaurats eingespart hatte, legte Elkart gleich nach seinem Amtsantritt ein erstes Wohnungsbauprogramm vor und ließ so viele weitere folgen, dass binnen neun Jahren drei von zehn Familien in Hannover eine Neubauwohnung bekamen. Die halbe Südstadt, aber auch die rotbraunen Wohnblöcke in der List, in Ricklingen und Vahrenwald entstanden in dieser Zeit. Dazu die Gartenstadt Kleefeld, Beamtenhäuser am Bischofsholer

Damm, die Liststadt an der Podbi und das Viertel um den Schaperplatz, die alle Aufnahme in die Architekturführer über den Wohnungsbau der zwanziger Jahre gefunden haben.

Mehr Wohnungen als Hannover baute in diesen Jahren nur Düsseldorf. Das Bautempo war zeitweise so hoch, dass die Ziegelindustrie mit dem Brennen nicht nachkam. In Döhren und Herrenhausen wurden deshalb ganze Siedlungen aus ungebranntem Lehm gebaut. Auf dem Tönniesberg ließ Elkart als Sofortmaßnahme für Obdachlose 50 ausrangierte Eisenbahnwaggons aufstellen.

Aber nicht mal diese Provisorien reichten. Als das Wohnungsamt 1930 die längst durchnässten und verrotteten Waggons inspizierte, lebten in jedem der knapp 20 Quadratmeter großen Eisenbahnwagen im Schnitt sechs Erwachsene und fünf Kinder.

Wunder

„Hannover – Stadt des Jahres 2000" schrieb die römische Zeitung „Momento Sera". Das war im Jahre 1959.

Was damals als das „Wunder von Hannover" ganze Delegationen in- und ausländischer Städtebauer an die Leine lockte, beschrieb der „Spiegel" im selben Jahr so:

„Heute ist Hannover die einzige Stadt der Bundesrepublik mit einem System vom Stadtautobahnen. Und (Stadtbaurat) Hillebrecht ist der wohl einzige Bürger Hannovers mit einem internationalen Ruf.

Um die Außenbezirke der Niedersachsenstadt schließt sich ein Ring von autobahnähnlichen, kreuzungsfreien Schnellstraßen, über die der Fern- und Durchgangsverkehr ohne Geschwindigkeitsbegrenzung surrt. Die City umfasst ein zweiter, engerer Ring aus gleichfalls doppelbahnigen Schnellstraßen von 50 Metern Gesamtbreite, an deren Gelenken mächtige Verkehrskreisel wie Turbinenräder die Automobile in jede ge-

*Mehr ließ der Bombenkrieg vom Leibnizhaus in der Schmiedestraße nicht übrig:
Eine Kopie steht heute am Holzmarkt.*

wünschte Richtung wegschaufeln. Und im Westen und Süden der Stadt sind Baukolonnen mit Planierraupen und Betonierungsmaschinen schon an der Arbeit, die ersten aufgeständerten Hochstraßen Deutschlands zu errichten und mithin den Verkehr erstmals in die ‚zweite Ebene' zu verlegen.

Wenn sie fertig ist, können die Autofahrer aus Richtung Ruhrgebiet – was kaum in einer anderen deutschen Stadt möglich ist – unbehindert durch Kreuzungen oder Ampeln mit unbeschränkter Geschwindigkeit bis zum Stadtkern preschen, über einen Verkehrskreisel werden sie dann auf den doppelbahnigen Innenstadtring geschleust, auf dem sie ihr Ziel in der City ansteuern."

Eine Fortsetzung dieser Geschichte hat der „Spiegel" leider nie geschrieben. Sie müsste davon handeln, wie sich die → autogerechte Stadt viel später auch als die menschengerechte erwies.

Zoo
Mit Landschaften an Stelle von Gehegen ist der Zoo Hannover zum Vorreiter für eine neue Zookultur geworden.

Der Tiergarten, das älteste Wildgehege Deutschlands, war zwar schon 1678 angelegt worden, aber in der Tierauswahl doch ein wenig beschränkt, sodass Hannover 1865 – als dritte deutsche Stadt nach Berlin und Frankfurt am Main – am Rand der Eilenriede einen Zoo eröffnete. Nicht nur Tierschau sollte er sein, sondern Tiere in einer Umgebung zeigen, die „*in sinnvoller Weise der Natur nachgeahmt*" und „*dem eigenartigen Leben der Tiere entsprechend*" ist.

Die Formulierung könnte fast von heute stammen. Dabei gilt das Konzept, das der Zoo Hannover seit einigen Jahren verfolgt, als völlig neu: Ganze Landschaften sind hier angelegt worden, ein Gorillaberg und eine Arktis, ein indischer Dschungelpalast mit Affen, Leoparden, Hirschen und Elefanten; auf einem „Sambesi" kann man im Boot durch die afrikanische Tierwelt fahren. Das sorgt für Aufsehen: Aus keinem anderen Zoo in Deutschland haben die Medien in den letzten Jahren so viel (und so begeistert) berichtet wie aus Hannover.

Das ist eine neue Erfahrung, denn mehr als ein halbes Jahrhundert lang war es in fast allen Berichten immer nur ums Geld gegangen. 1922 hatte die Stadt den Zoo geschlossen und alle Tiere verkauft; 1931 übernahm ihn die Firma Ruhe, die größte Tierhandlung der Welt aus Alfeld. Die warb zwar: „*Ist die Zeit auch noch so mies, der*

Zoo bleibt doch ein Paradies", nutzte ihn aber eher als Lager und Schaufenster für den Tierhandel. Erst 1971 kam der Zoo wieder in kommunale Hand.

Über das neue Konzept, für das bereits über 100 Millionen Mark investiert wurden, rümpfen manche Zoologen wegen seiner Show-Elemente die Nase. Dabei kümmert sich der Zoo Hannover wie kaum ein anderer auch um ein aktives Leben für die Tiere, lässt sie jagen, Beute machen, Nahrung suchen wie in der Natur, statt sie ihnen einfach vorzuwerfen und Käfig-Koller zu provozieren.

Den Tieren tut das sichtbar gut. Die Besucherzahlen sind seit dem Umstieg auf das neue Konzept um 50 Prozent gestiegen; die Zahl der Beschäftigten im Zoo hat sich sogar verdoppelt, auf 160, Saisonkräfte nicht mitgerechnet.

Es wäre nicht die erste erfolgreiche Neuerung. Auch die „Streichelwiese", die heute zur Pflichtausstattung aller Zoos gehört, ist eine Erfindung aus Hannover.

Zwangsarbeit
50 000 ausländische Zwangsarbeiterinnen und Zwangsarbeiter wurden im Zweiten Weltkrieg in Hannover gequält.

Schon vor Beginn des Zweiten Weltkriegs wurden Hannovers Betriebe systematisch auf Rüstungsproduktion umgestellt. Varta stellte U-Boot-Akkus her, Geha Patronenhülsen, Bleigeschosse und Flugzeugkompasse, die Conti Gasmasken, bei der Hanomag liefen Schützenpanzer vom Band.

Je länger der Krieg dauerte, umso mehr Zwangsarbeiterinnen mussten die Produktion aufrechterhalten. Eine von ihnen war Geneviève Helmer, Sprachstudentin aus

Strasbourg, in Frankreich verhaftet, im Juni 1944 ins Frauen-KZ Limmer verschleppt. Über ihre Ankunft berichtete sie später:

„Auf dem Bahnhof Hannover-Limmer nahmen Direktoren des Werkes (Conti) – verstärkt durch ein Aufgebot von Polizei, die Lieferung des ,französischen Viehs' in Empfang. Eine Holzbaracke, die als Arbeitslager diente und mit elektrischem Stacheldraht versehen war, lag neben der Fabrik auf einem Platz, der noch Spuren eines Bombardements zeigte ... Von den 600 Ukrainerinnen, die vor uns in der Fabrik gearbeitet hatten, hatte nicht eine überlebt! ... 12 Stunden Arbeit am Fließband, im Rhythmus eines rollenden Bandes drei Kilogramm schwere Gusseisenformen drei Stück per Minute vom Band nehmen – und das von 6 Uhr morgens bis 6 Uhr abends eine Woche lang, die andere Woche von 10 Uhr abends bis 10 Uhr morgens. Die Werkführer haben wenig Geduld und wenn die Aufseherinnen sich einmischen, endet es immer mit Fußtritten und Faustschlägen, welche man in stoischer Hab-Acht-Stellung in Empfang nehmen musste, die Fäuste geballt und Wut im Herzen ... Häufig wurden wir vor der Stunde des Essens bewusstlos vor Hunger ..."

Auch Varta, Hanomag, Deurag-Nerag und die Brinker Eisenwerke (heute Gildemeister) hatten eigene KZ-Außenlager. Als schlimmstes galt Ahlem, wo 1 000 jüdische KZ-Häftlinge aus Lodz ab September 1944 im alten Asphaltbergwerk unterirdische Produktionsstätten für Munition und Panzer herrichten mussten. *„Menschen mehr tot als lebendig, welche kaum gehen konnten, ausgehungert"*, fanden US-Soldaten dort am 10. April 1945. Etliche starben noch nach der Befreiung, *„und nun leben nur noch 150 von denen, die im September 1944 kamen"*, schloss der jüdische Arzt Ilja Margolis seine Denkschrift über das Lager.

Nachwort

Irgendwelche Gründe muss es ja geben, wenn jemand zufällig nach Hannover kommt und nach 33 Jahren immer noch da ist. Und weil ich danach häufiger gefragt werde, habe ich meine Gründe einfach mal aufgeschrieben. 191 Gründe sind es geworden, von Achterbahn bis Zwangsarbeit, und wenn das Buch hätte dicker werden dürfen – es wären noch viel mehr geworden.

Ich hätte gern noch geschrieben über die Konzerte im Kanapee und den Hexenturm in Hinüberschen Garten, der schon als Ruine gebaut wurde. Über Hermannsdorfer Landwerkstätten und die Stöckener Familienväter, die am 12. September 1980 unter den Augen der Polizei einen ausgebrannten Kaupke-Supermarkt plünderten. Über das Schwedenheim in der Eilenriede und den Kinderwald am Mittellandkanal. Über den Rollschuhpalast an der Hildesheimer und die ersten Gymnasialkurse für Mädchen in Norddeutschland. Über den Welfenputsch und das Jugendzentrum Colosseum. Und dann müsste ich mich noch bei Siggi und Raaner entschuldigen, weil ich in einem früheren Buch geschrieben habe, der hannoversche Dialekt sei so dezent, dass er sich jeder platten Volkstümelei entziehe.

Ich möchte mich bei allen Mitarbeitern und Mitarbeiterinnen von Pressestellen, Archiven, Firmen und Verbänden bedanken, die mir mit Themenhinweisen, Material und Antworten auf meine Fragen geholfen haben. Bei all denen, die ich nicht gefragt oder deren Antworten ich nicht verwertet habe, entschuldige ich mich: Die Liste der Themen, die auf ein nächstes Mal warten müssen, ist noch längst nicht zu Ende.

Über Klaus Partzsch hätte ich gern noch geschrieben und über John Scheer, über Fury in the Slaughterhouse und Hans-A-Plast und Scooter und Mousse T. und Bärchen und die Milchbubis. Über die Stadtpost und NaNa und Die Horen und Niespulver und Theater heute. Über Uli Stein und Gunter Gabriel, der an der Fachhochschule Maschinenbau studiert hat. Über Luise Pusch, Pieke Biermann und Benno Ohnesorg, der in Hannover geboren und begraben wurde.

Obwohl sie alle keinen Platz mehr in diesem Buch hatten, würde ich mich über weitere Anregungen freuen, über Hinweise auf Fehler und auf weitere Geschichten aus Hannover, die noch nicht jeder kennt. Damit die nächste Veröffentlichung noch anschaulicher werden kann (bitte an den Verlag oder an Worte@GoetzBuchholz.de).

Ich danke Joscha Forstreuter für Hilfe bei der Recherche, dem Hotel Eberburg in Hann. Münden für die gute Betreuung während einer langen Arbeitsklausur und vor allem Bettina Courant für Redaktionsarbeit, Geduld und Zuspruch.

Bleibt nur die Frage, ob all das, was in diesem Buch steht, auch noch nach der Expo Gültigkeit besitzt. *„Man kann nie wissen"*, hat sich Kurt Schwitters auf seinen Grabstein schreiben lassen. Andere sind da selbstsicherer. In Hanover, Ontario (Kanada), heißt der Stadtslogan ganz schlicht: *„Hanover offers the best of all worlds."*

Vorher wie nachher.

Goetz Buchholz

Stichwortverzeichnis

Das folgende Stichwortverzeichnis enthält im Text vorkommende Sachbegriffe, Ortsangaben, Personen- und Produktnamen sowie – **fettgedruckt** – die Überschriften-Stichwörter.

Acella 101
Achterbahn **6**
ADAC 8, 48, 73, 108
Adenauer, Konrad 41, 118
Adolf-Grimme-Preis 62
Adrian, Hanns 83
Aegidienkirche 45
Aerodynamik 39
Agip 88
Ahlden, Prinzessin von 106
Albrecht, Ernst 36, 50, 114
Allee **6**
Almstadt, Bernhard 145
Alpenluft **7**
Alternativenergie **8,** 123
Altglascontainer 44
Altstadtfest 121
Alu-Palast 76
Amtszeit **8**
Andersen, Lale 144
Anna **9**
Anschütz, Otto 115
Ansichtskarte 140
Anzeigerhochhaus 82
Apollo 70
Apostelkirche 13
Appel, Heinrich Wilhelm . . 101
Architektur
 9, 13, 93, 114, 134, 148
Arend, Willy 101
Arendt, Hannah 82, 145
Asphaltbergwerk Limmer . 150
Astronomie **10**
Atomkraftwerke 49, 123

Aufzug 32
Augstein, Rudolf . . . 61, 62, 98
Ausdruckstanz 123
Ausflugsziele **11**
Autobatterien 16
Autodidakt 131
Autogerechte Stadt 11, 12, 148
Autol 88
Autoreifen 52, 107
Autorennen 47
Autoskooter 6
Avacon 51

Backpulver 101
Backstein **13**
Badeanstalt **14**
Bahlsen, Hermann 68
Bahlsen, Keksfabrik 37, 68, 107
Bahnhof **15,** 28, 37, 46,
 58, 61, 109, 136
Bahnhofstraße 46
Bähnisch, Theanolte 82
Ballhorn, Georg Friedrich . . 39
Bandel, Ernst 135
Banknoten 135
Barfuß 105
Barockgarten 127
Batterien **16**
Bauer, Gabi 63
Baugenossenschaften . . 117, 148
Bausch, Pina 124
Behrens, Leffmann
 Ezechiel . . . . ’132
Beindorff, Fritz 27, 91
Beinhorn, Elly 38, 141
Benecke-Kaliko-AG 101
Benn, Gottfried 121
Bennigsen, Rudolf von 26, 100
Benz, Carl 88
Berge, Ida zum 26
Bergen-Belsen (KZ) 27
Berggarten **16,** 83
Bergius, Friedrich 145

Berlin 39, 63, 68, 79, 103
Berliner
 Cora 33
 Emil 33, 112
 Henry Adler 33
 Jacob 33
 Joseph 33
 Klara 33
Berliner Allee 13
Bernhard, Paulo 74
Bestseller **17**
Bier **18,** 54
Bier, Justus 75
Biergärten 11
binäres Zahlensystem 131
Bischofsholer Turm 11
Biskup, Werner 41
Bismarcksäule 100
Blanchard, Jean Pierre 37
Blantyre 95
Bloch, Iwan 145
Blume, Anna 9
Blumenkorso 41
Bödeker, Hermann
 Wilhelm 26, 147
Bödekerstraße 9
Boge, Heinrich 67
Böhmer, Justus Henning . . . 145
Bohrer, Harry 98
Bokel, Radost 36
Bölkstoff 18
Bomben **18**
Bonatz, Paul 121
Bork, Franz 171
Börne, Ludwig 94
Borsche, Dieter 123
Bosch, Günther 125
Bothmer, Lenelotte von 82
Bötticher, Herbert 123
Boxsport **20**
Brahms, Johannes 136
Brandt, Willy 34, 60, 87
Brauer-Gilde 18

Braun, Wernher von 103
Braunkohl 30
Breker, Arno 105
Brenner
  Kurt 87
  Otto 86, 145
Breuel, Birgit 31, 67, 82
Breuer, Grit 76
Breuste, Jürgen 105
Brey, August 48
Brinker Eisenwerke 150
Bristol 27, 95
Brown, Rita Mae 55
Broyhan, Cord 18
Bruch, Walter 34, 141
Brücken **20**, 66
Brückner, Peter 61
Brüggemannhof 117, 148
Buchenwald (KZ) 97
Buchhandel 101
Buchholzer Turm 11
Bueroße, Jörg 63
Buff, Charlotte 77
Bulli **21**
Bulmahn, Edelgard 67
Bundesgartenschau 41
Bundesleistungszentrum .. 120
Bunker 37, 57
Bürgerwehr 23, 109
Büro der Zukunft **21**
Busbahnhof 133
Busch, Wilhelm 23
Buschhaus 123
Busmann, Anton Julius 8
Busstopps 82
Butenuth, Hellmuth 73

Café Kröpcke ... 37, 74, 90, 140
Café Robby 74, 90, 140
Calenberger Straße 46
Cambridge, Adolf
  Friedrich von 94
Capitol 36, 70

Caroline von Monaco 105
Carrière, Mathieu 122
CD-Recycling 113
CD-Serienproduktion 131
CeBIT 53, 85, 120
Chaloner, John 98
Chaos-Tage 58
Charles, Prinz 55, 107
Christuskirche 13
Cinemaxx 17, 70, 83
Citipost 100
Clemenskirche 49
Clinic-Clown 22
Closs, August 27
Clown-Schule 22
Clowns **22**
Clunn, Tony 135
Coffee-Shops 64
Collins, Phil 120
Comics **23**
Computer **24,** 131
Conti 38, 40, 48, 52,
        81, 102, 107, 108, 150
Conze, Alexander Christian 39
Cramm, Gottfried von 125
Cumberland-Sauce 30

Dadaismus 85
Dampfkarussell 6
Dankgebet **24**
Danne, Günter 115
Dannenberg, Konrad 103
Daunendecke 140
Davids, Adolf 102
DDR 31, 79
Demirkan, Renan 122
Denkmalschutz **25**
Desolite 88
Detmold, Johann Heinrich 112
Deurag-Nerag 101, 150
Deutsche Grammophon 33, 112
Deutsches Museum für
  Karikatur und kritische
  Grafik 23

Deutschlandlied **26**
Devrient, Karl August 26
DG-Bank 126
Dietrich, Marlene 122
Differentialrechnung 131
Dingworth-Nussek, Julia .. 82
Dorner, Alexander 75
Dörrie, Doris 35
DRC Ricklingen 111
Drehbrücke 20
Drei-Liter-Auto 73
Dreifaltigkeitskirche 14
DSV 1878 111
Duales System 45
Düe, René 63
Dupree, „Champion" Jack ... 62
Düsseldorf 37, 148
Duve, Johann 132
dvg 21
Dyson-Skinner, Pierre de L. 85

Ebell, Georg 135
Ederhof 7
Edison, Thomas Alva ... 44, 112
Egestorff, Georg 118
Eggert, Hermann 104
Eggert, Ralf 76
Ehrenbürger **26**
Ehrenmal **27**
Eilenriede 51, 133
Eilenriederennen 47, 107
Eingemeindungen 136
Einstein, Albert 97
Einwohnerzahl 136
Eisenbahn 15, **28,** 654, 118
Eisenbahnwagensiedlung ..148
Eisenwerke Wülfel 107
Elektrizität **28,** 29
Elektronenmikroskop 134
Elizabeth, Queen 35
Elkart, Karl 148
Emmich, Otto von 26
Ems-Sperrwerk 139

Energie **29**
Engelbostel 98
Engelhard Technologies 39
Engelke, Gerrit 124
Engels, Friedrich 67, 118
Entartete Kunst 90
Erdgasbusse 8, 120
Erdgastankstelle 8
Erdrutsch 65
Erich I., Herzog 54
Ernst August, König
    26, 28, 94, 106, 109, 112
Ernst August, Kurfürst
    49, 93, 132
Ernst-August-Denkmal 28
Essen **30**
Excelsior-Gummiwerke
    32, 52, 102, 108
Experimentalfilm **30**
Explosionskatastrophe 72
Expo 2000
    17, 31, 68, 92, 114, 140
Exponale 21

Fabrikarbeiterverband 48
Fahrkartenautomaten 24
Fahrrad **31**, 81
Fahrstuhl **32**
Falck, Hildegard 76
Familienunternehmen **33**
Fannystraße 69
Farbfernsehen **34**
Feinkost 101
Ferdinand-Wallbrecht-Straße   9
Ferngasleitung 44
Feuerversicherung 135
Feuerwehr 39, 72
Feuerwerk **35**
Film 30, 35, 71, 115, 122
Filmförderung 27
Fink, Gustav 27
Finke, Volker 41
Firzlaff, Hans 20

Fisch, Erika 76
Fischbrötchen **37**
Flebbe, Hans-Joachim 70
Fließband 68, 73
Flint, Katja 122
Flohmarkt 121
Flugtage **37**, 141
Flugzeugbau 81
Focus-Online 63
Fontäne Herrenhausen 127, 133
Forschung **38**, 57
Fortschritt **39**
Franke, Egon 67, 117
Frankenberg, Eduard 140
Franzius-Institut 139
Friederike, Königin 106
Friederikenschlösschen 25
Friedrich Wilhelm, König
    von Preußen 106
Frisch, Peter 102
Fröhlich, Gustav 123
Füller **39**
Funkeninduktor 28
Fußball 110
Abstieg **41**
Aufstieg **40**
FV 1897 Linden 111

GABL 71
Gabriel, Sigmar 90
Gaffky, Georg 146
Galeriegebäude
    Herrenhausen 114
Gallo Nero 30
Garnisonkirche 25
Gartenhaus am
    Judenkirchhof 56
Gartenschau **41**
Gartenstadt **42**
Gasbeleuchtung **43**
Gaswerk 44, 95
Geha 39, 150
Gehrke, Mike 137

Gelber Sack 44
Geldautomaten 21
Geldnot **45**
Genesius, Justus 17, 146
Geometrie **46**
Geophysik **47**
Georg I., König von
    England 35, 95
Georg II., König von
    England 17, 106
Georg III., König von
    England 95
Georg IV., König 44
Georg Ludwig, Kurfürst 54, 106
Georg V., König 26, 99, 33
Georg Wilhelm, Herzog 49
Georgi, Yvonne 124
Georgstraße 46
Gerichtsgefängnis . . . 105, 145
Germania List 111
Gesangbuch 17
Geschäftsbücher 101
Geschwindigkeit 47
Gewerkschaften . . . 48, 86, 109
Gießner, Charlotte 38
Gilde Brauerei 18
Glaubenskrieg **49**
Göbel, Heinrich 44
Goethe, Johann
    Wolfgang von 77, 79
Goethestraße 9
Goetze, Otto 140
Gorleben **49**
Gorleben-Treck 49
Goseriedebad 83
Göttinger Sieben 96
Grammophon 33, 112
Graubner, Gerhard 19
Grimme, Adolf 62
Großer Garten
    20, 35, 114, 127, 133
Großmarkt 146
Großraumverband
    Hannover 110

Grotefendt, Georg Friedrich 26
Grün 2, 16, 41, 42,
50, 83, 93, 127
Grünspan, Herschel 96
Guidos, Alex 76
Gummi **52**
Günther-Wagner-Werke 39
Güterstraßenbahn **51**

Haarmann, Fritz 58
Haase, Hugo 6
Hacker **53**
Hackethal, Louis 33
Hackethal-Draht-
Gesellschaft 33
Hagbard 53
Hagmann, August, Kranbau 76
Hahn, Carl H. 53
Halbstarke 58
Hamburger Allee 13
Händel, Georg Friedrich 35
Hanebuth, Jasper 104
Hannover 96
40, 41, 75, 111, 119
Hannover Congress
Centrum 121
Hannoversche Allgemeine
Zeitung 40, 99
Hannoversche Architektur-
schule 13
Hannoversche Bank 135
Hannoversche
Flugzeugwerke 81
Hannöversche Jäger **54**
Hannoversche Presse   63, 98
Hannoversche
Waggonfabrik 28, 81
Hanomag 28, 37, 72, 73, 78,
86, 95, 105, 109, 118, 140, 150
Hanover **55**
Hanstein, Huschke von 73
Hase, Conrad Wilhelm 13
Hasseröder 18

Hastra 51
Hauenschild, Karl 48
Hausbesetzungen **55**
Hausmann, Raoul 85
Hecker, Ewald 91
Heeren, Friedrich 26
Hehl, Christoph 14
Heide, Karl 101
Heide, Thorsten 76
Hein, Selly 100
Heine, Fritz 117
Heine, Heinrich 112
Heine, Jutta 75
Helmcke, Johann Gerhard . . . 6
Helmer, Geneviève 150
Henschel, Johann 67
Hermann-Löns-Park 92
Hermannsdenkmal . . . 135, 147
Herrenhäuser Allee 6
Herrenhäuser Brauerei   18, 107
Herschel
Caroline 10, 132, 137
Friedrich Wilhelm 10
Hertz, Heinrich Rudolf 29
Herzfehler **56**
Herzverpflanzungen 57
Heuss, Theodor 41, 118
Heuss-Knapp, Elly 41
Heye, Uwe-Karsten 67
Heynckes, Jupp 41
High-Med **57**
Hillebrecht, Rudolf
12, 27, 103, 125, 148
Himmelfahrt **58**
Hindenburg, Paul von
26, 78, 91, 111, 145
Hindenburg-Ehrung 68
Hindenburgschleuse 65
Hinrichtung **58, 104**
Hiroshima 42, 94
Hirschfeld, Kurt 143
Hitler, Adolf 24, 27, 91
Hochburg **59**

Hochhauslichtspiele 70
Hochschule für Musik und
Theater 62, 122
Hochwasser 139, 144
Hodler, Ferdinand 49
Hoffmann „von Fallersleben",
August Heinrich 26
Hoffmeister, Hans 76
Höft, Michael 241
Höhen **60**
Hohenzollernstraße 9
Hohes Ufer 88
Holweg, August 27
Homeister, Bernhard 146
Hoppe, Rudolph Ludwig . . 105
Hubschrauber 33
Hummel Reisen 130
Hysterie **61**

IBM 24, 68
ICE 15, 28, 85
Iffland, August Wilhelm 79
IG Chemie 48
IG Metall 86
IGS Linden 29
Ihme-Zentrum 56, 79, 120
Imcke, Schorse 69
Imperial-Continental-Gas-
Association 44
Infrarotstrahlung 10
Innovationspreis der deut-
schen Wirtschaft 16, 53
Institut für
Frauenforschung 82
Integralrechnung 131
Internationale Luftfahrt-
Ausstellung 38
Internet 29, 39, 63
Internet-Terminal 24

Jatho, Karl 32, 80
Jazz **61**
Jazz-Club 62, 138

Joachim, Joseph 136
Johanniskirche 49, 132
Jordan, Pascual 146
Journalismus **62**
Jugendheim Misburg 56
Jürgens, Grethe 75
Juwelen **63**

Kabelmetal Electro 33
Kaetofix 101
Kaffee **64**
Kaiserslautern, 1. FC 40
Kali **65**
Kali-Chemie 38
Kanal **65**
Kapital **66**
Karmarsch, Karl 26
Karmarschstraße 9, 13, 44
Karneval 93
Karrieren **67**
Käßmann, Margot 82
Katalysator 39
Katechismus 17, 146
Kaufhäuser 56
Kekse **68**
Kemper, Hermann 39
Kestner
   August 77
   Charlotte 77, 137
   Hermann 26, 77
   Johann Christian 77
Kestner-Gesellschaft 75, 77, 83
Kestner-Museum 77
KGB 54
Kiefer, Nicolas 125
Kinderheilanstalt   **68**, 147
Kindermedizin 7
Kinderschützenfest **69**
Kino **70**
Kirchröder Turm 11
Klagesmarkt 146
Klaproth, Martin Heinrich . . 39
Kleefeld 42

Klees, Christian 115
Kleiderordnung **71**
Klein-Venedig 13
Kleingärten 50
Kleister **71**
Knall **72**
Kobbe, Theodor von 73
Koch, Robert 146
Kohl, Helmut 28
Kohlemikrofon 33
Kohlrausch, Ernst 115
Kommissbrot **73**
Konditorei 73
König & Ebhardt 101, 141
Königinnendenkmal 106
Königsmarck, Christoph
   von 106
Königstraße 46
Konkurrenz **73**
Kontinentales Tiefbohr-
   programm 47
Kopf, Hinrich Wilhelm 54
Kötnerholzweg 46
Kreil, Tanja 82
Kreutzberg, Harald 124
Kreuzkirche 45, 132
Kriegerdenkmal 86, 100
Kriegsgefangene 27
Krolow, Karl 144
Kronsbein, Fiffi 41
Kronsberg 60, 68, 92
Kröpcke 13, 89
Kröpcke, Wilhelm 90
Kröpcke-Center 56
Kröpcke-Uhr 94
Kruhl, Helmut 40
Krupp Stahlbau 20
Kugelmann, Georg 140
Kugelmann, Louis 66
Kunst **75**
Künstlerhaus 13
Kuppelsaal 121

Küppers
   Paul-Ernst 75
   Sophie 75
Landesamt für
   Bodenforschung 47
Landeskirche 24
Landschaftliche Brandkasse 136
Lauterbach, Gustav 91
Lauterbacher, Hartmann 91
Laves, Georg Ludwig
   Friedrich . . 16, 20, 25, 46, 94
Laves-Achse 46
Leibniz, Gottfried Wilhelm 131
Leibniz-Keks 68
Leibniz-Tempel 132
Leibnizhaus 79, 131
Leibnizufer 13
Leichtathletik **75**
Leichte Muse **76**
Leiden **77**
Leine 84, 88
Leinert, Robert 60, 109
Leineschloss 92, 93
Leipzig 95
Lessing, Theodor 59, 78
Lessinghetze **78**
Lilje, Hanns 25
Limmer (KZ) 150
Limmer Brunnen 14
Linden 55, 60, 69, **78**, 109, 130
Lindener Berg 60
Lindener Turm 11
Lingen, Theo 123
Lissitzky, El 75
Lister Turm 11
Literatur **79**
Lohmeyer, Friedrich 145
Lokalpolitik **80**
Lokomotivbau 118
Löns, Hermann 11, 55,
                 80, 101, 107
Lorenzo, Giovanni di 63
Lorkowski, Michael 41

Ludwig, Prinz von Preußen 106
Luftfahrt **80**
Luise, Königin von Preußen 106
Luxemburg, Rosa 60

Machwitz, Kaffeerösterei . . . 64
Madsack, August 82
Madsack, Verlagshaus 83
Maggi 107
Mahlendorf, Walter 75
Mahrenholz, Ernst-Gottfried 67
Mangourit 14, 114
Männerberufe **82**
Marahrens, August 24
Marienburg 13
Markthalle 140, 146
Marktkirche 13, 45, 46,
79, 86, 132, 147
Marschner, Heinrich 26, 94
Marx, Karl 66, 135
Maschsee 27, 30, **83,** 105
Maschsee-Schifffahrt 52
Maschseerennen 47
Maspe 107
Massenmörder 58
Mauss, Werner 63
Max und Moritz 23
Mäzene **82**
Mechanische Weberei
Linden 131
Medizinische Hochschule
22, 39, 57
Meine & Liebig 101
Meinhof, Ulrike 61
Meister, Heinrich 59
Menge, Arthur 43, 60,
78, 91, 96, 99, 129
Mercur-Post 100
Merseburger, Peter 63
Merz **85**
Messe 31, 37, **85,** 133
Messe-Wein 37
Messehallen 21, 85

Messemuttis 37
Messeschnellweg 51, 148
Messner, Reinhold 60
Meyerhoff, Otto 146
Michel **86**
Mikromotor 97
Militär-Reit-Institut   9, 106, 115
Mintrop, Ludger 47
Mitbestimmung **86**
Mittellandkanal 65
Moebius & Sohn 88
Möller, Erich 102
Moltkeplatz 9
Monopoly **87**
Moritz, Karl Philipp 79
Most Süßwaren 87
Motorenöl **88**
Motorflug 80
Motorradrennen 107
Mühlenschenke 11
Müll 44, 93
Mülldeponie 60
Müller, George 132
Müller, Martina 125
Müller, Petermax 47
Münchhausen, Börries von   32
MusiCassette 113
Mussmann, Hans-Georg 39

Nacktbadeteich 71
Nahverkehr 110, 120
Namensproblem **88, 89**
Nanas 137
Nannen, Henri 63, 98
Nationalhymne 26
Naturheilverein Prießnitz . . 69
Nau, Fritz 117
Nedderfeldstraße 44
Neuberg, Carl 146
Neue Presse 63
Neuffer, Martin 122, 126
Neutze, Günther 123
New York **90**

Nichtraucherflüge 105
Niedersachsenstadion . . 40, 119
Niedrigenergiehäuser 92
Niermann, Grischa 101
Nolde, Emil **75, 90**
Nordhoff, Heinrich 22
Nordische Rundfunk
Aktiengesellschaft 111
Nordwestdeutscher
Rundfunk 62, 111
NSDAP 91

Obdachlosigkeit 148
Obentraut, Johann Elias
Michael von 86
Ochsenschießen 115
Odyssee **92**
Oertzen, Peter von 61
Öko-Bauernhof 30
Ökologisches Bauen **92**
Öl 47, 88
Ollenhauer, Erich 117
Oltrogge, Helga 82
Opernhaus 92, **93**
Opernplatz 11
Oppenheim, Siegmund 101
Orchideen 16
Ordnung **94**
Orkan 133
Osterstraße 146
Ottey, Merlene 55
Otto IV., Kaiser 99
OWIN Radioapparate-
fabrik GmbH 111
Pagelsdorf, Frank 41
Paillard, Claude 126
PAL-Farbfernsehen 34
Palmenhaus 16
Palnikow, Peter 27
Parteimuseum der NSDAP   91
Partnerschaft **94**
Patronenfüller 39
Pavillon am Raschplatz
8, 56, 126

Pégoud, Adolphe 38	Radrennbahn 101	Rosh, Lea 82
Pelikan . . . 37, 39, 91, 107, 147	**Radsport** **101**	Rossmann, Dirk 101
Pentagon 54	Radwege 32	Roter Faden 121
Pergamonaltar 39	Raffert, Hans-Ferdinand 30	**Roter Punkt** **110, 120**
Perpignan 95	**Raketen** **102**	Röttger, Anni und Fritz 69
Personalunion **95**	Rappe, Hermann 48	Rouen 95
Pertz, Georg Heinrich 146	Rasch, Hermann 99	Rowald, Paul 140
Pest 45	Raschplatz 11, 70, 125, 145	Rüdenberg, Reinhold 134
Pestel, Eduard 67	Rath, Ernst von 97	**Rugby** **110**
Peters, Jürgen 86	Rathaus, Altes 13	Ruhe, Tierhandlung 149
Pfefferle, Emil 90	Rathaus, Neues 32, 49, 83,	Rühlmann, Moritz 26
Pferdebahn 76, 124	86, 103, 114, 121, 139	Rühmkorff, Heinrich Daniel 28
Pferderennbahn . . . 37, 68, 106	**Raubmord** **104**	Rumann, Wilhelm 96
Pferdeschlachterei 147	Raubüberfall 63, 104	**Rundfunk** **111**
Pferdeturm 11	**Raucher** **21, 105**	Rust, Bernhard 27, 91
Pichlmayr, Rudolf 7	Reagan, Nancy 30	
Planetarium 82	Rechenmaschine 131	Saint Phalle, Niki de 137
Plath, Helmut 88	**Recycling** **105**	Salzgitter AG 87
Plog, Jobst 63	Reformation 49	Sander, Otto 122
Pogromnacht **96**	**Regenbogenpresse** **105**	Sanierung 55
Pöhl, Karl-Otto 67	Regenwaldhaus 17, 83	**Sauberkeit** **112**
Polo 107	Reichspogromnacht 96	Schadow, Gottfried von . . . 106
Polytechnikum 23, 26	**Reitsport** **106**	Schalke 04 . . . . 21, 40
Pon, Ben 21	**Reklame** **107**	**Schallplatte** 33, **112**
Porsche 48, 73	Remarque, Erich Maria 107	Scharnow Reisen 130
Poznan 95	Renger, Annemarie 117	Schaumburgstraße 15
Prakla-Seismos 47	**Rennen** **107**	Schauspielhaus 125
Prandtl, Ludwig 39	Rettungshubschrauber 39	Schienen-Zepp 28
Prawda 101	**Revolution** **108, 109**	Schiller, Friedrich 79
Präzisionsarbeit **97**	Riedelbauch, Ernst 107	Schlachthof 127
Pressefreiheit 108	Riemann, Katja 122	Schlegel
Presselandschaft **98**	Rischkopf, August 101	August Wilhelm 79
Presseschelte **99**	Robby	Caroline 80
Preussag 87	Georg 74, 140	Friedrich 79
Preußen **99**	Johann 74	Schleifpapier 101
Preußenelektra 110, 123	Johann-Georg 74	Schloss Herrenhausen 46, 114
Privatpost **100**	Robl, Thaddäus 101	Schlossapotheke 39
Produkte **101**	Rohde, Helmut 67	**Schlösser** **114**
Püllenberg, Albert 102	Rohr, Feuerwerkerei 35	Schlosskirche 49
Punker-Kartei 71	Romantik 79	Schlütersche Verlagsanstalt 17
	Ronnenberg 65	Schmalbach-Lubeca 101
Quasthoff, Thomas 143	Röntgen, Wilhelm Conrad 29	Schmalstieg, Herbert 8
	Rosemeyer, Bernd 143	Schmidt, Arno 79, 90

Schmorl & von Seefeld 101
Schneller Graben 139
Schnellseher **115**
Schrader, Maria 122
Schraubverschluss 101
Schröder, Gerhard 67, 123, 143
Schröder, Hiltrud 17
Schu, Norbert 30
Schule für neuen Tanz und
   Theater 22
Schulenergiezentrum 29
Schulmilch 33
Schumacher, Kurt 117
Schumann
   Clara 136
   Robert 136
Schützenfest 54, **115**, 133
Schützenplatz 84, 116
Schutzimpfungen 39
Schwesternhaus 147
Schwitters, Kurt   9, 75, 85, 107
Scorpions 143
Seebeck, Beta 82
Seeler, Uwe 40
Seelhorst 27
Seidel, Hinrich 27
Seismos 47
Selbsthilfe **117**
Seligmann, Siegmund .. 27, 52
Sichel, Ferdinand 71
Sichel-Werke 72
Siemens 24, 44, 134
Slicher, Ludwig von 26
Solartankstelle 8, 29
Solvay Pharma 39
Sonnenenergie 29, 92
Sophie Charlotte, Königin
   von Preußen 35
Sophie Dorothea, Königin
   von Preußen 106
Sophie Dorothea,
   Kurprinzessin 105
Sophie, Kurfürstin
     35, 95, 127, 137

Sophienschule 141
Sorge, Georg 31
Spannhagengarten 148
Spar- und Bauverein 117
SPD 59, 69, 79, 87, 109, **117**
Spekulation **118**
Spiegel (Zeitschrift) 63, 98
Spiegelteleskop 10
Spinnereibrücke 79
Spionage 54
Sportpark 120
Sportstadt **119**
Sprengel, Bernhard 27, 90
Sprengel, Schokoladen-
   fabrik 37, 56, 91
Sprengel-Museum 90
Stadtbahn 93, 110, **120**
Städtepartnerschaften 95
Stadthalle 41, **121**
Stadtkultur **121**
Stadtpark 41, 121
Stadtwald 50
Stadtwerke 8
Ständehaus 9
Starfighter 38
Stars **122**
Stechan, Gottlieb Ludwig .. 71
Steintor 13
Stereoschallplatte 113
Stern (Zeitschrift) 63, 98
Stern, Heinrich 30
Straßenbahn 51, 124
Straßenbeleuchtung 43
Straßenkunstprogramm
     121, 137
Streichelwiese 150
Strom **123**
Stromversorgung 51
Strousberg, Bethel Henry   118
Studentenbewegung ... 61, 110
Südstadt 148
Supf, Ferdinand 72
Süssmuth, Rita 67, 82

SV 1908 Ricklingen 111
SV Odin 111
Synagoge 97

Tagungs-Centrum Messe ... 86
Tankstelle 11
Tanz **123**
Tapetenkleister 71
Technik **124**
Technische Hochschule
     38, 61, 78, 145
Teegarten 42
Teleclub 36
Telefonbau und Normalzeit   33
Telefonbuch 17
Telefunken 34, 113
Telemax 21
Tennisbaron **125**
TET-Stadt 68
TET-Verpackung 68
Thälmann, Ernst 145
Theater **71, 76**
Theater am Aegi 109, 118
Tierärztliche Hochschule .. 127
Tiergarten 149
Tierhaltung **127**
Tierschutzverein 147
Timm, Helga 22
Tischbein, Willy 102
Tix-Fahrscheinautomaten .. 24
Tkotz, Hannes 40
Töpfer, Klaus 67
Touristenattraktion **127**
Tramm, Heinrich 27, 104
Transplantationschirurgie 7, 57
Transrapid 39
Traumschiff **130**
Trittin, Jürgen 30, 67
Trollmann, Rukelie 20
TUI 88, 130
Turn-Klubb zu Hannover
     76, 119
Typhusepidemie 99

Ulbrich, Kaffeerösterei 64
Ulsaß, Lothar 41
Ultramarinfabrik 130
Umweltschutz 108
Umweltverschmutzung
16, **130**
Universalgenie **131**
Universität 27, 53,
97, 138, 145
Unternehmer **132**
Untertanen **132**
Unterwassertechnikum ... 139
Unwetter **133**
Uran 39
Uranus 10
Urheber **134**
Usambara-Veilchen 16
Üstra ... 8, 51, 82, 110, 120, 123
Utopie **134**

Vanillecremepulver 101
Varta 8, 16, 39, 150
Varusschlacht **135**
Veloziped 31
Verein für Volkssport 111
Vereinigte Leichtmetall-
werke 37
Vereinigte Schmirgel- und
Maschinen-Fabriken AG 101
Vermessungswesen 97
Verpackungsmüll 44
Versicherung **135**
Versicherungsgruppe
Hannover 136
VfR/Schwalbe Döhren 111
Victoria Linden 111, 119
Violinwettbewerb 136
Virtuosen **136**
Volksaktien 87

Volkshochschule 78
Volkswagen 21, 37, 47, 73
Voß, Johann Heinrich 132
VW 17, 47, 83
VW-Transporter 21

Wachstum **136**
Wahrzeichen **137**
Waldersee, Alfred Graf von 26
Waldoff, Claire 111
Wallbrecht, Ferdinand 9
Wallraff, Günter 63
Warhol, Andy 75
Wasserbau **138**
Wasserkrieg **139**
Wasserkunst 25
Wassermusik 35
Wasserschlacht 58
Waterlooplatz 46
Weber, Wilhelm 27, 54
Wedekind, Frank 107
Weiser, Grete 123
Weißekreuzplatz 105
Welfenspeise 30
Wellenkanal 139
Weltausstellungen **140**
Brüssel 141
Paris 140
Sevilla 143
St. Louis 141
Weltfliegerin **141**
Weltspiele 71
Weltstars **143**
Welttheater **143**
Wendland
Heinrich Ludolph 16
Hermann 16
Johann Christoph 16
Werbung 107

Werner, Helmut 53
Werthers Leiden 77
Wessel, Rolf 24
Westermann, Liesel 76
Wetter **144**
Wewetzer, Heinz 40
Widerstand **145**
Wiechert, Karl 54
Wiederaufarbeitungsanlage 49
Wiederaufbau 12, 19, 25,
104, 148
Wiegmann, Marie 123
Wiesinger, Kai 122
Wigman, Mary 123
Wilhelm I., Kaiser 100
Wilhelm II., Kaiser 49, 100, 104
Wimbledon 125
Windmühle 92
Winter, Kirsten 30
Winter, Oskar 111
Wissenschaft 131, **145**
Woche, Die 98
Wochenmarkt **146**
Wohlenberg 101
Wohltäter **147**
Wohnhaft **148**
Wohnungsbau 42, 148
Wright, Frank und Orville .. 80
Wunder von Hannover
12, 51, **148**
Wunder, Friedrich Karl
23, 24, 67

Zeppelin 37
Zetkin, Clara 60
Zickzack (Zeitschrift) 98
Zoo 44, **149**
Zwangsarbeit **150**